기후위기시대 산림관리

MIX
Paper | Supporting responsible forestry
FSC® C184046
www.fsc.org

이 제작물은 FSC®인증 용지로 제작되었으며, 콩기름 잉크로 인쇄되었습니다.

기후위기시대 산림관리

정 규 원 지음

NEXUS 넥서스환경디자인연구원 출판부

들어가는 글

범지구적으로 기후위기의 심각성과 그에 대응하는 방안으로 탄소중립을 선언하고 실천하는 것이 이슈이고 정책적 방안이다. 우리나라도 14번째로 탄소중립 2050을 선언하고 법제화하였다. 지구의 곳곳에는 가뭄, 홍수, 산불, 산사태 등으로 기후위기의 징조가 지속적으로 보이고 있다. 또한 산림자원을 많이 보유한 국가에서는 자국의 특성을 감안한 탄소흡수원의 확충에 사활을 걸고 있으며, 자원을 어떻게 효율적으로 사용할 것인가에 대한 고민에 빠진 듯하다. 이미 주요 선진국에서는 목재바이오매스가 주요 재생에너지로 자리잡고 원재료 확보 전쟁중이다. 코로나 펜데믹에 따른 경기침체와 탄소중립 실현, 자연재해의 대응이라는 큰 시대적 사명을 해결하는 방안으로 산림이 대두되고 있다.

이러한 모든 것들을 실천하는 한 축으로 산림자원의 이용과 관리가 주목받는다. 특히 우리나라의 산림은 고령화되어 4~5영급이 전체 산림의 60%이다. 그리고 조림 후 한번도 손을 보지 않은 산림이 많고, 여러 원인에 의한 목재의 수확도 어렵다. 특히 사유림의 비율이 많아 간벌과 수확을 하기에도 규모가 적어 비효율적이다. 산주는 소득 없는 곳에 관심이 없고, 국가는 개인소유 산이라 어떻게 하지 못하는 사면초가에 직면한 것이다. 이러한 시대적 요구가 있을 때 후손과 미래를 위해 적극적으로 산림자원을 가꾸고 이용하자는 것이다. 산림자원을 많이 가진 선진국들은 이미 교토의정서 이후 제도를 보완하고 인력을 양성해 지금은 탄소중립시대를 극복하는 산업화의 기반을 구축했다. 그러나 우리는 준비하지 못했다. 그렇지만 늦지 않았다. 이 책에서는 기후위기시대 산림관리를 통해 자원을 이용한 산림경영과 재해대응, 탄소흡수원 확보를 위한 기술적, 제도적 방안들을 제시하고자 한다.

먼저 산림경영분야에 새로운 바람을 불어넣어 주고 싶다. 경영의 대상지를 기존 대상지 외 사찰림, 보호림, 도시 주변의 산림까지 확대하고 우리나라 전 국토의 산림을 소극적이든 적극적이든 경영해야 탄소흡수원 증진과 산림재해를 예방할 수 있다. 또한 산주가 새로운 패러다임을 감안한 경영의욕을 가질 수 있도록 하는 방안도 중요하다. 경영을 통한 탄소상쇄사업과 임업직불제 대응 등이 가능하도록 정책화하고, 경영 효율을 높이기 위한 경영대상지의 규모화도 필요하다. 특히 다양한 산림경영 주체들의 육성도 중요한 일이다.

두 번째로 기후위기는 산림재해를 동반한다. 산불은 대형화되어 전 세계적으로 산림관리의 목표를 수정하는 결과를 가져오고 있다. 산사태는 자연사면에도 발생할 수 있는 강우강도와 누적강우량을 매년 갱신하고 있다. 지금의 제도와 기술로는 대응이 어렵다. 새로운 방법과 사고의 대전환이 필요해 보인다. 특히 산지를 전용하여 활용하는 여러 행위에서 전면적인 수술이 없으면 우리나라와 같은 산악국가에서 살 수 있는 곳이 없어지고 말 것이다. 또한 소나무재선충병은 우리의 예산과 기술, 행정력으로는 확산을 저지할 수 없다. 그로 인한 임업의 경영활동과 탄소흡수원사업은 요원하고 피해목을 이용한 산업화도 어렵다. 특단의 대책으로 소나무림의 위생간벌을 시행하는 등 다른 소득분야를 찾아야 한다.

마지막으로 탄소흡수원사업을 국가위주에서 산주위주의 사업으로 과감한 전환이 필요하다. 흡수원사업의 방법론을 벌기령 연장에 국한할 것이 아니라 산주가 정상적인 산림경영의 활동을 한다면 흡수원으로 인정하는 방안 등이 연구되어야 한다. 또한 상쇄사업의 경우 지금 현재로는 활성화되기 어렵다. 그리고 산주에게 별 도움이 안된다. 산주가 경영계획에 의한 탄소경영을 하였다면 그 성과를 일반 탄소거래시장에서 거래할 수 있는 제도적 보완도 필요해 보인다.

우리나라의 산림은 적극적인 우리의 관심을 요구하고 있다. 산촌은 쇠퇴하고 고령화되어 마지막 산림자원을 활용한 활성화에 기대고 있다. 산림에서 목재가 내려오고, 가공공장이 지어지고, 목조주택이 만들어지고, 산림자원의 부산물은 발전소로 가서 전기와 열이 생산되는 지속가능한 산업화는 분명 새로운 농산촌의 성장 모델이 될 수 있을 것이다.

2023. 10

정 규 원

목 차

• 들어가는 글 ····· 1

1장. 탄소중립시대의 산림경영

1. 지금은 산림경영 시대 ····· 8
2. 공익용산지의 활용 ····· 14
3. 산림자원과 탄소중립의 함정 ····· 19
4. 사찰림의 관리와 경영 ····· 23
5. 기업의 새로운 산림경영 지원 ····· 29
6. 산림자원의 활용에 따른 갈등해소 ····· 35
7. 산림자원을 이용한 지역산림경영 모델의 실천 ····· 43

2장. 산림의 탄소흡수원사업의 진단

1. 산림탄소흡수원사업에서 임업인의 바람과 역할 ····· 52
2. 국내 산림탄소상쇄사업의 성공 과제 ····· 58
3. 임업인을 위한 산림 탄소흡수원 방법론 ····· 67
4. 산림경영을 통한 산촌부흥 현장 ····· 73
5. 요세미티국립공원의 탄소중립 활동 ····· 81
6. 일본의 산림경영을 통한 탄소흡수원사업 ····· 86
7. 소나무재선충병 피해목의 바이오매스 활용과 이용 ····· 93

3장. 기후위기시대 산림의 재해 대응

1. 기후위기시대 국정감사 ········ 100
2. 기후위기시대 산림재난방지법의 제정 ········ 110
3. 기후위기시대 산사태의 대응 ········ 117
4. 기후위기시대 임도의 필요성과 재해예방 ········ 125
5. 동해안 소나무림의 관리 ········ 134
6. 미국 기후위기 대응 산림관리 ········ 139
7. 기후위기 사찰림 재해관리의 필요성 ········ 146
8. 산림분야에서 생각하는 명품 골프장 ········ 156
9. 경북 영주 산사태 현장의 시사점 ········ 163

4장. 기후위기시대 산림기술

1. 산림기술의 타당성조사와 평가제도의 문제점 ········ 170
2. 산림사업의 환경관리기술 ········ 178
3. 소나무재선충병 방제의 방향 전환 ········ 183
4. 소나무재선충병 방제 정책과 기술 ········ 194
5. 육상풍력단지개발사업과 산림기술분야의 역할 ········ 205
6. 기후위기 대형산불의 대응 기술 ········ 211
7. 기후위기시대 위험에 처한 산촌마을 ········ 221

[부록] 탄소흡수원 사업계획 ········ 232

1장

탄소중립시대의 산림경영

1. 지금은 산림경영 시대

(기후위기 시대 산림은 경영이 답이다.)

최근 산림자원법이 명칭을 '지속가능한 산림의 조성 및 경영에 관한 법률'로 개정하는 방향으로 가고 있는 듯하다. 지금까지 산지와 산림은 관 주도에 의해 관리되었고 정책의 방향도 그러했다고 많은 사람들은 생각한다. 황폐한 산림에 나무를 심고 숲가꾸기를 하고 임도를 내고 사방을 했다. '경영'이라는 단어는 생각도 못하고 살았다. 학교에서 배운 생태경영, 지속가능한 경영은 책에만 존재한 것이었다.

그런데 많은 변화가 있다. 최근 직불제, 산지은행의 논의, 임도의 확충은 산림 경영의 기반이 안착되어 가고 있는 증거이다. 또한 탄소흡수원으로 산림자원의 이용이 국민들 사이에서 공감대를 가지면서 산림의 경영은 더욱 중요한 이슈가 되었다. 그러나 산은 누구나 갈 수 있고 언제든지 즐기거나 이용할 수 있다는 생각으로 그대로 훼손하지 말고 가만히 두고 이용만 하자는 분들이 일부 환경단체와 생각을 같이 한다. 이러한 생각들로 인해 산주들이 소유한 산은 불특정 다수의 국민들에게 직접서비스만 하고 산림자원은 가치없는 존재로 방치하는 결과를 초래하였다. 그 결과 산림이 공익적 자원이지만 산주로서는 아무런 혜택이 없는 상태에서 경영은 어려운 것이 현실이다. 어떻게 하면 산주들을 산으로 오게 하고 산에 열정을 불태우게 할 것인가? 에 대한 정책이 최근 핵심사항이 된 것이다. 산주는 최근 이슈로 등장한 강원도 벌채논란, 울진 산불지복구 반대 등의 이야기만 들어도 한숨만 나오는 것이다. 또한 대다수의 산주는 산림자원이 어떻게 하면 돈이 되고 어떠한 절차로 산을 경영해야 하는지를 모른다. 일부 전문경영인들 외의 대다수의 부재산주와 소규모 보유 산주는 더욱 갑갑함을 느낄 것이다.

최근 필자가 작은 임야를 매입하여 지황, 임황조사를 하고 주민들 의견을 모아 경영목표를 수립하고 경영계획서를 작성하여 인가 신청을 하였다. 그런데 작은 규모의 임야로서는 임도계획, 장래목표수종, 이용계획 등을 수립할 수 없었고, 수익모델을 만들 수 없다는 것을 깨달았다. 부득이 주변 산주의 연락처를 알아내어 연계한 경영계획을 수립하자고 제안했지만 당장 정책을 이해시키고 경영기술을 설명하기에는 어려움이 있었다. 협업해서 같이 산을 경영하자고 했으나 나를 이해하지 못하겠다는 논리이고 투기꾼으로 정부자금을 타내기 위한 사기꾼정도로 인식하였다. 대다수의 산주에게 '산림경영'은 남의 집 이야기인 것이다. 이를 극복할 국가와 지자체의 특단의 대책이 없는 한 우리나라의 산림자원을 이용한 탄소중립의 방안으로 탄소흡수원으로서 가치증진과 목재 및 바이오매스의 이용을 통한 지속가능한 경영은 요원함을 느꼈다.

필자는 군락단위 오래된 동백나무숲을 복원하는 목표를 수립하고 직접 제거목을 선목하고, 방해되는 대나무를 제거하는 작업을 시작하였다. 그런데 일반 기계톱으로는 벌목이 어렵고 특히 벌목한 대나무의 사용처가 없었다. 대나무 가지부의 부피가 커서 임내 존치가 어려워 파쇄기를 알아보았다. 맞춤형 소형 파쇄기 구입도 어려웠고 직접 제작하기는 더욱 어려운 실정이었다. 관할 지자체에서는 작은 2ha 산에 간벌 지원요청 사업도 어렵다고 통보해왔다. 경영목표와 의지가 있고 사업기술은 있는데 기능인을 못 구해 동네 이장님 아들에게 기계톱을 안전교육하여 작업을 시켰다. 작은 규모 산에는 작업단 투입을 요청하기 어렵기 때문이었다.

작업단은 국가, 지자체의 산림사업 전담으로 개인의 산에 작업하는 것이 매우 어려운 일이기도 해서 난색을 표했다.

필자는 매일 작업을 지시해야 하고 선목 표시, 산물 처리방법 지시, 유류 구입공급, 다음날 작업지시 등등 너무나 힘든 일들이었다. 일반 산주는할 수 없는 일인 것이다. 산을 소유하였기에 이 힘든 일들을 감내해야 하는 건가? 아무 소득 없는 일에…… 이 사례에서도 우리가 경영 활성화, 실제 경영을 위한 현장 애로사항이 무엇인지, 무엇을 해결해야 하는지를 알 수 있다. 현장에 묻어나는 현장중심, 산주중심의 산림경영 정책이 지속성 있게 시행되어야 사업이 시작될 수 있다는 것이다.

첫째, 산은 논과 밭, 어장, 가축농장과 같이 경영의 대상으로 봐야 한다. 농지에 농작물을 심고 수확하는 것만큼 단순한 절차와 자율성이 보장되어야 가능하다. 그리고 그렇게 정책이 수립되어야 한다. 기존의 하향식 사업계획으로 관주도 대행 산림사업으로는 전국의 산림을 경영할 수 없다. 이웃나라 일본의 경우 10년간의 준비를 통한 사유림의 소규모산지의 경영참여를 유도한 것만 보아도, 지금 시작도 못한 우리는 쉬운 일이 아니라는 것이다.

그리고 주인 없는 산이라고 누구나 공짜로 이용해도 된다고 생각해서는 안 된다. 누구나 이용할 대상이라면 당연 이용자 부담의 공익적 가치를 산주에게 돌려주어야 하는 것으로 대다수의 국민의 생각을 바꾸도록 하는 정책이 필요하다.

둘째, 산주들이 경영을할 수 있도록 계기를 만들어 주어야 한다. 경영플래너가 산주를 직접 찾아가야 한다. 지금처럼 절차와 같이 편지 한통으로는 안된다. 국가계획을 설명하고 산에 대한 가치와 목표를 이야기해 주어야 한다. 지속적으로 산주와 플래너가 유대할 수 있는 프로그램 도입 정책이 필요하다. 산주가 산을 찾도록 산의 경영 가치를 부여해야 한다. 작지만 산주에게 소득이 돌아가야 한다. 벌채를 해도, 재선충피해목을 팔아도, 도시공원으로 활용되어도, 숲가꾸기산물을 팔아도 말이다. 산주들에게 자부심을 느끼도록 해야 한다는 것이다. 최근 미이용 바이오매스와 목재 가치가 조금씩 상승하고 있다. 거의 모든 산지는 규모화만 한다면 수익을 낼 수 있는 구조이다. 이때를 놓쳐서는 안 된다. 이것이 경영기반의 시작이고 끝이다. 담당 공무원이 산주에게 경영에 대한 계획을 설명할 때 산주는 비로소 적극적 의사를 표시할 수 있을 것이다.

셋째, 산림경영의 주체를 다양화해야 한다. 임업후계자, 독림가, 산림조합이 아니어도 그 지역 산림의 특성을 알고 지역 주민들의 의향, 상황 등을 고려할 수 있는 의욕이 있는 사람이라면 경영을할 수 있도록 해주어야 한다. 그래서 경영주체로 기술력과 정책의 이해도가 높은 산림기술인 업체를 이용하는 방안도 적극적으로 검토되어야 한다. 경영을 하고 싶은 사람에게는 교육도 활성화하고 기능인도 양성할 기회를 주면 좋겠다. 산을 소유의 개념에서 경영의 개념으로 농지와 같이 생각하고 법도 만들어야 할 것이다. 그 경영주체는 산림청에서 지원받는 경영전문 컨설팅 업체의 도움으로 수종의 선택, 향후 시장상황, 판매전략, 보조사업신청 등을 결정하고 기술적, 과학적 연구결과의 도움을 받도록 하여야 한다. 컨설턴트는 정책, 기술 등의 지속적 교육을 받아 산주의 경영에 기반이 되도록 육성하고 관리되어야 할 것이다.

넷째, 제도적 기반의 확충작업이다. 농업에 있는 농지법을 우리 임업에도 도입하면 될 것 같다. 산지의 구입은 경영을 위한 목적으로 한정하고 경영의사를 감안하여 산지를 경영전문업체 및 경영자에게 위탁할 수 있는 제도가 필요하다. 경영의사가 없으면 임지를 처분할 것을 명할 수 있도록 하는 법이 필요하다. 농업에 농지은행이 있듯이 우리 임업에 특화된 산지경영지원센터를 만들어 경영을 위한 산지를 모아 규모화하고 경영주체의 관리, 기술지원, 기술자 및 기능인의 공급 등의 업무를 하도록 하면 효율적일 것이다.

다섯째, 기반시설 확충과 기계화이다. 최근 임업기계의 지원에 관한 사항을 담은 산림자원법 개정안이 국회에서 통과된 것으로 안다. 임업기계가 실사용자에게 배치되고 지원, 관리되도록 하는 세부지침도 추가로 마련되어야 한다. 현재 우리는 산림경영의 규모화를 위해 선도육성단지, 산림조합 등에 위탁제도 등이 운영 중이다. 그것도 여러 가지 풀어야 할 문제가 많지만 그대로 지원하고 적극적인 운영방안을 보완해야 한다. 그 보완책으로 규모화에 따른 임도, 사방 등의 기반시설 구축에 집중하지 말고, 경영주체에게 경영마인드를 정립하게 하고, 수확기 및 육림기에 원가 절감을 위한 경영모델을 요구해야 한다. 그래야 선도육성단지가 전국으로 확산될 것이다.

마지막으로 산주, 컨설턴트, 산지경영지원센터 등 경영의 자율권의 보장과 반드시 산림을 경영하겠다는 행정력의 강력한 의지가 필요하다. 금방 실적을 낼 수도 없는 실정이다. 산주의 경영의사가 강력하게 나올 때 적극적으로 지원하고, 대충 산주를 규합하고 기반시설이나 해주는 사업의 실적 보여주기식 정책을 하지 않겠다는 의지를 보여야 한다. 또 경영의사가 없는 산주를 위해서는 강력한 세제 및 과태료 조치를할 수 있는 강한 행정력과 리드십이 필요하다. 누군가는 시작해야 한다. 우리 임업도 농업과 같은 제도

하에 경영중심으로 전환해야 한다. 경영에도 기술이 기반되어야 한다. 공익적 경영도, 사익적 경영도, 결국 포기하지 않는 기후위기시대의 산림경영의 강력한 의지가 필요하다.

2. 공익용산지의 활용

(공익용산지의 관리를 통한 탄소흡수원의 확보가 필요하다.)

우리나라의 산지는 국토의 계획 및 이용에 관한 법과 산지관리법에서 전체적인 이용과 관리체계를 정하고 있다. 국토계획법에서는 국토의 효율적 이용을 위해 용도지역으로 구분하여 관리하고 있으며, 용도지역은 도시지역, 관리지역, 농림지역, 자연환경보전지역으로 구분한다. 산지관리법에서 산지는 보전산지와 준보전산지로 구분하고, 보전산지는 대부분 국토법의 용도지역인 농림지역에 위치하고, 보전산지보다 개발이 용이한 준보전산지는 대부분 관리지역에 위치한다.

국토이용계획상 용도지역별 산지구분 현황 (단위 : 만㎢, %)

구분	계	보전산지			준보전 산지	비고
		소계	임업용	공익용		
합계	6.45 (100)	4.98 (100)	3.55	1.48	1.48 (100)	
도시지역	0.59 (9.1)	0.32 (6.5)		0.32	0.27 (18.0)	공익 : 보전녹지, 개발제한구역 준보전 : 자연녹지
관리지역	1.21 (18.7)	-			1.21 (82.0)	준보전
농림지역	3.97 (61.5)	3.97 (79.7)	3.55	0.42		임업 : 요존국유림, 임업진흥권역 등 공익 : 보안림, 산림유전자원보호림 등
자연환경 보전지역	0.69 (10.7)	0.69 (13.8)		0.69		공원, 문화재보호구역, 상수원보호구역, 생태계보전지역 등

국토법상 도시지역의 59만ha, 관리지역의 121만ha, 자연환경보전지역의 69만ha는 개별법에서 벌채를 제한하고 있어 사실상 경영을할 수 없는 지역이다. 농림지역에서도 보안림, 유전자보호림이 포함되어 있고 해발고, 산지경사, 임도기반시설 부족 등을 고려하면 전체 산림의 50%가 경영의 불가지역이거나 소극적 경영지역이라할 수 있다.

산지는 12개 정도의 개별법에 의거 산림경영과 이용에 제한받고 있다. 대표적인 것이 문화재보호구역, 자연공원, 상수도보호구역, 보호림, 개발제한구역, 군사지역, 재해지역 등이다. 이들 지역은 임지의 상태나 임목의 상태 등을 고려할 때 반드시 산림의 관리가 필요함에도 불구하고 모든 행위가 제한받는다.

최근 세계적 이슈는 탄소중립과 코로나19로 인한 경기침체를 극복하는 것이다. 그 위기의 중심에 산림자원의 효율적 활용이 대두되고 있다. 그러나 산림자원으로 활용할 산지의 대상지 규모가 작다. 공익용산지를 적극적으로 활용하지 못하고 있기 때문이다. 전국의 공익용산지는 1,430만ha 정도이다.

'22 군사지역의 재선충병 고사목, 포항

'23 상수도보호지역 고사목, 대구

현시점에서 공익용산지의 경영 및 관리 실태를 파악하고, 산주의 의견을 반영하여 경영에 참여시키는 정책이 필요하다. 최근 산림청에서는 2050 탄소중립 달성을 위한 산림부분 추진전략을 환경단체와 민관협의회를 통하여 초안을 마련하였다. 산림분야의 탄소중립 목표는 3,400톤을 줄이겠다고 한다. 그 중 탄소흡수원으로서 도시숲 조성과 경제림, 보호지역의 관리를 통하여 26억 그루의 나무를 심고 이산화탄소 2,060만톤을 흡수한다는 계획이 포함되어 있다.

공익용산지를 탄소흡수원 대상지에 포함시키지 않고 탄소중립 목표 이행이 가능한지를 면밀히 검토해봐야 한다. 탄소흡수량 목표치를 개략적으로 계산해봐도 경제림육성단지의 면적만으로는 관리면적이 너무 적어 목표 달성이 어렵다. 특히 사유림은 동의가 어렵고 경영에 필요한 규모화도 안되어 있어 더 어렵다. 경제림육성단지 또한 산주의 동의를 100% 얻어 시업할 수 없는 실정이며 이미 수확하고 갱신된 산지가 많다. 산림청은 여러 환경단체와 환경부의 의견을 일부 수용하여 150만ha 경제림육성단지 외 산지는 소극적으로 경영하겠다는 방침을 세웠다. 또한 보호림 주변 사유림을 매수하겠다는 계획은 결국 소극적 산림경영으로 대처하겠다는 논리로 보인다.

산림청은 산주의 동의가 어렵고 시간이 걸려도 적극적 관리를 위한 정책의 수립과 실행이 필요하다. 공익용산지의 산림은 노령화되고 관리 미흡으로 인해 방치된 산림자원이 너무 많다. 그 원인으로 공익용산지에서 산주 경영의사를 과도하게 침해한 것도 일조하고 있다. 상수도보호구역과 개발제한구역 내 산림에서는 간벌, 작업도 개설이 거의 불가하다. 산나물, 장뇌삼도 재배 못하는 죽은 땅으로 만들고, 재해에 취약한 땅으로 방치되어 있는 것이다. 특히 숲가꾸기와 같은 임업적방제를 하지 못해 소나무재선충병도 심각하다. 전국의 상수원 댐 주변 산주의 민원이 많아지고 있는 것도 이와 같은 이유일 것이다.

도시지역과 관리지역, 농림지역, 자연환경보전지역 내 대부분의 산림이 숲가꾸기 대상지에 포함되어야 한다. 수자원함양림의 기능을 증대하기 위해서라도, 피압되어 죽은 나무의 수집과 활용을 위해서라도 작업도와 임도는 개설되어야 한다. 소나무재선충병에 의한 산림의 일시 소멸을 막기 위해서라도 위생간벌이 이루어져야 한다.

도시지역의 산림은 보전녹지, 자연녹지, 개발제한구역이 대부분이다. 이 지역은 국민들의 산림이용과 휴양 측면에서 수요가 폭발했지만, 사방조림 이후 한번도 숲가꾸기를 실행하지 못한 지역이 많다. 주요 수종은 리기다소나무, 오리나무, 아카시아, 소나무 등으로 바람과 집중호우, 병해충 등으로 절실히 관리가 필요한 지역이다. 그러나 숲가꾸기사업은 어렵다. 개발제한구역 지정과 상수도보호구역 지정이 숲의 관리를 어렵게 하기 때문이다.

2022. 10. 1. 임업 · 산림의 공익적 기능을 증진하기 위한 임업직불제도 운영에 관한 법률이 예정되어 있다. 그러나 이 법률은 직접 경영하는 자에 한하여 혜택이 있다. 도시지역과 자연환경보전지역 등의 공익용산지의 산주는 아무런 혜택이 없다. 재산권을 행사하지 못하는 공익용산지에 대해 국가가 보상해주는 제도로 오해하는 일반인들이 많다. "공원지역, 상수도보호구역, 문화재구역, 개발제한구역에 묶여 있으나, 국민 모두에게 이익을 주니 직불제를 받는 것이 아닌가?"라고 하는 것이다. 공익용산지 소유자는 임업경영을 하고 싶어도할 수가 없다. 국민들에게 등산로를 내주고, 맑은 물과 신선한 공기를 공급하고, 휴식처를 제공하며 이산화탄소를 흡수해도 아무런 혜택이 없다.

이제 공익용산지를 방치할 명분도, 시간도 없다. 탄소흡수원으로서 역할이 필요하고 공익적 역할을 증대해야 하며 산주의 권익도 보호해야 하기 때문이다.

먼저 공익용 산지의 경영과 관리를 위한 산주들의 연대가 필요하다. 산주들 간의 정보, 정책을 공유하는 것은 향후 관리면적을 규모화할 때 반드시 필요하다. 산림청도 공익형 산지의 현황과 실태를 정밀조사하여 공익용 산지에 적합한 산림경영계획을 작성하고, 산림정책에서 소외된 산주들에게 관리의지를 심어 주어야 한다.

둘째, 산림청은 산주별 · 권역별 공익적 가치를 산정하여 제공해야 하며 그에 따른 보상체계도 마련해야 한다. 그렇지 않다면 공익적 기능에 역행하지 않는 범위에서 산림경영을할 수 있는 제도 개선의 협의와 한국형 공익용 산지에 적용 가능할 기술을 개발하여 제공해야 한다.

셋째, 산림청은 공익용산지의 관리 · 운용기관으로서 개별법에서 최소한의 산림경영을할 수 있도록 관계부처와 협의해야 한다. 많은 공익용산지를 소유한 산주와 국민들을 위해서 말이다.

마지막으로 공익형 산지를 관리하기 위해서는 지역 주민과 시민단체, 지자체의 협력이 반드시 필요하다. 각 지역별로 용도구역별 산림을 관리하는 시범사업을 통하여 협력기구를 만들어 시행하면 좋을 듯 하다.

공익용산지의 관리와 경영을 통하여 공익용 산림자원을 활용하고 산지를 이용하는 성공 사례국으로 남기를 기원한다.

3. 산림자원과 탄소중립의 함정

(탄소흡수원 사업은 실천이 중요하다.)

파리협정 발효('16.11) 이후 전 세계적으로 기후변화 대응이 가속화되고 있고 국제사회와 주요국은 기후위기 대응 및 탄소중립 이행을 위해 산림의 역할을 강화하고, 산림자원을 활용하기 위한 움직임을 본격화하고 있는 실정이다.

우리나라 또한 2050 탄소중립 선언('20.10)하고 관계부처 합동 2050 탄소중립 추진전략(안)을 발표한 후, 탄소흡수원으로서 산림의 중요성이 대두되고 있다. 산림청이 마련한 2050 탄소중립 산림부문 추진전략(안)은 벌채계획만 있다는 환경단체의 반대로 새롭게 협의를 거쳐 만들어진 것으로 안다. 핵심 정책방향으로 산림 탄소흡수원 확충, 산림 탄소흡수능력 강화, 목재와 산림바이오매스 이용 활성화, 산림 탄소흡수원 보전, 복원 등이 그것이다.

최근 읽은 GREEN GONE WRONG(저자 헤더 로저스)의 내용을 인용하면 기후위기를 대처함에 있어 잘못된 해결책으로 우리의 눈을 속이고 있다고 한다. 그래서 시급한 기후변화의 대응이 늦어지고 있다는 내용이다. 기후위기에 대한 올바른 대책이 필요함에도 그 대책과 제도는 현장에 맞지 않다는 것이다. 함정에 빠졌다는 것이다.

이에 저자는 산림부문의 2050 탄소중립계획이 만들어지고 현장과 실행제도가 맞지 않으면 탄소중립계획이 오히려 국가적 손실로 돌아오지 않을까 하는 걱정이 앞선다. 산림자원을 이용하여 제2의 산림부흥과 산업화를 위한 마지막 기회를 놓치지 않아야 한다. 산림부문 탄소중립계획이 함정에 빠지지 않기 위한 몇 가지를 제언하고자 한다.

먼저 탄소중립을 위한 탄소흡수원의 사업대상지는 전국의 산림을 대상으로 해야 한다. 특히 보전산지의 경우 환경단체의 요구에 의해 관리되지 못했거나 어려웠다. 이에 경제림에 한정하지 말고 수자원보호구역, 문화재보호구역, 공원구역, 그린벨트지역, 보호산림 등에서도 산림의 관리가 되어야 한다. 소극적 관리라도 해야 한다. 또한 준보전산지의 경우에도 차후 산지개발을 핑계로 사업대상지에서 제외한다면 생활권의 산림은 방치될 것이고 그 피해는 오롯이 주민들에게 돌아갈 것이다. 인공적으로 조성된 산림이 관리되지 못하면 밀식된 나무는 산지에서 썩어 탄소를 배출하고 산지는 황폐화되어 산불, 산사태, 병해충 등 재해로 연결될 것이기 때문이다.

다음으로 부재산주의 산림을 이번 기회에 빠짐없이 경영에 참여시켜야 한다. 지역단위로 기본계획의 용역을 통하여 부재산주의 산림경영 참여를 독려하고 관심을 유도해야 한다. 동의가 쉬운 소재산주의 산지만 사업에 포함시킨다면 실제 산림청의 흡수원의 확보 계획에도 차질이 있을 수 있다는 것이다. 많은 부재산주의 산지를 동의가 어렵다고 이제는 방치할 수 없다. 부재산주에게 산림 현황과 이용가치, 경영목표와 가능성, 차후 활용방안과 가치를 설명하여 다 같이 협력형 산림관리가 이루어지도록 해야 한다. 숲가꾸기사업부터 시작하고 산물을 수집하며 목재와 바이오매스로 활용할 수 있도록 해야 한다. 산림경영의 규모가 작고, 인력이 없다는 핑계는 이제할 수 없다.

산주에게 세제 혜택과 산물이용 대금의 일정 금액의 보상체계를 만들고 제도화해야 한다. 부재산주의 권익도 중요하게 보호하면서 공익적 산림자원을 활용해야 한다는 것이다.

또한 탄소흡수원사업은 젊은 기능인의 양성을 통한 경제활성화를 염두에 두고 해야 한다. 우리나라는 전 국토의 70%정도가 산지이다. 국토의 관리차원에서도 산촌의 정주권 확보는 중요한 국책과제가 될 것이다. 농 · 산촌의 고령화로 인해 경제활동 인구는 줄고, 주민 생활기반 시설의 유지와 농지, 산지 관리도 어렵다. 이번에 산림의 관리를 통한 탄소흡수원의 확보와 산림부산물을 이용한 에너지 수급을 해결해야 할 필요성도 충족해야 한다. 현재 산림사업 현장에 근무하는 기술인의 평균연령이 65세 정도이다. 새로운 기능인과 젊은층의 산림사업 현장유입은 거의 없고 외국인 근로자들이 산림작업 현장으로 투입되고 있는 실정이다. 산림사업의 품질이 급격히 떨어지고 있다. 산림기술인의 양성과 업체의 경쟁력 확보를 위한 규모화 등이 시급한 실정이다.

목재의 생산과 부산물 이용을 통하여 탄소흡수원의 목표 달성과 산림자원을 이용한 계획, 생산, 유통의 선순환 구조를 민간에서 주도해야 한다. 그렇게 하기 위해서는 무엇보다 기술인과 업체에게 경제성이 있어야 한다. 산림사업 종사자의 인건비가 타 분야에 비해 적고 용역업의 대가기준이 낮아 기술인의 유입정책이 없다면 탄소흡수원의 목표 실현은 불가할 것이다.

마지막으로 산림작업의 기계화이다. 한국지형과 작업규모에 적합한 기계를 보급하는 것이다. 기존의 국유림관리소, 산림조합에만 국한하지 말고 산림사업체인 민간에도 지원할 수 있어야 한다. 기계의 지원품목도 산림작업의 환경관리와 안전사고를 줄일 수 있는 내연기관 임업기계에서 매연이 없는 무진동기계 보급을 검토해야 할 것이다. 또한 임업기계 운용 전문인력에 대한 병역면제 혜택제도를 도입하고 권역별 전문학교 설립을 통한 안정적인 인력양성도 필요하다.

이제 전 세계가 우리를 보고 있다. 대부분 4영급의 산림도 우리의 손길을 기다리고 있다. 코로나19로 인한 경제적 여유도 없다. 국민들은 산림의 가치증진과 이용에 갈망하고 있다. 2050 탄소중립 계획은 탄소흡수원을 확대하라고 우리를 부르고 있다. 이 긴급한 시기에 함정에 빠져 시간을 낭비해서는 안된다. 기후위기 극복을 위한 탄소중립은 모든 기득권을 버리고 협력을 요구한다. 산림행정, 산주, 기술인, 자원수요자, 시민단체 등이 한 목표를 위해 의견을 모으고 공정하게 실천해야 할 시기인 것이다. 산림자원을 이용한 탄소흡수원 목표를 완성하여 세계적인 기후위기에 대응한 임업선진국으로 우뚝 서고 산림분야가 발전할 수 있는 계기가 되기를 기대해 본다.

4. 사찰림의 관리와 경영
(사찰림도 산림경영이 필요한 시기이다.)

최근 환경부의 2050 탄소중립추진계획에서 추진전략으로 경제구조변화, 저탄소산업, 공정사회로 지역중심의 탄소중립실현을 내어놓았다. 또한 산림청의 2050 탄소중립산림분야 계획에서는 산림의 탄소흡수력강화, 목재와 산림바이오매스의 이용활성화 등을 전략으로 제시하고 있다. 2030 NDC에서도 전체 탄소흡수량 목표 26.7백만톤 중 95.5%에 달하는 25.5백만톤을 산림분야를 통해 대응한다고 계획하고 있다. 그러나 우리나라의 경우 사유림의 비율이 67%를 차지하고 있어 산주의 자발적 산림경영을 통한 탄소흡수원 확보 사업은 쉽지 않아 보인다.

한국의 사유림 면적은 418만ha에 소유자가 217만명으로, 평균임야 소유면적은 1.9ha에 불가하다. 규모화에 따른 효율적인 산림경영을 기대하기 어려운 구조이다. 더불어 산림자원을 이용한 탄소흡수원사업은 시급하다. 국내산 목재 수급량을 늘려야하고, 목질계 바이오매스 수요는 급격히 증가하여 공급량을 늘려야 하는 실정이다. 그러나 탄소흡수와 사업을 시작할 대상지는 마땅치 않다. 그래서 신속하게 산림경영이 가능한 사업 대상지로 전국에 분포하는 사찰림을 생각하고 있다. '21 사찰림 관리 방안 연구내용에 따르면, 한 개의 사찰이 소유한 산림의 규모가 대략 190ha 정도로 정밀하게 경영계획만 수립하면 시급한 산림경영 대상지로 충분하기 때문이다.

최근 필자는 지리산 실상사에서 사업가능성을 확인했다. 실상사에서 관리하고 있는 산지중심으로 '산림자원을 이용한 탄소흡수원 증대를 위한 방안' 대한 주제로 강의를 하고 부터이다. 강의 후 실상사와 지역 주민들의 관심이 높았고, 필요성과 가능성에 대한 공감대를 서로 확인했다. 사찰의 반응은 생각보다 즉각적이고 적극적이었다. 실상사는 조계종 환경위원회에 숲가꾸기사업을 하겠다고 계획을 보고했고 바로 현장심사까지 실시하였다고 하니 말이다. 관심이 높은 것이다.

사찰림의 정의는 아직도 명확하지 않다. 산림자원의조성 및 관리에 관한 법률에서는 사유림으로 분류하고 '절에서 소유하는 산림'으로, 두산백과사전에는 '사찰의 경내 풍치를 보존할 목적이나 사찰의 운영을 위한 운영비 및 자재의 조달 목적으로 사찰이 소유하고 있는 숲'으로 정의하고 있다. 또한 사찰림은 산지관리법에서 재해방지, 수원보호, 자연생태계보전, 자연경관보전 등 공익기능을 위하여 필요한 공익용산지로 분류하고 있다. 그런데 산지관리법에서는 공익용산지에 예외 없이 사찰림을 무조건 포함하게 되어 있다. 사찰림은 전부가 공익용산지인 것이다. 전통사찰의 보존 및 지원에 관한 법률에서는 산림의 전부를 전통사찰보존지에 포함시키고 있다. 산림을 적극적으로 이용하기 어려운 구조로 보인다.

사찰림의 효율적 관리를 위해서는 관리대상 면적의 확정이 중요하다. 그러나 통계자료와 일부 논문과 문헌에서 제시된 면적은 모두가 일치하지 않는다. 바로 잡아야 하는 문제이다. 2012년 산림청의 사찰림연구에서 제시된 결과는 74,342헥타를 기준으로 했다. 2021년 동국대산학협력단의 사찰림 관리방안 연구에서는 우리나라 전체 산림의 1.3%, 국유림을 제외한 사유림의 1.9%을 차지한다고 보고되었다. 이 정도의 면적이면 우리나라 사유림경영에서 무시할 수 없는 면적이다. 지역별로 경북지역이 18,985헥타로 가장 넓었으며, 경상남도, 전라남도, 강원도 순으로 분포한다.

사찰림의 기능은 종교적, 생태 · 문화적, 경제적, 관광 및 휴양기능 정도로 분류하는 것이 보편적이다. 사찰림의 산림사업은 문화재 주변의 산림 보호 및 공익적 가치증진을 위한 사업으로 거의 모든 기능에 기반이 되는 사업을 실행하고 있다. 그러나 경제적 기능을 증진하기 위한 사업은 거의 없었다. 일부 사찰에서 소득작물 재배사업을 시행하였으나, 지속적인 수익을 창출할 수 있는 경영모델까지는 연결하지 못했다. 사찰림에 주요 산림소득은 송이버섯 생산지에 대한 임대사업이 가장 큰 수익 사업이었다. 그 다음으로 사찰 내 소비와 선물용인 산나물, 표고버섯, 장뇌삼과 더덕재배 등이다. 최근 휴양 · 복지기능으로 무장애숲길, 둘레길, 수목장, 치유숲 등을 설치하고 이용하는 사례는 늘어나는 추세이다. 그러나 직접적으로 사찰에 경제적 도움이 되고 지역 주민들과의 협력체계를 위한 사업은 거의 없는 것으로 보인다. 전통적인 조림, 풀베기, 간벌, 수확 등의 경영활동이 추가되거나 새롭게 도입되어야 하는 실정이다.

사찰림에 대한 산림분야 사업은 산림청과 조계종의 여러 차례 협약에 의거하여 다양하게 이루어졌다. 숲가꾸기, 내화수림대조성, 사방사업, 숲길조성사업, 병해충방제사업 등이다. 그러나 거의 모든 사업에서 문제점들이 발생했다. 숲가꾸기사업은 생태 · 환경을 전혀 고려하지 않은 무차별 벌목사업이라고 거의 중단되었으며, 내화수림대 조성사업에서는 사찰 주변의 주요 동식물의 서식처를 고려하지 않았다고, 사방사업에서는 인력이 아닌 중

기계 중심의 계곡부 개발사업으로 경관을 저해하고 해캄의 피해를 가져왔다고 비난 받았다. 최근에는 소나무재선충병 방제사업을 하면서 중기 투입에 따른 훼손과 훈증무더기 방치 등의 문제로 사업이 어려운 실정이다. 이러한 다양한 문제점들은 사찰림의 특성을 감안한 사업 실행 매뉴얼이 없거나 부족했고, 사찰림에 대한 별도 사업계획과 사업예산이 부족함에 기인되었을 것이다. 특히 사찰과 사찰림 특성을 감안한 산림경영 기술이 부족한 탓일 것이다.

그럼 사찰림의 산림경영의 활성화를 위해서는 무엇을 어떻게 해야 할까? 사찰은 산촌의 중심이 되는 정신적, 경제적 관점에서 거점이다. 또한 일반 사유림에 비해 풍족한 산림자원을 가지고 있고, 규모 또한 경영을 하기에 효율적이다. 사찰도 기후변화에 대한 새로운 개념의 대응이 필요하고, 산림자원으로 수익도 창출되어야 한다는 생각을 하고 있다. 또한 사찰은 산림자원으로써 지역 주민과의 화합과 협력으로 지역이 활성화되기를 바라고 있다. 결국 산림자원을 이용한 산업은 사찰만의 사업이 아닌 지역주민에게 혜택이 돌아가는 사업임을 알기에 그렇다. 사찰림만으로는 경제성 있는 규모가 어렵다. 그래서 사찰림 주변의 지역산주, 부재산주 등을 모으는 산림자원 경영체가 만들어질 수 있도록 예산도 투입하고 관련정책도 다듬어야 한다.

첫째로 세밀한 경영계획의 수립이다. 사찰림의 경영목표를 설정하는 일이 필요하다. 사찰림에서도 목재를 생산할 수 있어야 한다는 가설이 필요하다. 간벌, 장벌기의 택벌 또는 주벌을할 수 있는 구역의 설정이 필요하다. 경영계획에는 임내도로망을 구성하고, 젊은 귀촌 인력을 유인할 수 있는 임업기계센터, 미이용 바이오매스 수집, 탄소거래와 상쇄제도 도입과 지원, 지역

임산물의 유통 등을 담아야 한다. 지금의 법적 산림경영계획으로는 어렵다. 또한 경영계획에서는 이 모든 사업들이 연계할 수 있도록 종합적으로 연관성 있는 계획을 작성해야 한다.

둘째로 경영이 가능하도록 제도의 개선이 필요하다. 전국의 사찰림 실태조사를 실시하여 적극적 경영 대상지를 발굴하고, 자원량을 계산해야 한다. 그리고 산지관리법에 사찰림을 전부 공익용산지로 묶을 것이 아니고 기능별로 세분화 하는 작업을할 수 있도록 법적근거를 마련해야 한다. 또한 사찰에도 산림경영을 하는 산주로서 임업경영체 등록을 할 수 있도록 하고 경영에 따른 직불제도 지급할 수 있는지 검토되어야 한다. 그래야 사찰이 앞장설 것 같다.

셋째로 사찰지역 중심으로 산림바이오매스를 이용한 소규모 지역발전소의 건립도 검토되어야 한다. 사찰은 화재예방과 사용 편리성 때문에 주요에너지를 전기로 사용한다. 산림자원을 이용한 발전소를 통하여 산림경영은 더욱 활성화 될 것이고, 산촌은 다시 부흥될 것이다. 또한 산지수집 업체가 새로 생길 것이고 지역에 칩과 펠릿 생산공장이 가동될 것이다. 새로운 산림자원을 이용한 연관산업이 만들어지고 수익형 일자리들도 만들어 질 것이다. 이러한 사례는 제2의 산림르네상스를 맞고 있는 일본의 산촌에서도 많이 볼 수 있으니, 우리도 분명 꿈만은 아니다.

산림청은 최근 산림르네상스를 만들자고 한다. 그러나 산림자원은 쉽게 관리되거나 생산되어 산업현장으로 내려오기 어렵다. 소규모의 사유림으로 규모화를 하기에 너무 시간이 걸리고 산주가 경영에 따른 수익을 담보하지 못하기 때문이다. 산림르네상스의 시작을 마중물로 사찰림의 산림자원에서 적극적인 산림경영을 찾기 바란다.

5. 기업의 새로운 산림경영 지원

(임업 현장 중심의 지원이 효율적이다.)

최근 정인육학술장학재단에서 우리나라 산림 및 임업분야 발전에 기여하기 위한 인재육성 및 사회공헌 사업방안에 대한 자문 요청이 있었다. 재단에서는 기업과 함께 산림Pioneer 육성장학사업을 통한 산림분야의 대학생에게 장학금을 지급하고 있었다. 사업 전 영역에서 탄소제로 2050을 목표로 탄소를 감축하겠다는 목표도 실천하고 있는 기업이었다. 재단과 그룹 회장님께서 산림분야에 특별한 관심을 가지는 것으로 들어 미흡하지만 자문에 응했다. 그룹은 비즈니스 품목이 건설소재, 콘크리트, 환경자원 등으로 자연환경과 사업이 밀접한 관계가 있는 것으로 보였다. 주요 사업인 콘크리트와 건설소재의 많은 원재료는 채석장에서 얻어지는 부산물이기도 해서 산림분야에 관심이 있나 생각했다. 민간기업의 재단에서 산림 · 임업분야의 발전에 관심이 있다는 것은 너무나 신나는 일이기도 했다.

주요 자문의 논의 주제는 임도확충사업, 임업기계화의 필요성, 국산목재 경쟁력 확보, 해외 산림경영방식의 국내 도입, 임업현장의 노동력 확보 정도였다. 모든 주제가 현재 우리 임업분야에서 오랫동안 고민하고 해결하려고 노력 중인 정책과제이다. 모든 논의 주제는 연관성과 순차성이 분명히 있다. 개별 논의 주제로만 자문할 수 없는 사안들이다. 임도가 많이 개설되어야 비로소 임업기계가 필요하며, 목재수확은 경제성이 높아질 것이다. 또한 임도와 기계의 도입은 반드시 새로운 인력이 필요하며, 모든 임업경영기반이 갖추어지면 새로운 경영방법에 대해 선진국 사례를 도입할 필요성이 있다. 재단은 이러한 과제를 선정한 것에 많은 고민이 있었을 것이다. 무엇부터 해결해야 효과적인지 알 수 없을 정도로 한국의 임업경영 기반구축은 미흡하기 때문이다. 사실 그래서 나의 실력으로 자문의 한계를 느낀다. 이러한 사업을 왜 민간기업에서 관심이 있는 것일까? 당연히 국가가 책임을 져야 하는 분야인데 말이다. 생각해 보면 지금까지 우리 산림분야 정책에서 추진한 사업들이 실질적인 효과를 내지 못한 결과일 것이다.

먼저 이러한 자문 사항들은 공통적인 문제를 해결할 필요가 있다고 생각한다. 결국 각 사항의 문제가 연관되어 있으니 전체적인 숨통을 터주는 것이 맞을 것이다. 그래서 규모있는 경영 대상지의 확보가 우선인 듯 보인다. 임도는 여러 대상지를 규모화해야 경제성이 있으며 기계화 또한 일정 규모의 경영 대상지가 반드시 필요하다. 지금까지 산림경영대상지를 규모화하는 정책들은 많았다. 협업체, 대리경영, 경제림육성단지 등이다. 그러나 산림조합만이 주도하여 사업의 성과가 미흡하고, 일부 성공한 곳도 연관산업으로 파급효과가 미흡했다고 생각한다. 이제 산림경영대상지를 규모화하는 일에 여러 경영주체 참여를 다양화해야 한다. 기업에서 사유림의 경영대상지를 규모화하는 주체들에게 연구비와 참여 연구자에게 장학금을 지원하면 효과가 클 것으로 생각한다. 왜냐하면 지금까지 산림경영 대상지의 규모화에 정책적 지원제도가 없었기 때문이다. 또한 재단 소유 기업림에 5가지의 문제를 해결하는 방안의 종합경영계획을 수립하여 시범지로 운영하는 방안도 좋은 지원의 방법으로 생각한다.

세부적인 논의 주제별로 자문에 대한 의견을 제시하면 다음과 같다.

첫 번째는 임도확충과 관련한 사업 및 지원 방안으로 임도설계 실무자 교육을 지원하는 사업이다. 재단의 계획인 임도의 설계자 교육은 산림기술진흥법에서 의무 및 자율 교육을 실시하고 있어 효과가 크지 않을 것으로 판단되기 때문이다. 임도의 설계교육 내용은 임도의 품질을 높일 수 있는 방향일 것으로 생각된다. 그러나 임도의 품질은 임도의 재해와 연관성이 있어 재단에서의 교육지원은 국가가 해야 할 기술진흥에 속하여 중복성 또한 있다 할 것이다. 한국의 임도 설계는 다른 임업선진국에 비해 적은 용역의 대가기준과 복잡한 과업지시로 이미 기술자들의 관심에서 멀어지는 기술분야이다. 임도는 경영목적이 있는 산지에 계획하는 것이 세계적인 추세이다. 임도계획은 경제성, 환경성을 감안한 노선선정 기술이 중요하며 설계분야는 첨단측량 기술인 라이다, 드론, 3D지도 등이 대중화되고 있는 점이 교육지원의 효과성을 떨어뜨리는 것이다.

임도확충에 지원하려면 임도개설에 따른 환경성 저해요소들에 대한 저감방안의 연구에 지원하면 좋을 듯하다. 임도개설시 장비의 소음, 진동, 먼지 등의 실태와 개선방안 기술은 아직 정책에서 충분한 연구가 없기 때문이다. 임도를 개설하는 굴삭기 기사는 급한 산지경사로 인한 위험성을 안고 사면의 기울기 조정, 구조물 위치 선정 등의 작업을 해야하므로 고급 경험과 기술이 필요하다. 그러나 일반 토목현장의 작업자보다 우대받지 못한다. 임도개설 인건비에 할증과 작업시간 등을 고려하지 않아 점차 운전자 양성이 어려운 실정이다. 이에 임도 토공 굴삭기 운전원에 대한 양성교육프로그램에 지원해 주면 좋겠다.

둘째로 임업생산성 향상을 위한 임업기계화의 필요성을 검토하면 현재

재단에서 지원사업은 없는 것으로 보인다. 임업기계는 수요에 의해 도입되거나 개발되고 제작되어야 한다. 지금까지 보급된 임업기계는 국유림관리소, 산림조합 창고에서 사용처를 찾지 못하고 노후화되고 있는 것이 현실이다. 임업기계의 운용을 행정관서에 지원과 관리를 맡긴 것이 원인 중 하나이다. 실제 사용하는 수요가 있는 법인업체, 원목생산자업체, 영림단 등에는 거의 보급하지 않았다. 기계 임대사용의 조건과 수리비용 등으로 경제성이 부족하기 때문이다. 최신기계 도입과 오퍼레이터의 교육은 수확 벌채시장의 규모가 적고 여러 원인으로 확대도 어려운 상태이다. 기계와 오페레이터의 양성은 철저히 시장경제의 논리로 민간에서 산업화로 이루어져야 하는 분야이다. 재단에서 임업기계분야의 발전을 위한 사업으로는 현장에서 기능인영림단의 해외 임업기계 사용사례 교육 정도는 필요한 실정이다. 또한 현장에는 기능인들이 한국 지형에 적합한 임업기계를 개발하고 사용하는 경우가 있어, 이에 대한 양성화 작업과 지원사업은 국가가 단기시간에할 수 없는 일이므로 재단에서 한다면 가치가 있을 것이다. 그리고 최근 소나무재선충병의 피해목과 산림 벌채, 간벌 부산물인 미이용 바이오매스의 수요가 증가함에 따른 임업용 소형 파쇄기의 개발 수요가 증가하고 있다. 이에 파쇄기에 대한 개발 연구에도 지원이 요구되는 실정이다.

셋째는 국산목재의 경쟁력 확보를 통한 목재 자급률을 높이는 것이다. 최근 국산재 가격이 상승하고 있고 벌채 부산물의 바이오매스 가격이 소폭 상승하고 있어 국산목재의 수요는 증가하고 있으나 공급이 부족한 상태이다. 또한 최근 관심이 많은 탄소흡수원으로 인정을 받을 수 있는 목재건축물의 지원정책들은 지속적으로 나오고 있어 고무적이다. 또한 지역별 지자체의 조례로 국산목재 사용을 장려하는 움직임이 있고 현재의 목재법을 개정하여 수요를 확대하려는 노력을 하고 있다. 또한 각각 제재소, 건조공장, 파쇄장, LCT공장 등을 집약화하는 클러스터를 만들기 위한 정책으로 국내산 목재 이용율은 점차적으로 좋아질 것으로 판단된다. 그러나 목재가 산에서 내려올 수 없다는 것이 자급률을 높이는 걸림돌이다. 환경단체의 벌채에 대한 반대운동, 원목생산자업체 기능인의 노령화, 벌채지 입구 마을의 통행세, 산에 경제성 있는 나무가 없는 것 등이 자급률을 높이는 저해요소들이다. 이들의 저해요소를 해결하는 것은 국가의 지원정책과 민간 시장 논리에 맡겨두는 것이 좋을 듯하다. 국산목재의 경쟁력 확보와 자급률을 올리기 위한 재단의 역할은 분명 있다. 국산목재의 생산 활성화와 국산목재 사용 의무화를 위해 시민들과 환경단체의 설득과 홍보가 필요하다. 그리고 국민들의 공감대 형성과 동참할 수 있도록 하는 일반 홍보 교육에 지원하는 것이다. 그래야 산에서 나무가 내려와 산림자원이 국가 경제에 이바지할 수 있을 것이기 때문이다. 또한 지역별 행정조직에서 국산재 사용의 혜택 제도와 의무사용을 일정 부분 강제할 수 있는 계기를 만들어 줄 것이다.

마지막으로 자문 요청한 사항은 해외선진국 경영방식의 국내도입과 청년유입 사업이다. 반드시 필요한 사업으로 본다. 선진국들은 나무를 심고 가꾸고 수확하고 가공하는 일들을 민간기업과 관련업체의 협동조합 등에서 시행한다. 그래서 관련업들의 연관성으로 새로운 일자리가 만들어지고 경제성을 확보한다. 한국의 임업인과 공무원이 견학해야 한다. 임업기계분야에서 이미 선진국은 임도를 개설하지 않고, 여섯개의 바퀴가 개별로 작동하여 벌목, 조재, 운송하는 기계들이 개발되어 현장에 투입되고 있다. 그것을 보면 우리는 무엇을 해야 할지 공감할 것이다.

국내산 목재의 경쟁력은 무엇보다 생산비용을 줄이는 방향으로 진행하고 산주의 자율적 생산에 초점을 두어야 할 것이다. 규제를 과감히 완화할 필요성이 대두되는 이유이다. 젊은 임업인과 기능인, 기술자의 양성은 현장 업체에서 이루어지는 것이 실효성이 있다. 그래야 지원 후 모니터링이 쉽고 인력이 필요한 업체에 배치되어 산업현장의 원동력이 될 수 있을 것이다. 지금의 방식은 교육을 통한 청년의 유입이 어렵다. 지속적인 돈벌이가 되지 않고 산촌에서 근무할 여건이 되지 못하여 정주하지 못한다. 산업현장의 업체에 근무하면서 배우고 싶고 업을 지속적으로 유지하고 싶은 학생과 업체에 기회를 주는 것이 효과적이다. 또한 그 청년에게 병역혜택 제도도 필요하다. 그로 인해 기업의 이미지와 사회공헌에 따른 함께하는 사회를 만들고 어려운 임업분야의 활성화를 기대할 수 있을 것이다.

한가지 재단에 제언하고 싶다. 임산업의 번성을 바란다면 부재산주의 산림을 경영에 참여시키는 방안에 관심을 가져 주면 좋겠다. 지역 단위로 산림종합관리계획의 용역을 통하여 부재산주의 산림경영 참여를 독려하고 관심을 유도하는 일이다. 동의가 쉬운 소재산주의 산지만 사업에 포함시킨다면 실제 자문요청한 임도확충도, 목재자급률도, 임업기계화도, 임업에 청년 유입도 없기 때문이다. 더 나아가 정부의 탄소흡수원의 확보 계획에도 차질이 있을 수 있다는 것이다. 더 많은 면적을 차지하는 부재산주의 산지를 동의가 어렵다고 이제는 방치할 수 없는 일이기 때문이다. 부재산주에게 산림 현황과 이용가치, 경영목표와 가능성, 차후 활용방안과 가치 등을 설명하여 다 같이 협력형 산림관리가 가능하도록 지원할 필요가 있다. 이러한 일에 재단이 앞장서 주시길 기대한다. 후세대에 경영 규모가 적고, 임업기계도 없고, 기능 인력이 없다는 핑계는 다시는할 수 없도록 앞장서 주시길 바란다.

6. 산림자원의 활용에 따른 갈등해소

(기후위기시대 산림자원 이용은 모두의 협력이 필요하다.)

최근 전 세계적으로 기후변화 대응이 가속화되고 있다. 국제사회는 탄소중립 이행을 위해 유일하게 흡수원으로 인정받고 있는 산림의 역할을 다방면으로 모색하고 있다. 또한 자국의 산림자원의 여건을 감안한 탄소흡수량을 인정받기 위한 노력도 지속하고 있다. 임업선진국들이 산림경영으로 쇠퇴하는 산촌을 살리면서 탄소흡수원사업을 하는 것을 보면 부럽기만 하다. 우리나라에서도 산림자원을 적극적으로 활용하여 청년들이 산촌에 들어와 정주하면서 지역경제 활성화의 마중물 역할을 할 수 있다면 얼마나 좋을까. 그러나 산에서 나무가 내려오지 못하고 있다. 많은 원인들이 있겠지만 경제성 부족이 제일 클 것이다. 그러나 기후위기 시대의 도래로 산림자원의 수요가 증가하고 관리의 필요성이 절실한 것도 사실이다.

산림자원의 활용은 벌채로부터 시작하고, 나무를 심고 가꾸는 과정에서 부수적으로 발생하는 것을 이용하는 것이 전부이다. 그러나 이러한 단순한 과정에서 많은 이해당사자간 갈등이 현존하는 것은 임업계의 오래된 난제이고 산림자원을 적극적으로 이용하지 못하는 원인이다. 이제는 미래 후손을 위해 해결점을 찾아야 할 때이다.

먼저 환경단체, 일부학자와 언론 등과의 끝없는 논쟁을 마감해야 한다. 물론 벌채로 인한 지역주민의 피해, 산림청의 관련제도 불만, 지자체의 인허

'21 홍천지역 대규모 벌채 후 전경

가 지연, 벌채업체 영세성과 불공정 등에서 불만과 갈등이 존재한다. 이것들은 내부적 갈등요소이다. 임업분야에서 차분히 대응하면 해결되는 사안들이다.

그러나 외부적 갈등요소는 국민들의 여론과 관련성이 높아 시급하게 해결책을 찾아야 하는 것이다. 이러한 외부갈등 요소들이 누군가에 의한 조정을 통해 '타협'과 '통합'으로 해소된 사례는 찾기 어렵다. 필자의 주변 대부분의 사람들은 산림의 간벌과 수확에 긍정적이다. 그런데 왜 일부 언론과 환경단체에서 여론몰이 형태로 부정적인 의견을 내는 것인가. 2022년 강원도 대규모 벌채 이슈 이후 벌채제도는 일부 환경단체와 언론 등으로 인해 더욱 강화되었다. 산주와 벌채업체들은 이러한 이슈가 생길 때마다 갈등을 '회피'하거나 '수용'하여 일시적으로 덮고 넘어갔다. 그러나 현재 산주와 벌채업체, 가공업체 등의 불만은 쌓여가고 언제라도 폭발할 것 같은 위기에 있다. 산주와 벌채업체는 자신들이 겪고 있는 부당함을 언론에 '대응'하거

'22경북 문경 하베스터 작업 전경

나 불만의 목소리를 내지 못한다. 이러한 논란에 대한 국민 지지를 얻지 못한 것을 자책하며 갈등요소를 항상 수용하고 있는 것이다. 임업인들의 자긍심은 무너졌고 갈등의 요소는 많아졌다.

산주와 벌채업자가 산림자원을 적극적으로 이용함으로써 발생한 갈등을 '회피'하거나 '수용'하였다고 해서 다수의 국민들은 그 마음을 알아줄 것 같지 않다. 실상을 모르기 때문이다. 그러나 분명 국민들 중에서는 기후변화 대응의 시대여건, 빽빽하게 심어져 있는 나무가 있는 산림을 본다면 간벌과 벌채가 필요하다고 생각할 것이며, 경제적 이익을 얻고자 하는 산주의 입장을 이해할 것이다. 환경단체의 논리가 국민들의 정서와 반하는 것이 없는지 고민해야 하는 이유이다. 이러한 갈등요소는 국회와 산림정책에서 벌채제도를 강화하는 것으로 해결되지 않는다. 산림정책에서 국민들을 대상으로 벌채와 산림사업에 대한 필요성과 현실성을 홍보하지 않는 것에 대한 반성이 우선되어야 한다. 이렇게 계속적으로 갈등의 요인들을 덮고 간다면 전국의 산림자원은 이용도 못하고 산림병해충과 산불, 산사태 등으로 산림자원은 없어지고 말 것이다. 거의 유일한 탄소흡수원확보와 임산업의 원재료로 산림자원을 육성하고 이용하지 못한다면 훗날 다수의 일반국민들은 이해하지 못할 것이다. 이러한 외부적 갈등요소와 오해를 어떻게 해소하고 산림자원을 이용할지에 대한 고민을 다음과 같이 할 때이다.

첫째로 임업계의 산림자원이용 '관심'이 상대방 이해당사자의 '관심'보

'18 충남지역의 우드그랩을 이용한 벌채작업 전경

다 높아야 한다. 임업계가 목표를 명확히 설정하고 전력을 다하는 모습이 필요한 이유이다. 그것이 상대방과의 논쟁에 대응하고 최소한 일방적으로 패하지 않을 방안이다. 최소한 제로섬(zero sum)은 유지할 수 있지 않을까. 일방적으로 '나는 이기고 너는 지는 방법(win-lose)'은 안 될 것이다. 산림청 산하 많은 단체가 있으나 어떠한 갈등 요소가 만들어지면 너무나 조용하다. 특히 벌채를 반대하는 분위기에는 더욱 심하다. 산주는 몰라서 조용하고, 벌채업체와 용역업체는 힘이 없어 조용하고, 공무원과 특수법인들은 중립의무로 조용하다. 정치권은 환경단체, 언론과 일부교수의 목소리에 민감하고 임업계의 입장에는 무관심하다. 민간에서 체계적인 대응책을 세워야 하는 이유이다. 2022년 홍천의 대량벌채로 인해 많은 갈등의 요소들이 폭발했다. 임업계와 환경계가 참석하는 이해당사자들이 모여 대안을 찾는 협의체가 구성되어 역할을 했다. 개인적으로 임업계와 학계, 기술자들의 엄청난 노력에도 불구하고 갈등상황을 '회피', '철회'하거나 '수용'하고 말았다. 갈등조정 전문가가 조정하였지만 큰 효과는 없었다. 그러나 치열한 공방을 했고 우리의 사정을 조금은 알리는 역할을 했다. 몇 차례 걸쳐 협의하였으나 임업계는 어려운 사정을 국민들과 언론에게 알리지 못했고 과학적 뒷받침에도 준비가 부족했다. 지금부터라도 이것을 보완하는 일에 집중해야 한다는 과제만 얻었다. 이제는 그 과제를 실천할 때이다.

둘째로 갈등의 이해당사자들이 정보를 교환할 수 있는 자리를 만들어야 한다. 당사자는 나서지 못하는 일이 여러가지 원인으로 발생하기 때문이다. 산주의 수는 전국에 219만 정도라고 한다. 인구의 4% 정도이다. 엄청난 수이다. 그러나 산주들이 직접 벌채를 하고 간벌을 하는 경우는 거의 없다. 일부 전문경영인과 산림조합, 벌채업체가 작업을 하고 있다. 산주의 목소리를 담아낼 곳이 없으니 힘이 없어지는 것이다. 또한 산림경영의 공익적 기능 우선주의는 산주의 이익과 권익을 저해했다. 그래서 더욱 산주는 이러한 갈등에 관심이 없고 관심이 없으니 힘을 모으지 못하는 악순환이 반복되는 것이다. 산주가 현실적으로 경영할 수 없다면 산림자원을 이용할 수 있는 주체를 더 다양화하고 지역별로 수를 늘려야 한다. 그래야 갈등에 대응하는 힘이 생긴다. 산림자원을 이용하는데 임업분야에서 '우리만 해야 하고 가능하다'라는 카르텔을 없애야 하고, 산림자원 이용에 관심과 기술이 있다면 기회를 열어줘야 해결될 문제이다. 자격기준을 가진 사람이 친척, 친구, 지인의 산림자원을 활용할 수 있는 방안을 만들어 주어야 한다. 그래야 힘이 생기고 명분이 생기며 임업계의 어려운 점을 알게 하고, 그들의 입장을 받아 통합할 수 있을 것이며 '나도 이기고 너도 이기는 방법(win-win)'이 되는 것이다.

셋째로 중요한 것은 갈등의 조정 주체를 정하는 것이다. 산림자원을 이용하면서 생기는 갈등은 특정 지역, 특정 요소에 대한 갈등이 아니다. 특정 지역에 고압선 철탑이 지나갈까 말까, 가리왕산 스키장을 복원할까 말까, 한 종의 서식처를 지킬까 훼손할까, 특정 지역에 공항을 만들까 만들지 말까 등의 갈등과는 다르다. 임업은 헌법에서 명시한 1차 산업이고 국가경제와 지역발전에 이바지해야 하는 국가적 명분을 가진다. 갈등의 조정자는 산림청이 하는 것이 마땅하다. 그러나 산림청은 정부 단위의 행정조직으로 현실적으로 임업계의 입장만을 고려할 수 없을 것이며 그렇다고 다른 이해당사자들의 입장만을 대변할 수도 없다. 산림청이 공평하게 조정하여도 상대방은 받아들이기가 어렵다. 산림자원을 이용해야만 하는 이 시대를 이해할 수 있는 갈등 조정 주체가 나타나기를 기대하는 이유인 것이다. 이러한 갈등을 해소하는 주체는 지역 중심으로 만들어지면 좋겠다. 홍천 벌채논란 이후 벌채 타당성평가 제도가 도입되었으나 실질적인 갈등 해소 방안은 아니다. 이 제도는 행정조직과 전문가 위주의 위원들을 구성하여 벌채를 제한하려는 의도가 있는 제도이기 때문이다. 산림자원을 이용하려는 모든 주체가 참여하는 협의체를 민간 주도로 만들어 운영할 필요성이 있다. 행정기관의 관여를 최소화하고 갈등 주체 스스로가 갈등의 여러요소를 파악할 수 있도록 교육 및 체험 프로그램을 운영하는 방안이 필요한 것이다. 특히 학생들에게 숲을 휴양, 치유 등과 같이 이용하는 것만 알릴 것이 아니라 왜 간벌이 필요하고 벌채가 필요한지를 현장중심으로 교육해야 한다. 무슨 일이 생길 때만 모이는 것이 아니라 정기적으로 벌채산업, 환경보전, 벌채기술 등의 전문가 강의를 들으면서 서로 이해하는 마음을 가질 수 있도록 해야 한다. 그러한 주체가 조정자가 되었으면 한다.

다음으로 산림자원을 이용하기 위해서는 임업계 내부적 갈등도 해결해야 한다. 내부적 갈등요소는 산주와 벌채업자와의 갈등, 허가기관과 벌채업자와의 갈등이다. 마을주민과 벌채업자의 갈등도 만만하지 않다. 산주와는 입목대금의 결정과 의무조림관련 정산, 벌채지 인근 마을주민과는 차량통행과 먼지, 마을 환경의 변화, 산지의 침식, 중토장 사용, 상수도 훼손 등의 우려로 인한 갈등이 있을 것이다. 허가권자와는 인허가시 발생하는 민원 처리기간과 벌채면적, 존치구역 등일 것이다. ① 내부적 갈등의 조정은 산림청이 정책으로 주도해야 한다. 벌채사업의 제도와 매뉴얼을 마련하고 일선 허가기관에서 행정 처리기간을 줄일 수 있도록 업무를 간소화해야 한다. ② 마을 주민과의 갈등을 해소하기 위한 우회임도의 개설과 마을 경관 훼손을 최소화하고 재해를 예방할 수 있는 정책을 만들고 지원하는 체계를 만들어 주어야 한다. ③ 산지훼손을 줄이고 생산비용을 줄일 수 있도록 임업기계를 과감하게 민간업체와 산주에게도 직접 지원해야 한다. ④ 허가기관에서도 벌채업체에 대한 갈등요소를 이해하는 마음을 가져야 한다. 벌채업체는 허가를 받을 때 너무나 많은 에너지를 소비하고 자긍심을 잃는다고 한다. 그 결과 벌채업자는 마을 주민과 환경단체의 요구들로 인한 갈등요소를 해결할 마음의 여유를 잃어버리게 된 것이다. 악순환이 지속적으로 발생하는 것이다. 벌채업체를 산지를 훼손하고 경제적 이익만 챙기는 사람 '벌목업자'로 인식하면 모든 것이 갈등을 조장하는 요소로 변한다.

하나의 산업은 자유로운 경쟁과 지원 속에서 발전할 수 있다. 결국 국가가 주도하고 관리하면 갈등요소는 더 많아질 수 있다. 갈등의 당사자가 직접 해결해야 지속성이 있다. 산림자원을 이용한 산업이 발전할 수 있도록 응원해주고 공평하게 지원해주는 역할에 충실하고, 서로의 갈등요소를 체험하고 이해할 수 있는 자리를 만들어 산림자원의 순환산업의 발전을 기대한다.

7. 산림자원을 이용한 지역산림경영 모델의 실천

(산촌의 활성화를 위한 산림경영을 시작하자.)

필자는 탄소흡수원사업을 당장 실천할 수 있는 대상지를 찾았다. 산림경영의 규모화가 이미 되어 있고 탄소흡수원을 비롯한 탄소중립, 산림경영 등의 관심이 있는 산주를 찾는 것이 우선이었다. 그 산지 주변에 대상지를 확장가능성이 있는 지역과 산림경영에 지역주민과 산주들이 같이 참여 가능성이 있는 지역을 원했다. 그렇게 찾은 것이 지리산 실상사의 산림이었다. 전국의 사찰림의 규모가 63,000ha 정도이고 사찰별로 소유하여 관리하는 면적도 사찰당 평균 30ha가 넘어 충분히 가능성이 있다고 생각했다. 특히 실상사 산림을 대상으로 성공할 수 있다면 전국의 사찰로 산림경영의 분위기를 확산할 수 있을 것으로 판단했다.

'22년 9월 실상사의 식구들을 상대로 탄소중립의 개념, 산림자원의 현황, 산림의 관리실태 등에 대한 설명회를 가졌다. 생각 외로 관심이 많았고 사찰 운영진에서는 추진 의사를 분명히 했다. 실상사 지역의 산림을 조사하고 실상사 탄소중립사업 초안을 만들어 사찰 식구들에게 발표했다. 실상사를 3개 구역으로 나누고 임반과 소반을 구분하는 산림구획을 하였다. 1임반은 백자암과 서진암 유역으로 197ha이고, 2임반은 약수암지역으로 135ha, 3임반은 귀정사구역으로 78ha정도이다. 1임반을 3개 소반으로 나누고 임도개설, 재해예방시설, 표고버섯재배장, 불량림의 갱신, 산불피해지의 복원 등의 사업을 배정했다. 특히 백자암에서 서진암으로 가는 숲길 주변의 경관숲가꾸기 사업도 계획했다. 또한 소나무 형질이 우수한 지역을 보조소반으로 구분하여 장벌기 수확을 위해서 간벌사업도 제안하였다. 2임반의 약수암 주변은 3개 소반으로 나누고 열식간벌, 임도보전사업, 산불피해지의 갱신, 간벌사업을 제안했다. 약수암 입구의 전나무 후계목의 보전관리, 산불지의 갱신여부 등이 고민이었고 충분한 의견을 들어 보전하는 것으로 결정했다. 3임반은 귀정사 산림으로 기존의 임업경영이 활발하게 이루어지는 지역이었다. 그리고 관계자들의 관심도 많았다. 귀정사 임반을 3개 소반으로 나누고 기존 벌채지의 운재로 피해, 숲길과 작업도 복원, 외래식물의 제거, 불량임분의 갱신 등을 제안했다. 또한 대상 산림에 탄소저장량과 탄소상쇄제도를 통한 미래수익도 예상해 주었다.

그런데 두가지의 어려운 문제점에 봉착했다. 하나는 이러한 산림사업의 절차와 기술에 대해 아는 사람이 없다는 것이다. 둘째는 예산을 확보하는 방안이었다. 물론 내부적으로 사찰림의 경영을 위해서 조계종 환경위원회의 승인이 필요했고 사찰림의 경영계획 인가도 지자체에서 난색을 표할 것이 분명해 보였다. 먼저 실상사 내 이러한 산림경영을 하기 위한 책임자 선임을 요구했다. 그 책임자에게 현장에서 하나 둘 가르치는 것이 최선인듯했다. 예산의 문제는 사찰의 재정이 어려운 것을 감안하여 기본계획의 골격은 필자가 노력봉사를 하고 기본계획에 예산 확보 방안을 담아 여러 주체들이 해결하기로 했다.

지금까지 5차례 정도 산주의 의사와 내부여건을 조사했고, 실상사 산림책임자와 동행하여 산림자원과 특성에 대하여 현장조사를 실시한 결과로

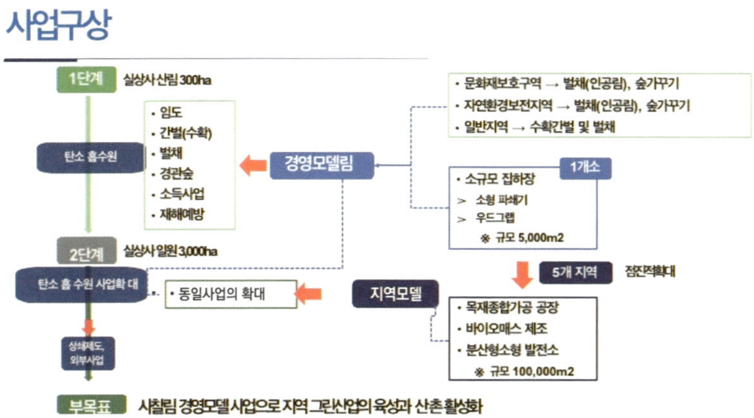

'23 실상사중심의 산림자원을 이용한 산업화 사업구상

사업 구상을 마쳤다. 사업목표는 '산림자원을 이용한 지역활성화'로 정했다. 실상사를 중심으로 시범사업을 시행하고, 점차 부재산주, 지역산주가 동참하여 지역산림의 경영규모를 확대하고, 지역 내 산림자원으로 산업을 일으키는 것이 골자다. 일본에서 성공한 사례도 조사하여 우리도할 수 있다는 것으로 서로 공감했다. 산림경영계획의 인가가 우선 필요했다. 그리고 사업을 어디에 어떻게 신청하고 누가 시행할 것인가에 대한 골격이 필요했다. 기본계획에 포함된 사업을 조계종 환경위원회에 발표하고 의견을 수렴하는 것도 중요했다. 특히 사찰림은 공익용임지로 분류되어 산림경영을 적극적으로 하기에는 어려운 구조였다. 환경부, 지자체, 지역주민들에게 이해를 구하는 것이 핵심사항이었다. 이러한 것은 점차적으로 연구용역과 현장토론회를 거쳐 제도개선을 요구하기로 했다.

사업구상을 간략히 소개하면 1단계는 실상사 소유 산림을 대상으로 임도, 간벌, 수확, 경관숲 조성, 소득사업, 재해예방사업을 실시하는 경영모델

'23 실상사 산림경영 대상지

림을 만들고, 지역의 실천조직을 만들기 위한 전문가 그룹을 출범시키기로 했다. 지역 실천조직은 먼저 전문가들이 모여 몇차례 회의를 했다. 명칭은 '지역발전 모델연구'로 하기로 했다. 1단계 사업은 탄소흡수원사업과 간벌을 통한 수익사업을 진행하기로 했다. 지역에 적합한 소득사업과 2단계 사업을 위한 경영규모 확대 사업도 지속적으로 수행하기로 했다. 정기적으로 산림자원이용에 대한 지역주민들을 상대로 교육을 실시하고, 기술다양성 프로그램도 발굴하여 시행하기로 했다. 이러한 일들은 지역협의체가 정상 가동하면 바로 진행 가능하도록 조치했다. 다행히 실상사 지역은 젊은층의 유입 인프라가 있고 여러 산림자원을 이용한 관련 산업도 있어 노력한다면 활성화가 가능할 것으로 판단되었다. 현재 운영 중인 목재공방과 산재한 제재소 등과 연계하여 목재집하장을 운영하기로 했다. 지리산 지역과 산내지역에서 생산되거나 버려질 나무를 모아 용도별로 분류하여 사용하자는 것이었다. 또한 목재를 장기간 보관하면서 이용할 수 있는 목재 저장소와 같은 공간도 마련하여 건축재, 공예재료 등으로 공급해주자는 것이다. 이러한 일들의 원천은 탄소를 저장하는 탄소중립을 실천하는 것에서 가치를 찾았다. 물론 점차적으로 소규모 바이오매스의 공장도 설립하여 에너지를 자립하고, 실상사와 같은 집단지역에는 온수까지 공급하는 시스템을 만들자고 했다.

'23 백자암의 산림경영 대상지

최근 기후위기에 의한 산불과 산사태의 대응도 중요했다. 약수암, 백자암 등에는 산불이 발생하였으나 피해목이 그대로 산지에 방치되어 있었다. 물론 백자암, 약수암, 귀정사 등에서는 이미 집중호우에 의한 산사태가 발생하였거나 위험요소가 많아 해소하는 사업이 시급해 보였다. 지역주민들 중심으로 귀정사에 모여 뭐가 위험하고 어떻게 해소해야 하는지에 대한 토론회도 개최하였다. 기존 재해예방시설을 돌아보고 뭐가 문제인지도 서로 공유했다. 성과가 있어 최근 집중호우때 지역주민들 스스로 대처하고 신고하고 대피했다.

실상사의 산림자원을 이용하고 관리하는 계획은 마무리되었다. 10년간 160억정도가 산림경영 기반, 재해예방, 소득사업, 산림의 갱신 등을 위하여 필요하다. 먼저 교육을 통하여 지역주민들이 자발적으로 산림경영계획을 인가받기로 했다. 보조사업에 목숨을 걸지 않기로 했다. 그리고 간벌사업을 시작하고 임도를 개설하는 사업을 하기로 한 것이다. 사찰림 내의 경관개선사업과 표고버섯재배장도 만들기로 했다. 이러한 사업을 위해서는 인력과 장비가 가장 필요하다. 지역주민들과 함께하는 기술교육센터도 만들어야 한다. 또한 그들이 정주할 수 있도록 일거리도 지속적으로 만들어야 한다. 이제 정부와 지자체가 나서야 할 때이다. 전국에 많은 산림에서는 이와 같은 손길을 기다리고 있다. 탄소중립 시대, 기후위기 시대는 국가만으로 산림을 관리할 수 없다. 이제 지역에서 나서서 산림자원을 육성하고 관리할 수 있도록 정책의 변화가 필요한 시기이다.

소나무림 고사리재배

2장

산림의 탄소흡수원사업의 진단

1. 산림탄소흡수원사업에서 임업인의 바람과 역할

(입업인에게 탄소상쇄사업이 돈이 되는가?)

기후위기에 대응하고 더 나은 미래세대의 삶을 위하여 정부에서는 2030 NDC 이행방안을 마련하였고, 2050 탄소중립 시나리오를 통해 바쁜 걸음을 떼기 시작했다. 한국의 탄소중립 실행을 위한 국제적 위상은 긍정적인 부분에서나 부정적인 부분 모두 결코 가벼운 위치에 있지 않다. 특히 에너지소비와 산업 분야는 경제 규모와 함께 한국을 온실가스 주요 배출국으로 분류하게 만들기에 충분했고, 국제사회에서는 그에 따른 책임감 있는 행동을 요구하고 있다. 따라서 정부의 다양한 대응 정책들은 감축에 최우선 초점을 두고 있다. 흡수원분야는 국제적으로 인정되 산림흡수원이 유일한 대안으로 인정하고 있다. 이는 전 세계적인 추세이고 한국도 별다른 것이 없다. 2030 NDC에서도 전체 흡수량 목표 26.7백만톤 중 95.5%에 달하는 25.5백만톤을 산림분야를 통해 대응하고자 계획을 하고 있는 실정이다.

정부의 흡수원 전략의 95.5%를 차지하는 산림부문에서 '산림의 흡수능력 강화', '신규 흡수원 확충', '흡수원 보전 및 복원', '고부가가치 목재이용'이 중요한 수단이라면, 그 수단을 활용하기 위한 제반 여건은 얼마나 구축되어 있는 것일까? 과연 실현 가능한 것인가? 그리고 임업인들의 참여 여지는 얼마나 열려 있을까? 임업경영과 탄소흡수원 확보사업은 연관이 있을까? 그래서 소득에 기여할 수 있을까? 여러 가지 의문이 든다. 그러나 임업

[2022. 11. 기준]

배출권거래제 외부사업		산림탄소상쇄제도
「온실가스 배출권의 할당 및 거래에 관한 법률」	관련법률	「탄소흡수원 유지 및 증진에 관한 법률」
사업자 자부담 (사업계획서/모니터링보고서/검증 비용 등 전액 자부담)	소요비용	정부 지원 (사업계획서/모니터링보고서/검증 비용 등 지원)
의무시장(배출권 거래시장) - 장내거래(한국거리소), 장외거래	거래시장	자발적 탄소시장 - 중개거래(사업자-임진원-구매자)
• 거리시점 시장가 - KOC20-22 : 23,000원/톤(22.11.22 기준) - 배출권시장 정보플랫폼 (https://http://etx.krx.co.kr/)	거래단가	• 산림사업 : 15,000원/톤 • 비산림사업 : 10,000원/톤 - 고정가격(산림청 공시가)
• 신규조림/재조림 • 산림경영(수종갱신, 불량임분) • 목제품 이용 • 식생복구 • 산불피해지 조림	사업유형	• 신규조림/재조림 • 산림경영(벌기령 연장, 수종갱신) • 목제품 이용 • 식생복구 • 산림바이오매스 에너지 이용 • 산지전용 억제 • 복합형 사업 • 산불피해지 조림

탄소흡수원 이행방법의 종류

인들은 깊은 관심이 없는 듯하여 안타까울 뿐이다.

산림부문의 탄소흡수원 관련 사업들의 이행 방법으로는 크게 '배출권거래제 외부사업(「온실가스 배출권의 할당 및 거래에 관한 법률」)'과 '산림탄소상쇄제도(「탄소흡수원 유지 및 증진에 관한 법률」)'로 구분해 볼 수 있다. 배출권거래제 외부사업에서는 사업유형으로 '신규조림/재조림', 산림경영(수종갱신, 불량임분), 목제품 이용, 식생복구, 산불피해지 조림으로 5가지 방법론을 인정하고 있다. 산림탄소상쇄제도에서는 '신규조림/재조림', '산림경영(벌기령 연장, 수종갱신)', '목제품이용', '식생복구', '산림바이오매스 에너지 이용', '산지전용 억제', '복합형 사업', '산불피해지 조림' 8가지가 통용되고 있는 실정이다. 각각의 제도에서 임업인의 참여는 각각 조림부문과 산림경영 활동에 초점을 두어 이루어질 수 있을 것으로 예상되나 임업인의 다양한 활동을 위 사업 내용으로만 제단할 수 있을지 우려스러운 실정이다.

특히 산림경영 활동을 수종갱신과 벌기령 연장이라는 두가지 방법론으로만 접근하게 된다면, 산림의 다양한 가치를 이용하기 위해서 각각의 방법론에 대한 다양한 해석과 모델들이 개발되지 않는다면, 임업인들의 다수가 탄소상쇄제도나 외부사업의 주역으로 참여하기는 어려울 것이라 생각된다. 예로 산림경영 사업의 논란이 된 벌채와 벌기령 연장사업은 보존에 한정하여 실질적인 산림자원 육성과는 거리가 멀다는 것이다. 결국 간벌, 어린나무 가꾸기, 풀베기 등의 경영 활동은 직접적인 탄소흡수원으로 인정받기 어려운 것이기 때문이다. 또한 산림바이오매스에너지원도 현재 제도 하에서는 산주의 직접적인 혜택은 없어 보인다. 단지 전반적인 바이오매스의 시장 원재료 가격이 상승함에 따른 간접적인 이익이 일부 있다 할 것이다. 그 이익이 산주와 벌채업체, 시공업체 등 임업 종사자에게는 피부에 와 닿지 않는다. 최종 산림자원을 이용하는 주체에게 그 이익이 돌아가기 때문이다. 이러한 우려가 기우에 불과할지, 당면한 과제인지를 파악하기 위해 현재까지의 사업 이력들을 분석해 보면 이해가 쉽다.

먼저 산림부문의 배출권거래제 외부사업을 보면 2022년 8월 현재까지 총 46건의 사업이 신청되었으며, 그 중 9건이 승인되었다. 그 9건을 다시 사업 방법론별로 구분해 보면 신규조림/재조림이 2건, 갱신조림이 1건, 식생복구가 6건이다. 임업 경영활동의 연장으로 파악할 수 있는 신규조림, 재조림, 갱신조림 각 1건은 각각 한국도로공사, 한국농어촌공사 농어촌연구원, 순천시생태환경센터가 사업자로 등록되어 있어 일반 임업인의 참여가 활성화되어 있다고 판단하기는 어려운 실정이다. 결국 탄소흡수원사업이 활성화될 수 없는 구조인 것이다. 다음으로 산림탄소상쇄제도를 보면 2022년 8월 현재까지 487건의 사업이 승인되어 외부사업보다 활성화되어있다고 판단할 수 있다. 탄소상쇄사업 승인 이력 487건 중 207건이 산림경영 방법론을 적용하였으며 그 뒤를 식생복구가 차지(같은 기간 199건, 전체의 40%)하고 있다. 그러나 산림경영 방법론 적용 207건 중 158건, 즉 76% 이상이 벌기령 연장을 선택하고 있다. 전체 사업내용 중 벌기령 연장을 포함한 사업들로 그 범위를 넓혀서 분석해보면 약 87%의 사업이 벌기령 연장을 경영의 목표로 삼고 있는 실정이다. 이러한 내용을 종합해보면, 목재생산을 배제한 산림경영과 개인 산주의 사업 참여가 곤란한 식생복구가 산림탄소상쇄제도의 대부분을 차지하고 있는 실정임을 알 수 있다. 뭐가 잘못된 것이다.

탄소흡수원사업의 방법론을 제한하는 것만이 임업인들의 사업참여를 소극적으로 만들고 있는 것도 아니다. 해당 제도에 참여하기 위해 발생하는 비용 역시 국내 사유림 소유실정 등을 감안하면 현실과 차이가 있다. 국내 산림은 면적대비 67%, 축적대비 63%가 사유림에 해당하며, 전체 산주의 67%에 달하는 1,471천명이 1ha 미만의 산림을 소유하고 있다. 10ha 이상의 산림을 소유한 산주의 비율은 전체 산주 중 단 3%에 불과한 실정이다. 소규모 산림을 소유한 산주가 직접적인 임업경영 활동을 통해 탄소상쇄사업에 참여하고 얻을 수 있는 편익이 그 과정에서 소요되는 모든 비용의 합을 초과할 수 있을지에 대한 분석도 필요해 보인다. 쉽게 이야기하면 탄소상쇄제도에 참여하는 비용이 너무나 크고, 계획과 검증하는 절차에 기술적 접근이 어렵다는 것이다. 그래서 현 제도에서 탄소흡수원사업은 경제성이 확보되기 어렵다고 판단한다. 물론 산림탄소상쇄사업은 계획서 작성과 검증까지 국가 보조사업으로 일부 이루어지고 있다. 그 수는 매년 100건 미만으로 파악된다. 그렇다면 2020년 기준 2,181천명의 사유림 산주들 아니 그보다 더 직접적인 전문임업인 18,996명에게 한번씩 지원하기 위해서 몇 년의 시간이 소요될 것인가? 답이 없는 현실이다.

또한 영세한 산주가 탄소상쇄제도를 이용하기 위해서는 전문적 지식을 습득하기도 어려울 뿐더러, 상대적으로 적은 국가보조금으로 경비를 감당할 수 없다. 그래서 산림경영대상지를 규모화하는 예산 지원제도와 산주들을 대신해서 탄소흡수원 사업을 진행할 수 있는 전문회사가 필요해 보이는 이유이다. 임업인들이 관련제도에 참여할 수 있는 가장 핵심적인 동기는 경제성이 담보되는 것이다. 돈이 안되는데 왜 어렵게 참여할 것인가? 지금 제도처럼 산림경영 활동별 까다로운 인증절차와 검증체계, 낮은 접근성 등은 개선되어야 한다. 그 대안으로 산주의 산림경영활동이라는 포괄적 행위에 대해, 탄소크레딧을 인증해주어야 한다. 산주가 산림경영계획대로 조림, 풀베기, 어린나무가꾸기, 간벌 등을 시행한다면 행위에 대한 실적인증을 일부분이라도 해주어야 한다는 것이다. 그래야 산림경영에 산주는 관심을 가질 것이다.

산주의 포괄적 산림경영에 대한 인증 절차의 방법론적인 세부사항은 연구되어 있지 않다. 그러나 시행 중인 산림경영에 대해 직불제와 연계한 탄소흡수원 사업실적 인증제도가 적극적으로 검토되면 산주는 두 마리 토끼를 다 잡을 수 있을 것이다. 결국 탄소흡수원사업도, 직불제 혜택도 산림경영 활동에 대한 실적으로 증명해야 하기 때문이다. 그렇지 않다면 타 산업분야의 외부감축사업에 일부분으로 참여하거나, 에너지부문에 부수적으로 기여하는 소극적인 입지로 임업인들이 내몰릴 수 밖에 없을 것이기 때문이다.

결론적으로 탄소흡수원사업은 현재 처해진 국제적 사명이고 산촌의 붕괴, 노령화된 산림과 산림기능인력을 감안하면 혁신적으로 정부가 추진해야 할 사업이다. 이 시점에서 지금까지의 문제점을 정부와 공공기관에서 현실적인 제도 보완이 분명히 필요하다. 또한 국제기구에 한국의 상황설명과 방법론을 선도적으로 제시해야 한다. 산림을 경영하고자 하는 임업인을 위해서 상쇄제도의 방법론도 오래된 연구결과로 보완하고, 새로운 사업의 방법론도 개발해야 한다. 임업인들도 이제 적극적으로 나서야 한다. 효율적인 사업계획 마련과 경제적인 산림경영활동, 즉 비용은 최소화하고 편익은 극대화할 수 있는 산주들의 네트워크를 스스로 구축하고 관련 내용들을 교류할 수 있는 플랫폼의 마련도 시급하다. 국가가 뭘 해줄 것이라는 소극적인 생각보다는 스스로 행동해야 한다는 것이다.

2050 탄소중립위원회에서는 2030년 탄소배출량을 2018년 대비 40% 감축하는 것을 목표로 설정하였다. 그 40%는 291백만톤이며, 산림의 흡수원 총량의 10배가 넘는 수치이다. 감축을 위한 모든 산업분야의 노력을 고려할 때, 불과 10분의 1이 아니라 무려 10분의 1이나 산림이 참여할 여지가 있다고 해석할 수 있다. 얼마나 좋은 기회인가? 진실을 고하자면 서두에 적은 글과 달리 기후위기에 대응하고자 하는 현재의 노력은 미래 세대의 삶을 위한 것이라는 자부심보다는 후손들의 삶이 피폐해지는 것을 조금이라도 막고자 하는 절박함에 뿌리를 두고 있다. 선대의 치산녹화가 그러하였듯, 미래를 위한 산림부문의 탄소상쇄제도가 안착되길 소망한다.

2. 국내 산림탄소상쇄사업의 성공 과제

(한국형 방법론이 필요하다.)

산림탄소상쇄사업은 2013년 「탄소흡수원의 유지 및 증진에 관한 법률」의 시행과 함께 시행되었다. 산림탄소등록부에는 제도시행 첫해 2건의 등록을 시작으로, 2023년 7월 31일 현재까지 총 565건의 사업이 등록되었다. 국내 산림탄소상쇄사업이 '벌기령 연장'과 같은 특정 방법론에 크게 편중되어 있음을 여러 차례 지적한 바가 있는데, 오늘 그에 대해 보다 세부적인 사항들까지 재차 점검해 보고자 한다.

산림청의 최신 임업통계연보에서 2021년까지 '사회공헌형 산림탄소상쇄사업 현황'을 확인할 수 있다. 2021년 말까지 등록된 사업의 건수는 총 463건으로, 2023년 현재 임업진흥원 산림탄소등록부 등록건수보다 102건 증가하였다. 등록된 방법론을 분석을 위하여 임업 통계연보의 기준 시점인 2021년 12월 말을 기준으로 자료를 살펴보고자 한다.

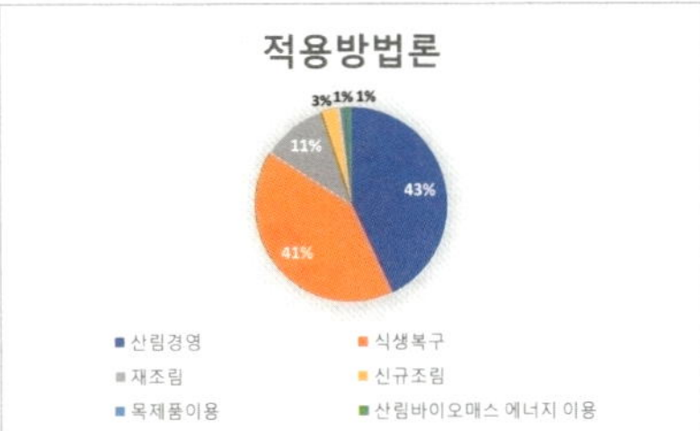

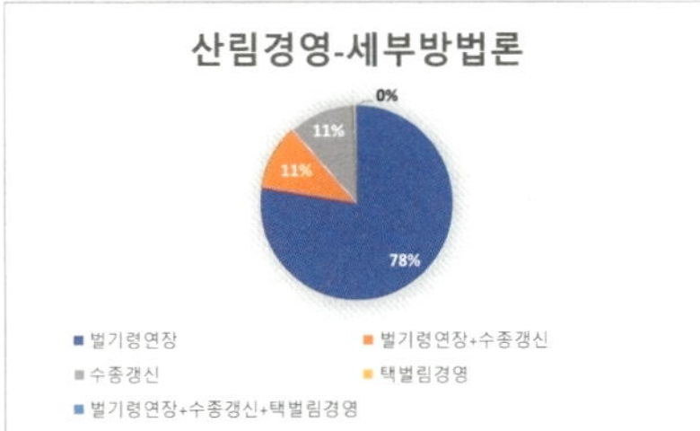

사업의 등록건수는 2013년 이후 증가추세를 보이고 있는데, 이는 국내에서 탄소상쇄를 위한 제도가 잘 정착해 나아가고 있다는 긍정적인 신호라 생각된다. 적용 방법론별 비율을 보면 산림경영이 199건으로 전체의 43%, 식생복구가 190건으로 41%를 차지하고 있는 실정이다.

199건의 산림경영 방법론을 세부적으로 보면 벌기령 연장이 총 155건으로 78%를 차지하고 있다.

앞서 국내 산림탄소상쇄사업의 방법론이 벌기령 연장에 편중되어 있다고 언급하였으나, 등록 사업의 건수로만 본다면 크게 문제점이 있다고 진단하기는 어렵다. 하지만 연간 예상탄소 흡수량(tCO_2)을 기준으로 분석해보면 우리나라의 산림탄소상쇄사업은 어떤 경향성을 보이고 있을까?

방법론별 연간 예상탄소 흡수량을 보면 산림경영은 전체의 99.1%를 차지하고 있다. 그 중에서도 '벌기령 연장'이라는 세부 방법론을 적용한 사업은 67%의 비율을 보이고 있다. 벌기령 연장이라는 단일 사업이 국내 산림탄소상쇄사업 전체에서 66.3%를 차지하고 있다는 뜻이다. 또한 산림경영의 방법론 두가지 이상을 적용한 사업으로 분석범위를 확장한다면, 벌기령 연장이라는 방법이 일부라도 포함된 사업들은 87.8%로 그 비중이 크게 늘어난다. 이러한 편중은 국내 산림탄소상쇄사업 제도에 있어 사업자와 제도운영 주체 측에 아무런 문제없이 잘 작동해 나아갈 수 있는 것일까?

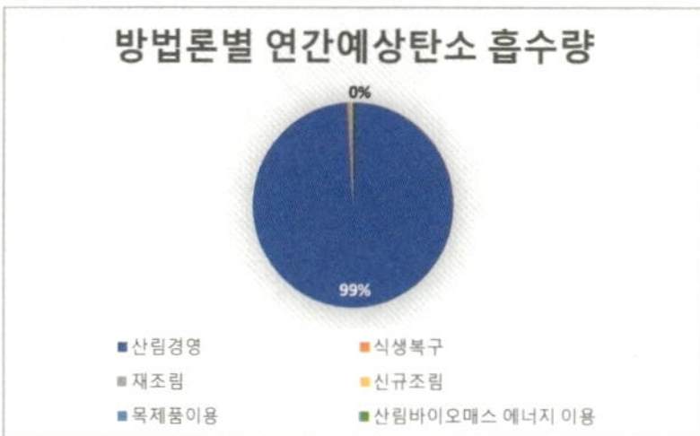

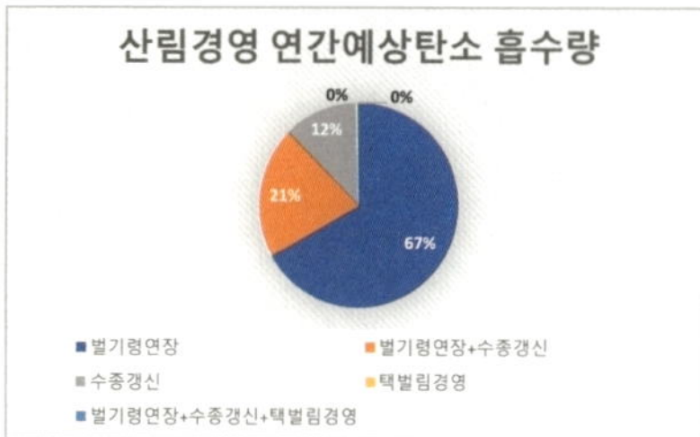

국내에 등록된 산림탄소상쇄사업 중 가장 높은 비중은 차지하고 있는 산림경영, 그 중에서도 벌기령 연장 방법론이 적용된 사업들은 엄밀하고 합리적인 MRV(Measurement, Reporting, Verification; 측정 · 보고 · 검증)절차가 적용되었을 것이다. 하지만 그 과정들 속에서 두 가지 관점에서의 문제점을 고민해볼 필요성이 있다. 먼저 벌기령 연장에 의한 실질적인 탄소감축성과가 있는 것인지, 그 다음으로는 실질적인 탄소감축성과가 있다고 할 때, 현 제도의 신뢰도를 해치지 않는 기준에서 보다 합리적인 사업의 참여가 가능한 방향은 무엇일지이다.

먼저, 산림경영에 의한 더 정확하게는 벌기령 연장사업에 의해 실질적인 탄소감축 성과가 있는 것인가에 대한 문제는 다양한 관점에서 검토해볼 수 있을 것이다. 그 중에서 '벌채'에 초점을 두고 논의를 해 보고자 한다. 우선 벌기령 연장에 의한 산림경영방법론 적용을 위한 필요조건은 '대상지가 '산림'에 해당하는지, '산림경영'이 사업신청 시점에서 가능한 것인지'이다.

'산림'의 요건은 최소면적과 수관울폐도기준, 입목의 수고 등으로 객관적 검증이 가능하다. 그렇다면 '산림경영'은 무엇으로 판단함이 타당할까?

'산림경영'에 대한 개념도 다양한 담론이 있을 수 있겠으나, 여기서는 벌기령 연장에 초점을 두고 있으므로, 그 핵심을 벌채의 가능성과, 벌기령 연장 시 간벌과 같은 적극적인 의미에서의 산림경영활동이 가능한 것인지에 초점을 두고 검토를 진행하고자 한다.

산림탄소흡수원 사업 방법론에 따르면, '벌기령 연장'이란 「산림자원의 조성 및 관리에 관한 법률」에서 정한 기준벌기령 이상으로 벌기령을 연장하는 사업을 의미한다. 따라서 사업자는 대상 산림이 벌채가 가능한 임령에 도달하였고, 타법에 의해 벌채행위의 제한이 없음을 증명하여야 한다. 임령은 적합한 조사를 통해 객관화할 수 있다. 그렇다면 벌채의 행위제한은 어떻게 결정함이 타당한 것인가? 벌채 행위제한에 대해서 크게 개별법률, 예를 들어 법정보호구역 등 국토법이나 문화재보호법 등 법률에 대한 검토로 이를 대체할 수 있을 것이다. 하지만 그 방법이 완벽할 수 있을까? 법적으로 행위를 제한하는 다양한 지역의 경우 절대적인 원형보존을 강제할 수도 있겠으나, 보호 취지에서 크게 위배되지 않을 경우 다양한 인허가 및 협의 절차를 통해 벌채가 가능할 수 있다. 그렇다면 부수적인 절차와 인허가가 필요한 대상지는 벌채가 가능한 것인가 불가능한 것인가?

다른 관점에서는 벌채 가능성을 좀 더 엄밀하게 검증하기 위하여 행정기관에서 발행한 벌채허가서를 제출하도록 제도 운영기관에서 요구할 수도 있다. 또는 산림경영계획 수립 시에 벌채를 포함하여 법적제한 사항을 관장하는 기관과 사전협의를 거치도록 강제할 수도 있을 것이다. 이러한 절차가 강화된다면 이것은 궁극적으로 산림탄소상쇄제도의 신뢰도를 제고하는 역할을 하겠지만 사업자들(산주들)에게 엄청난 진입 장벽으로 작용할 우려 역시 높다고 생각된다. 또, 실질적인 벌채가 이루어지지 않거나 최소 수십 년 연장되는 것이 자명한 사실임에도 벌채허가를 진행하고 대관협의(예를 들면 문화재 현상변경이나 자연공원 계획변경 등) 및 허가 절차를 거쳐야 하는 사업자와 행정당국 양측 모두의 불합리한 손실을 유발할 우려 또한 높다. 제도의 신뢰성과 불필요한 행정력 소모를 경감할 수 있는 균형점이 필요한 사안이라 하겠다.

관련하여 일본의 사례를 살펴볼 필요가 있다. 일본은 산림경영에 기반하여 산림의 이산화탄소 흡수력을 유지 및 강화하고자 적극적인 '산림관리'를 수행하고 있다. 2030년을 기준하여 산림부문에 설정한 기여도를 순환임업림(수확+조림, 간벌)이 53.5%, 보전공익림(법적보전조치와 육림/치산시업의 병행)이 26.0%, 목재이용(건축, 가구, 연료 등)이 17.3%, 도시녹화가 3.2%로 목표하고 있다. 여기서 주목할 만한 부분은 보안림 또는 자연공원 등이 해당하는 보전공익림에 국가단위 산림흡수원의 26.0%를 할당했다는 점이다.

일본의 보전공익림에 대해 좀 더 구체적으로 살펴보면, 일본의 보안림은 2001년 전체 산림면적의 36%에서 2021년 48.9%까지 확대되었으며, 2021년 기준 보안림 중 47%는 인공림으로 순환임업림으로 관리하고, 53%에 해당하는 천연림은 보전공익림으로 관리해 나가고 있다. 이는 2011년 이루어진 일본의 산림법 개정의 결과로 판단되는데, 당시 개정 방향의 핵심은 공익림 기능을 세분화하고 목재생산 및 탄소흡수기능 강화가 주요 골자였다. 특히 공익기능의 중복지정을 가능하도록, 기초자치단체로 하여금 산림정비계획에 이를 철저하게 반영하도록 권고하였다. 또한 공익기능별 시업지침을 마련하여 각종 사업의 근거를 마련했다. 예를 들어 수원함양림은 일반 산림에서의 수종별 법정 벌기령을 10년 가산하되, 잠재적으로는 수확이 가능한 길을 열어 주었다. 또 토사유출 및 재해방지림, 쾌적환경형성림, 보건문화림 등에서는 기능발휘의 필요성, 적절한 시업을 통한 기능 확보 가능성, 풍치유지 및 특정 수종으로 육성 필요성 등을 평가하여 복층림조성 또는 표준벌기령에 2배에 달하는 장벌기 시업 등을 계획토록 권고하고 있다.

일본의 사례가 산림의 탄소상쇄사업만을 목적으로 공익림에 대한 법률적 관리체계를 조정한 사례라고 단정할 수는 없다. 그러나 산림면적의 상당부분을 차지하고 있는 보안림에 대해서 시업의 기준이 마련됨으로 인해 J-Credit(일본 탄소상쇄제도)에서 산림부문이 중요한 역할을할 수 있는 근거가 된 것은 분명해 보인다. 즉 절대적인 현상유지를 목표로 하지 않기 때문에, 합리적인 산림시업이 이루어지고 이를 근거하여 산림의 탄소흡수량이 산정되는 것이다.

일본의 사례를 국내로 대입해 본다면, 행위제한에 초점을 두고 있는 규제방식에서, 산림경영 권장에 초점을 두면서 그 세부적인 방침을 제시하는 형식으로 변경되는 것이다. 그렇다면 앞서 행위 제한지에서 검토가 필요했던 각종 인허가 절차가 대폭 생략되며, 벌채 및 경영 가능성의 확대로 인해 탄소상쇄사업 대상지역도 크게 증가할 수 있을 것이다. 따라서 국내에서 산림경영의 벌기령 연장 방법론을 적용한 산림탄소상쇄사업을 추진할 때, 벌채 및 경영 가능성에 대해 사업자와 운영기관간에 갑론을박을 할 것이 아니라, 국가적인 관점에서 관련 제도들을 전반적으로 개선해 나가는 것이 합리적이라 판단된다. 그렇다면 모든 문제는 해결되었을까?

다음으로 두번째 의문인 벌기령 연장에 의한 실질적인 탄소감축성과를 위한 산주들의 참여 문제와 제도적 보완에 대하여 분석해 보자. 과연 현재까지 국내에 등록된 산림탄소상쇄사업 대상지 중 벌채가 법적으로는 가능했었더라도, 벌채의 경제성이 있거나 현실적인 제약 전혀 없었던 대상지는 과연 얼마나 될까? 다시 말해서, 정말 벌채가 가능하고 경제적 편익 역시 높았음에도 사업자가 그것을 포기하고 벌기령을 연장한 사례가 어느 정도의 비중일 것인가 하는 것이다. 물론 '사회공헌형' 산림탄소상쇄사업의 사업자들이 경제적 편익보다 기후위기대응을 위해 대승적 결단을 내리고 이행했다고 믿는다. 실제 산지가 법적인 제약이 없다고 한다면 맹지이거나 지리적 격오지에 위치해 있어 벌채가능성이 낮은 산림을 이 제도에서 사업 대상지로 인정할 것인가 말 것인가 역시 중요한 사항이 된다.

전 세계적으로 자발적 탄소상쇄시장을 주도하고 있는 베라(Verra)의 탄소 크레딧 실효성 논란도 이 맥락에 있다고 생각된다. 올해 1월 국내 인터넷 언론인 임팩트온에서는 해외미디어 가디언 등이 탐사 보도한 내용을 재인용한 기사를 게재했다. 해외 언론의 탐사보도 내용 중 핵심은 전 세계적으로 10억 톤 이상의 탄소 크레딧을 발행한 세계 최대 자발적 탄소 감축 인증기업 베라에서 발행한 실적의 94%는 탄소감축의 성과가 없다는 것이다. 이는 전 세계 자발적 상쇄의 4분의 3에 해당하는 분량이다. 문제가 심각해지는 것이다.

가디언, 디 차이트(Die Zeit), 소스 머티리얼(Source Material)는 9개월간 베라의 산림 프로젝트들을 조사하여 상기의 결과를 도출했는데, 그 내용을 보면 베라가 사용한 방법론 중 산림벌채 중단 실효성이 매우 낮음에도 불구하고 시나리오에서 400% 과장된 효과를 제시했다고 한다. 케임브리지 대학 등 타 연구그룹에서도 베라의 프로젝트에 대한 실효성 문제를 제기한 연구 결과를 발표하기도 했다. 특히 가디언은 베라의 프로젝트 대상 지역이 도로나 강, 마을 등에서 격리된 곳이라는 문제점을 제기했다. 즉, 애초에 벌채이용 기대치가 낮은 곳이라는 것이다.

이러한 논란은 과거에도 있어왔다. 2022년 셰인 코필드(Shane Coffield)

는 캘리포니아 산림탄소 상쇄프로젝트를 연구했는데, 프로젝트 등록 10년 후 성과를 평가한 결과 목재 수확율의 증감에 별다른 기여를 하지 않았으며 탄소 축적률 역시 유의미하게 증가하지 않았다는 것이 골자였다. 즉 사업의 실효성 논란은 베라만의 문제가 아닌 것이다. 자발적 탄소상쇄시장 자체가 그린워싱(Green washing)으로 치부되지 않기 위해서는 사업의 실효성과 신뢰도를 유의미하게 개선해 나아갈 필요성이 지구촌 모든 이웃에게 요구되고 있다.

자, 다시 질문을 해 보겠다. 베라(Verra)의 탄소 크레딧 중 94%는 감축 성과가 없었다고 한다. 국내에서 시행되었던 사회공헌형 산림탄소상쇄사업, 그 중에서도 전체 탄소 흡수량의 67%를 차지했던 벌기령 연장사업은 어떠하였을까?

국제적인 자발적 탄소시장에서는 신뢰도문제, 더 나아가 그린워싱(Green washing)이라는 비난을 회피하기 위해서라도 앞으로 더욱 엄밀한 MRV가 적용될 것이라 생각된다. 국내의 산림탄소상쇄사업도 이를 고려하여 제도를 개선해 나아갈 필요가 있을 것이라 생각된다.

사회공헌형 산림탄소상쇄사업에서의 제도적 개선이 필요한 부분은 비단 「탄소흡수원의 유지 및 증진에 관한 법률」에 기반한 각종 제도적 절차에만 국한되어 있지 않다. 일본의 사례에서 보듯이 산림에 기반을 둔 흡수원 사업들은 근원적으로 산림경영 혹은 산림관리가 체계적으로 이루어질 때 효과적으로 운영될 수 있다. 즉 「산림자원의 조성 및 관리에 관한 법률」 등 산림경영과 직접 관계되는 법령에서부터 국토법관련 산림의 행위제한 사항들을 포괄적으로 재정비하는 범부처 수준에서의 종합적인 점검이 필요하다고 판단된다. 법률적으로는 경영이 가능하다지만 실제는 쉬운 일이 아니다. 타

부처와의 협력이 반드시 필요하다. 경영계획의 작성만해도 많은 시간이 필요할 것이다. 즉, 필지단위 산림경영을 넘어 집단화된 산림관리방안(종합산림경영계획)의 근거를 마련하고, 그 범위 안에서 다양한 산림사업과 탄소흡수원사업을 조합하여 적용한다면 베라나 해외 사례에서 제기되었던 실효성 문제 역시 자연스럽게 해결될 수 있을 것이다. 예를 들면, 격오지에 독립적으로 떨어져 있는 산림에 비현실적인 시나리오를 적용하는 것이 아니라, 인접 필지들에 다양한 기능을 부여하고 그에 부합하는 산림경영을 하면서, 오지에 있는 산림은 공익적 기능이 강화된 장벌기를 적용하는 등 논리적인 사업구획과 탄소흡수원사업 시나리오 설정이 가능해지는 것이다.

기후위기가 현실이 되고 있는 현재를 생각하면, 임업인으로서 산림을 활용한 적극적인 대응에 참여할 기회가 주어진 점이 그나마 위안이 된다. 그 작은 불씨가 사라지지 않도록 관련 제도들이 합리적으로 정비되어 인류에 기여하길 고대해본다. 탄소상쇄사업의 실효성과 국제인증기준의 적합성을 한 번 더 따져 봐야 할 것이다. 우리나라 산림의 실정에 적합한 방법론을 지속적으로 연구하고 산주에게 홍보하는 역할도 게을리하면 안 될 것이다. 그리고 사업 참여의 문호를 확대하기 위해서는 공익임지의 경영계획 작성이 우선되어야 한다. 경영계획의 과정에서 타 부처와 협력하고 산림경영 규모를 확대하는 어려운 과정을 겪어야 되는 것이다. 탄소흡수원사업은 기본에 충실하고 제도적 밑받침이 있어야 한다. 경영의 규모를 확대하고 산주를 설득할 수 있게 사업비의 지원도 절실하다 할 것이다.

3. 임업인을 위한 산림 탄소흡수원 방법론

(산주의 일반적 경영활동의 방법론이 필요하다.)

이번 2023년도 겨울을 맞은 북반구에서는 극단적인 기상현상이 연일 관찰되고 있다. 2022년 12월부터 북미지역은 기록적인 한파가, 유럽지역은 기록적인 겨울 더위가 관측되고 있다. 미국과 캐나다는 지난해 12월부터 올해 1월 초순까지 한파로 60여명 이상의 사망자가 발생했으며, 재산피해도 지속적으로 늘어나고 있다. 반면 유럽은 북유럽 지역조차 한낮의 기온이 영상 20도씨를 웃돌고 있는 등 각국에서 겨울철 최고 기온을 갱신하고 있는 실정이다. 기후변화가 국내에서는 짧은 겨울이라는 문제를 유발하고 있으나 해외에서는 극단적인 기상현상을 불러오고 있다. 국내에서도 이러한 극한의 상황이 빚어진다면 사회적으로 큰 문제를 불러올 것이다. 특히 탄소배출을 줄이고 부득이 탄소를 배출해야 한다면 뭔가 대책이 논의될 것이다. 한국에서도 지구에 일어나는 기후위기 현상을 그냥 두고 볼 수 없는 실정이다. 우리 국민들은 환경을 소중히 생각하고 경제적으로 선진국에 속해 있는 나라기 때문이다. 무엇보다 한국은 반도이고 산악지형으로 기후위기의 피해는 더욱 잔인하게 나타날 것이기 때문이다. 그래서 국민들은 거의 유일한 흡수원인 산림탄소흡수원에 대한 관심이 높다. 특히 임업인은 자연스럽게 산림을 경영하면서 탄소흡수원으로 인증받고 소득을 올릴 수 있는 길을 찾고 있다. 그러나 현실은 어려워 보인다. 탄소흡수원으로 인증받는 방법론이 다양하지 못하고 현실적이지 못하기 때문이다.

이에 산림의 탄소흡수원사업의 근간을 이루는 두 제도, '배출권거래제 외부사업'과 '산림탄소상쇄제도'에 대한 임업인들의 우려와 현실적인 대안을 이야기하고자 한다. 각각의 제도에서 사업자(임업인)는 참여가능한 사업유형을 선정하고 그 사업유형의 방법론에 따라 감축량을 산정하게 되는데, 현재는 흡수원을 조성하거나 흡수원을 유지하는 방법론이 다양하지 못한 실정이다. 특히 산림탄소상쇄사업에서 2022년 기준 전체사업의 약 80% 가량이 '벌기령 연장'에만 초점을 두고 있는 것이 현실이다. 지금의 임업인은 다양하고 포괄적인 산림경영활동이 하나의 방법론으로 개발되어 탄소흡수량을 산정할 수 있기를 바란다.

사업자는 '배출권거래제 외부사업' 또는 '산림탄소상쇄제도'의 각 제도에서 인정하고 있는 방법론으로 정량적이고 논리적인 범주에서 흡수량을 산정해야 한다. 사업자가 사업계획을 제출하게 되면 그 사업에 대한 타당성을 검토하고 등록하는 절차가 이행되어야 한다. 현재의 방법론은 신규조림/재조림, 수종 및 불량임분의 갱신, 벌기령의 연장, 식생복구, 산림재해지의 조림으로 규정되어 있고 임업인들의 산림경영 활동은 더욱 다양하고 광범위한 것이 현실이다. 제초작업, 덩굴류제거, 식재목의 보식, 풀베기, 병해충 예방, 작업도 보수, 간벌 등이다. 그러나 자발적 경영활동이 현재로서는 흡수원으로 인정받기에는 너무나 어렵다. 아니 거의 불가능하다. 물론 제도적으로 볼 때 방법론 자체를 사업자가 개발하거나 개선할 수 있지만 국내 임업인들의 산림 소유구조가 너무 적고 또한 기대되는 경제적 편익이 없기에 제도를 활용하지 못하고 있는 것이다.

첫 번째 산림경영에 대한 탄소흡수원의 방법론의 문제를 해결할 필요가 있다. 「탄소흡수원 유지 및 증진에 관한 법률」에는 '산림경영'에 대해서 「산림자원의 조성 및 관리에 관한 법률」 제6조에 따라 산림을 지속가능한 방식으로 보전 · 이용하기 위한 모든 활동 중에서 대통령령으로 정하는 것으로 정의하고 있는데, 세부적으로 다음과 같다.

1. 산림갱신(山林更新), 풀베기, 덩굴제거, 어린나무가꾸기 또는 솎아베기 등을 통한 숲가꾸기 활동
2. 모두베기 또는 골라베기 등을 통한 목재 수확 활동
3. 그 밖에 국제기준에 따른 산림탄소흡수량 유지 및 증진을 위한 활동

즉, 관련 법에서 정의하고 있는 '숲가꾸기 활동'에 비해서 '산림탄소상쇄제도'의 방법론들 개발 범위와 내용이 부족한 것으로 판단된다. 이는 임업인들의 산림경영 행위가 관련법의 정의에 비춰볼 때는 탄소흡수원 유지 및 증진 활동에 해당하겠으나, 방법론의 부재로 흡수량 산정은 어려운 상태라는 것이다. 현재를 기준으로 산림탄소상쇄사업에서는 산림경영의 다양한 활동이 보편적으로 이용되고 있는 벌기령 연장 방법론의 수단(벌기령 연장 기간 동안의 산림경영활동)으로만 국한될 것으로 우려된다. 벌기령 연장 방법론은 정상적인 임업의 경영활동이라고 보기 어렵다. 벌기령 도달 이전의 산림에서 수행되는 경영활동과 벌채를 목적으로할 수 없는 산림에 대해서 임업인들에게 보다 상세한 제도적 설명과 보완이 필요해 보인다.

산림경영활동과 방법론 간의 문제점을 해외에서는 어떤 식으로 대응하는지 확인하기 위하여 인접한 일본의 사례를 좀 더 조사해보았다. 일본은

J-크레딧(온실가스 배출 삭감량을 신용의 형태로 거래할 수 있는 제도)을 통해 이산화탄소 배출권을 거래할 수 있도록 장려하고 있다. 해당 제도에서 산림분야에 방법론으로 등록되어 있는 것은 森林経営活動(삼림경영활동), 植林活動(식림활동), 再造林活動(재조림활동) 3가지이다. 단순히 방법론의 수를 보면 한국은 8개로 일본의 3개에 비해 더욱 세분화 되어 있는 것으로 보이지만, 그 내용적 범위에서는 오히려 일본이 폭넓은 산림경영활동을 인정하고 있는 것이 분명해 보인다. 특히 일본의 J-크레딧 방법론 'FO-001(林経営活動, Ver.3.1)'에서 방법론 적용대상 범위가 큰 차이를 보인다.

일본의 J-크레딧 방법론 FO-002(植林活動), FO-003(再造林活動)은 국내 방법론들과 대동소이하나, 'FO-001(林経営活動, Ver.3.1)'에서는 방법론 적용 대상을 '산림시업 또는 보호활동 등 산림 경영활동을 실시함으로써 흡수량을 확보하는 활동을 대상으로 한다'고 명시하고 있다. 해당 방법론에서 정의하는 용어의 범주는 각각 다음과 같다.

- 산림시업: 조림(식재, 정지, 움싹따기), 보육(풀베기, 덩굴제거, 제벌-어린나무가꾸기, 가지치기), 간벌 및 주벌
- 산림보호: 산림병해충의 방제 및 예방, 조수피해의 방지, 화재의 예방, 경계확인 및 산림 순찰
- 벌목목재: 벌채되어 제재용 또는 합판용으로 출하되는 목재(원목)

또 방법론의 적용 조건에서도 사업기간 동안 간벌계획이 1개소(1회) 이

상 포함되어야 하지만, 이를 수행할 수 없는 산림인 경우에는 산림경영계획에 근거하여 조림 또는 보육이 1회 이상 계획되어 있으며, 순 흡수량이 양수인 경우 사업이 타당한 것으로 인정하고 있다. 이를 다르게 해석해 보자면, 산림경영활동의 다양성이 인정되며, 국내법에 의한 산림사업 제한 지역에 대해서도 감축량 산정이 가능하도록 제도에서의 유연성이 확보된 것으로 판단된다. 국내의 경우 관련법의 정의에 비하여 방법론이 엄밀한 실정이지만, 일본의 방법론이 공교롭게도 국내법에서 정하고 있는 '산림경영'의 전반적인 내용을 담고 있다.

두 번째는 탄소흡수원으로 인증 받기 위한 높은 검증비용과 외부사업에서의 모니터링 비용 역시 큰 문제로 해결해야 할 사안이다. 산림탄소등록부(carbonregistry.forest.go.kr)에는 인상적인 공지사항이 있다. 그 내용은 "산림탄소상쇄사업은 소득창출의 목적이 아닌 사회공헌형 목적으로 운영되고 있습니다. 거래형 사업의 경우 소득이 발생될 수 있으나 사업 시작 후 보통 5년 마다 모니터링 · 검증 및 임업진흥원 · 산림청의 인증심사 절차를 통해 흡수량을 인증 받아야 하며 사회공헌 목적의 수요처가 흡수량을 구매하여야 소득이 발생될 수 있습니다. 즉, 지속적 · 안정적인 소득창출을 보장하지 않습니다"는 공지사항이다. 이러한 공지사항의 배경에는 임업인을 대상으로한 무분별한 사업권유가 부작용을 야기하기 때문일 것으로 이해된다. 그러나 공지사항에 적혀 있는 내용처럼 '지속적 · 안정적인 소득창출'이 불가하더라도, 최소한의 산림경영비용의 보전이나 사업완료 후 한번의 수익발생은 담보되어야 제도가 활성화될 수 있을 것이라고 생각한다. 탄소상쇄를 통한 기후위기 대응은 다분히 공익적인 목적이고 그 자체로 사회공헌형 활동일 수 있다. 하지만 산림의 소유주, 더 정확하게는 임업인들이 사명

감만을 가지고 높은 비용을 지불하면서 산림탄소상쇄사업에 참여하는 것이 과연 합리적인가 의문이 든다. 임업인은 이러한 상황에서는 아무도 탄소흡수원 확보를 위한 산림경영은 하지 않을 것으로 보인다. 필자는 임업인들의 진입장벽을 낮출 수 있는 효과적인 방법론의 마련과 사업계획서 작성 편의성 제공, 관련 절차의 간소화를 통한 비용 최소화가 필수적일 것이라고 생각한다.

지금 국내의 산림은 탄소흡수원사업과 자원을 이용한 순환임업을 요구하고 있다. 그러나 산주로서는 지금의 사업규모와 정책으로는 수확을 통한 경제성의 확보가 어렵다. 지속적인 간벌과 불량림의 갱신, 도시림의 간벌 등의 사업이 거의 실행되지 않기 때문이다. 이러한 낮은 경제적 편익 구조에서 탄소흡수원사업의 활성화를 위해 임업인들에게 어떤 동기부여가 가능할 것이며, 어떻게 참여를 적극 독려할 것인가? 그래서 이 시대를 사는 국민 모두가 임업인들이 탄소흡수원 유지 및 증진활동에 적극 참여할 수 있는 여건이 만들어 질 수 있도록 관심을 모아주길 바래본다.

4. 산림경영을 통한 산촌부흥 현장

(탄소중립을 위한 간벌사업 - 일본 오카야마 중심으로)

파리협정 발효('16.11) 이후 전 세계적으로 기후변화 대응이 가속화되고 있고 국제사회는 기후위기 대응 및 탄소중립 이행을 위해 산림의 역할을 강화하고 있는 실정이다. 한국 또한 2050 산림분야 탄소흡수원의 계획을 수립했다. 그러나 그 계획이 실천가능할지는 의문이다. 특히 탄소흡수량의 95.5%를 차지하는 25.5백만 톤을 산림분야에서 대응한다고 하니 말이다. 탄소흡수원사업은 현실적으로 계획적인 벌채를 통한 조림사업이 효과적이나 사회적 공감대가 부족하고, 간벌사업은 산주를 설득하기에는 수익구조가 나오지 않아 어려운 실정이다.

필자는 1997년 교토의정서 이후 여러 제도에서 산림경영을 뒷받침하는 일본의 사례를 알아보고 싶었다. 일본의 사유림 규모화를 통한 간벌과 벌채로 국산재의 비율을 높이고 탄소흡수원으로 인정받는 제도와 현장 시스템이 궁금했다. 또한 산림의 공익적 기능확대를 위한 생태경영 성공 사례를 보고 싶었다. 일본은 2008년 특별법으로 산림경영을 의무화했고, 2010년에는 목재이용법으로 자국목재 사용을 활성화했으며, 2019년에는 산림경영관리법으로 산지의 경영 구획경계를 명확하게 하고 소규모 산지를 규모화하여 사업을 관리위탁하게 했다. 2007년부터 일본은 산림경영을 국민운동으로 확산하는 노력도 병행하고 있다. 그 결과를 보고 싶었다. 아니 한국도 가능할지 궁금했다. 필자는 한국의 경영계획업체, 생산업체, 가공업체, 바이오매스업체, 목재재활용업체 등으로 연수단을 꾸렸다.

일본 오카야마현 미나와시 시청을 방문하고 지역의 산림경영 사례 답사를 주목적으로 했다. 특히 미나와시는 오래전부터 산림바이오매스 투어 프로그램을 운영하고 있어 전반적으로 산림경영을 통한 생산, 가공, 판매, 이용 등 산림자원 순환의 과정을 볼 수 있을 것으로 생각했다. 그리고 작은 마을 니시아와쿠라를 방문하여 '백년의 숲' 경영 방식을 보는 것이다.

먼저 오카야마 시내에서 2시간 정도 걸리는 니시아와쿠라 마을을 방문했다. 오카야마현의 북동단에 위치하고 효고현과 돗토리현과 경계에 접한 '백년의 숲'을 구상하는 인구 1,377명이 거주하는 작은 마을이다. 산림비율이 93%이고 그 중에서도 인공림이 84%였지만 전혀 관리되지 않은 산림을 많이 가지고 있었다. 주민들이 협동조합을 만들어 방치 산림을 탄소순환임업으로 전환하여 지역 발전을 통한 풍요로운 산촌을 만들기 위한 프로젝트를 시작한 것이다.

2019년 지역의 임업관련 기업(산림조합/임업/목재/목제품) 12개사가 협력하여 '백년 산림협동조합'을 설립했다. 마을 전체 산림면적 5,000ha 중 약 50%를 협동조합에서 10년 장기계약으로 경영을 위탁받았다. 장기적인 목표는 마을 전체의 산림을 위탁받을 계획을 가지고 있었다. '지역의 산림으로 풍요롭고 살기 좋은 마을을 만들자'라는 슬로건으로 벌기령 100년 이상의 장벌기 경영을 시행하고 있었다. 지금은 방치된 산림의 열세목 위주로 선목하여 산림의 기능을 회복하는데 집중하고 있다. 협동조합은 관리가 안된 인공림은 산림재해의 원인으로 보고 '빛이 들어오는 숲 만들기'를 목표로 간벌사업을 실행하고 있었다. 간벌에 사용되는 경비는 모두 지자체에서 부담하고, 원목의 판매대금에서 경비를 차감한 이윤을 산주와 지자체가 50%씩 가져가기 때문에 사업이 가능해지는 구조이다. 중요한 것은 벌기령을 100년으로 하고, 숲의 공익적 기능인 산림경관 회복을 통한 관광자원으로 활용을 염두에 둔 경영목표도 가지고 있다는 것이다. 이 경영 목표는 산림자원을 적극적으로 이용해야 하는 상황을 고려하면 조금은 이해하기 어려운 것이었다. 그러나 마을 홈페이지를 보면 이해될 듯도 하다. 자연환경을 후대의 먹거리로 생각하고 체험 프로그램과 산림자원을 관광상품으로 홍보하는 것을 보면, 이것이 지속가능한 경영방법인 교과서에서 배운 '생태임업'인 듯했다. 물론 목재와 간벌목을 적극적으로 이용한다는 전제가 있긴하다. 필자는 간벌 현장에서 간벌목 수집을 작업도 주변에만 수집하고, 고성능 임업기계를 사용하지 않는 작업시스템은 효율성이 없는 것으로 보였기 때문이다. '백년의 숲' 현장에 대한 깊은 이해와 제도의 고찰이 필요한 것으로 보였다.

'23 백년의 숲 간벌 현장

니시아와쿠라 지역에서는 생산된 목재의 운송비와 경비를 절감하기 위해 유통구조를 간소화하고 지역소비를 촉진했다. 연간 생산되는 목재 9,000㎥의 70%는 지역 내 합판공장, 30%는 지역 내 목공소에 판매하는 '지역우선 판매제'를 시행하고 있었다. 지역 내 목재가공품은 마을회관, 면사무소, 유치원, 보육원 등의 건축재로 사용하고, 도쿄와 같은 대도시 백화점의 바닥재로 판매하여 지역목재를 브랜드화하는 노력을 하고 있다. 그러나 이런 일련의 작업들에서 탄소흡수원으로 인증받는 절차는 시행되지 않는 것으로 보였다. 일본도 지역에 따라 산림경영(FM)에 따른 탄소흡수원의 인증방법론이 아직 정착되지 못하고 있다는 것을 느낄 수 있었다.

다음 연수지역은 마니와시 바이오매스산업을 보기 위해 바이오매스 투어 프로그램에 참여했다. 마니와시는 산림면적 65,633ha로 오카야마현의 최대 산림지역이다. 시청 홈페이지에서는 산업을 소개하면서 상공진흥/농업/축산업/임업/바이오매스로 소개할 정도로 '바이오매스 산업'이 중추 산업이다. 시청의 주요 조직으로 '임업 · 바이오매스 산업과'가 있으며 주요 시책에 임업노동재해 방지를 추진하고 있는 것을 보면 임업을 기반으로 한 바이오매스 산업이 얼마나 중요한 정책추진 현안인지를 알 수 있있다.

마니와시는 1992년 목재이용도시를 표방하고, 2006년부터 일반인과 관련자를 대상으로 바이오매스 투어프로그램을 시작했다. 산림미이용자원을 이용하여 바이오매스 발전소를 만들고 일본 최대의 CLT공장을 설립했다. 2018년 국가지정 SDGs미래도시와 지역순환공생권플랫폼, 2020년에는 제로 카본시티를 선언, 2022년도에는 탈탄소선행지역을 선포하고 에너지 자급률 100%를 달성했다. 마니와시는 주택건설의 침체와 수입산 목재 등으로 임산업이 쇠퇴산업으로 몰락할 위기에 처하자 지역의 공무원, 경영체, 지역주민들이 모여 '마니와학원'을 설립하고 방치된 산림자원에 새로운 부가가치를 부여해 바이오매스산업의 대표지역으로 성장시킨 것이다.

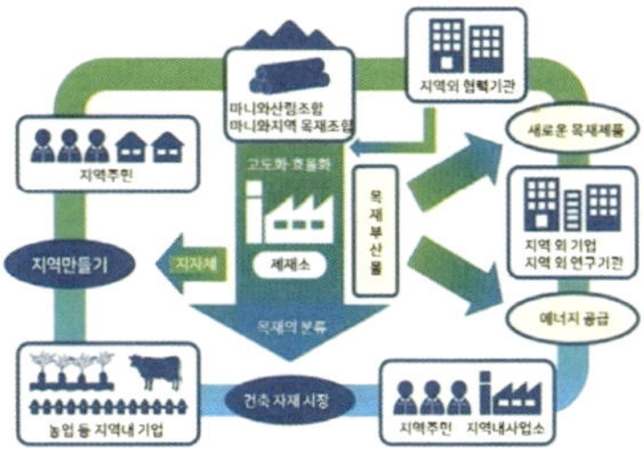

마나와시 목재자원활용 클러스터 구상

마나와시 마이오매스타운 구상이념

바이오매스산업은 산림 바이오매스를 주축으로 집적기지를 설립하고 농업부산물, 목재폐기물, 제재소 잔재물, 조경부산물 등 다양한 산업과 연계하여 추진되고 있다. 바이오매스 집적기지는 임업생산의 부산물인 단재 및 수피를 수집하고, 제재소는 부수적으로 발생하는 톱밥, 쪽목편 등을 수집함으로써 임가소득을 높이는 결과를 초래했다. 운반비 절감을 위해 목편과 제재소의 부산물은 파이프라인을 통해 발전소로 이송하고, 발전소는 제재소에

'23 마나와시 바이오매스 집적기지

서 소요되는 전기를 공급하는 상호보완적인 에너지 효율 중심 시스템을 갖추었다. 발전소에서 생산되는 열은 바이오매스를 건조하는데 사용하여 에너지 효율을 최대한 높이고 있었다. 이러한 일련의 과정은 FIT제도(재생에너지 전력매입제도)가 뒷받침하고 있다. 산림경영을 통한 생산, 가공, 유통의 전 과정이 바이오매스 발전소를 매개로 산림자원순환을 실현하고 있는 것이다. 심지어 지역의 일본 최대 CLT 공장은 제품생산 후 나오는 목재 잔재물을 이용하여 자체 소요전기를 사용하고 남는 전기는 연관산업에 공급하고 있었다.

마나와시는 지역의 산림자원을 적극적으로 이용함으로써 일자리가 생기고 산주의 소득 환원, 지역목재 유통, 목재인증관리제도로 경쟁력과 효율성이 높아지는 결과를 가져왔다. 부수적으로 탄소중립의 중추적 역할과 지역소멸 위기를 극복하는 좋은 사례로 생각한다. 이 모든 것을할 수 있는 원동력은 민간협의체로 보인다. 민간협의체는 산림조합, 제재소, 지자체, 민간기업, 발전사, 지역주민들로 구성되었다. 이들이 협력하여 지역의 산림자원을 활용한 목재산업을 부흥시킨 점을 중요 시사점으로 생각한다. 마나와시는 청사부터 지역 목재를 사용하여 건축하고, 지역 바이오매스 발전소에서 생산한 전기를 사용하며, 지역의 목재펠릿과 칩으로 난방하고, 목편의 콘크리트블럭으로 청사주변의 인도를 포장하여 지역 사업체를 지원하고 목재산업도시 육성에 앞장섰다.

이번 연수지역을 보면서 산림자원을 이용한 산업화는 충분히 가능성이 있다. 중요한 것은 경영주체의 의지와 지역의 리더가 필요하다는 생각이다.

민간협의체에서 산주를 모으고 그것을 지원하는 관련제도가 우리의 현실과 조금은 다르다. 예를 들어 발전소 규모에 따른 보조금의 차등지원제도의 보완으로 지역의 산림자원이 먼 거리로 이동하지 않고 소규모로 사용될 수 있는 근거를 우리도 마련해야 한다. 그러면 수입산 목재와 바이오매스의 수입은 감소할 것이다. 또한 마나와시는 적극적으로 지역 목재를 이용해야 한다는 사명감이 있었다. 우리도 각 광역단위의 지방정부에서 지역 내 목재사용 의무제를 시행해야 한다. 건축재로 지역목재가 일반인도 사용할 수 있도록 건축허가의 인센티브를 제공하고 보조금을 지급해야 하며, 구조 안정성을 국가에서 인정해주어야 한다. 또한 예산제도, 계약법, 계약심사제도, 공사의 감사제도 등도 국내산 목재가 원활히 사용될 수 있도록 해야 한다.

일본의 산림경영에 따른 탄소흡수원정책은 아직 현장에서 반영되지 못하고 있는 것을 확인했다. 선제적으로 국제적 인증을 받을 수 있는 우리나라의 산주가 산림경영을 통한 탄소흡수원 인증의 방법론이 현실적으로 반영될 수 있도록 연구해야 한다. 일본에서도 일부 현에서는 보편적인 산림경영으로 탄소흡수원을 인증받는 방법론이 시행되고 있는 것으로 알고 있다. 하루 빨리 산주가 일반적인 산림경영 실적을 탄소흡수원으로 인증받는 방법론이 필요하다. 또한 인증 절차의 간소화와 비용의 지원제도가 필요하다. 다행히 일본과 달리 우리나라는 지역에 많은 고급 기술자와 업체가 있어 산림경영의 방법론을 적용하기에 어렵지 않을 것이다.

지금은 산주와 경영계획자, 시공업체, 원목 및 제지업체, 목재폐기물업체, 파쇄업체, 발전사, 지역대학 등이 함께 협업할 방법과 예산이 필요하다. 당장은 지역과 사업장이 필요하다. 인구 소멸이 진행되고 있는 산촌지역을 중심으로 민간이 주도하고 국가가 정책을 지원하는 산촌부흥프로젝트를 만들어야 한다. 곧 출범하는 산림비율이 높은 강원특별자치도, 한라산과 삼나무가 있는 제주특별자치도에서 연수결과에 대한 관심을 가져주길 바랄 뿐이다. 특히 강원특별자치도 특례에는 산림분야 규제 완화를 포함하고 있는 것으로 알고 있다. 산림자원을 적극적으로 이용할 수 있는 특례가 많이 반영되어 임업이 타 산업을 견인하는 역할을 했으면 한다. 산촌부흥과 산림르네상스는 남의 일이 아니다. 우리가 힘을 합친다면 산림자원을 이용한 산업화는 분명 가능하기 때문이다. 그것이 비로소 산림르네상스인 것이다.

5. 요세미티국립공원의 탄소중립 활동

(산불대응과 경관회복을 위한 벌목과 바이오매스 이용)

2023년 5월 미 서부지역의 산불피해지를 방문한 적이 있다. 2020년부터 대형산불로 이슈가 된 요세미티 국립공원의 산불피해 상황과 대응을 보기로 했다. 주요 관심은 대단위 산불발생 후 피해목의 처리와 그것이 탄소중립을 위한 어떠한 방안으로 실천되고 있는지를 알고 싶었다. 특히 국립공원과 도시 주변의 산림관리에 중점을 두고 보고싶었다. 미국의 산불기관인 NICC의 자료에서 보면 2020년부터 산불로 한 해 동안 3백만~4백만ha가 산불로 산림이 소실되었다. 특히 2020년부터는 산불규모가 대형화되고 있는 실정이 한국과 같다. 2022년 요세미티국립공원에도 대형산불이 발생하여 주민대피령과 주요 산림관광자원인 '메리포사 그로브'까지 위협을 받았다.

필자는 남쪽 출입구를 지나 오른쪽 메리포사 그로브는 보지 않고 국립공원으로 들어섰다. 공원 진입로인 워워나 도로 좌우 거의 전체가 산불의 피

'23 요세미티국립공원 산불피해지와 바이오매스 제거 작업 전경

해를 입었다. 일부 국립공원 지역에서는 임내소각물질을 태워 산불을 예방하는 조치를 취하는 처방화입(Prescribed Burning) 사업으로 임내는 연기가 자욱했다. 처방화입사업은 나무를 연소시켜 산불연료를 제거하는 사업인데, 산불예방을 위한 중요한 조치이다.

요세미티국립공원에서는 도로 주변의 산불예방을 위한 이격거리 확보와 경관사업을 하고 여기서 나온 바이오매스를 활용하는 프로젝트를 수행 중에 있다. 어떠한 작업을 어떻게 하는지 궁금했다. 요세미티에서는 '바이오매스 제거 및 Scenic Vista 개간 프로젝트(2022~2026)'로 도로변의 고사목과 피압목, 죽은 가지류를 제거하고 추가 간벌도 하는 사업을 추진중이었다.

이 사업으로 산불이 발생하면 소방관이 화재를 진압할 수 있는 안전한 통로를 만들고, 산불피해 산물은 이용하는 것이다. 이 사업에서 평균 수집되는 바이오매스량은 평균 125톤/에이커 정도이며 이 중 10~15톤 정도는 수집하여 활용하는 것으로 홍보하고 있다. 그러나 현장에서는 도로 주변에 나무더미를 많이 볼 수 있는데 거의 소각을 하기 위한 것으로 보인다. 수집 후 이용은 경제성이 부족한 이유로 소각에 중점을 두는 듯했다. 바이오매스 제거사업은 Yosemite Valley 전역의 다양한 규모로 이루어지고 있었다. 심지어 집단시설지구, 야영장 주변까지 기계장비를 동원한 벌목이 이루어지고 있었다. 우리나라 보호림과 국립공원에서는 상상도 못할 일들이 벌어지고 있는 것이다. 기후위기로 인한 산림재해의 심각성을 볼 수 있는 광경이

다. 지금 한국에서 산불과 재선충병 예방을 위한 임업적방제와 산림관리 사업이 어렵고 진척이 없는 것과는 대조적이다.

다음 탄소중립사업으로 요세미티 국립공원에서는 'Scenic Vista 관리사업'을 진행하고 있었다. 요세미티의 방문객이 중요한 조망점에서 전망을 볼 수 있도록 나무를 제거하는 사업이다. 이 사업은 2022~2023년까지 진행하고 있다. 관리대상지는 시각적 자원평가척도(VRA)에 따라 작업의 순위와 작업정도가 매겨진다. 물론 이 작업은 야생동물의 서식처, 산불의 위험

'23 요세미티국립공원 도로주변 경관을 위한 바이오매스 수집 전경

성, 이용객의 불편 등을 감안하여 진행한다. 이러한 사업으로 제거되는 나무는 어떻게 선목하는 것인가? 어떻게 산물을 이용하고 있는가? 가장 관심이 많은 부분이다. 제거목의 선목은 국립공원관리청 직원이 시행하고 사업자가 현지에 적합하게 시행하고 있다고 한다. 제거된 대부분의 나무는 목재로 판매할 수 있는 품질이 아니라 전량 이용하지 않는 듯 했다. 2020~2021년에 9,000톤의 바이오매스가 제거되어 전기를 생산했다. 1년 동안 약 850가구에 전력을 공급할 수 있는 양이다. 제거된 나무 중 목재적 가치가 있는 경우 제재소로 가져가 목재로 사용된다. 그것의 일부분은 가축사육장용 톱밥

'23 요세미티국립공원의 산불예방을 위한 하층식생 태우기 전경

으로 이용한다고 한다. 요세미티 국립공원은 관광객을 위한 조망점관리를 위한 벌목산물을 적극적으로 이용하고 있는 것이다.

요세미티국립공원의 기후위기를 대응하고 탄소중립을 실현하는 사업에 우리는 주목할 필요가 있다. 최근 한국도 겨울의 건조한 바람과 적은 적설량으로 대형산불의 피해가 예견되기 때문이다. 한국의 국립공원, 도립공원 등 보호림에 대한 대형산불 준비를 당장해야 한다. 그러나 이 곳들은 거의 간벌을 하지 못한다. 아니 간벌의 필요성에 대해 무관심이다. 도로 인접지역에 대한 간벌과 임내 소각물질의 제거 사업은 반드시 필요해 보인다. 그 산물을 지역주민들과 공유할 수 있도록 바이오매스수집센터, 소규모 바이오매스 발전 등에 이용할 수 있는 시스템도 만들어야 한다. 기후위기는 누구도 어디에서도 피해갈 수 없다. 국립공원에서 자연적 또는 인위적으로 넘어진 나무는 이산화탄소를 배출하고 있기 때문이다. 그것이 산불을 확산하고 피해를 크게 하는 연료이기 때문이다.

6. 일본의 산림경영을 통한 탄소흡수원사업

(바이오매스와 목재이용 활성화가 필요하다.)

기후 변화에 관한 정부 간 협의체(Intergovernmental Panel on Climate Change, 약칭 IPCC)는 2100년까지 지구의 평균온도 상승 폭을 1.5℃ 이내로 제한하기로 했다. 그것을 실행하기 위해서는 전 지구적으로 2030년까지 이산화탄소 배출량을 2010년 대비 최소 45% 이상 감축해야 한다. 일본은 '20. 10월 스가총리가 탄소중립 2050을 선언했다. 일본은 현재 산림경영율을 20년간 특단의 대책으로 45%에서 68%까지 증가시키는 것이 목표가 되었다. 일본의 68%는 정확한 근거가 명시되어 있다. 인공림의 42%, 천연림 26%이다. 우리나라는 90%까지 경영율을 높이겠다는 목표이다.

일본의 탄소흡수원을 위한 산림관리 유형으로는 순환임업림과 보전공익림으로 나눈다. 순환임업림은 주기적인 수확과 조림을 해야하거나 간벌을 필수적으로 시행해야 인정받을 수 있다. 보전공익림의 경우 법적보전 조치된 산림으로 육림과 치산사업 등을 포함하여 시업함으로서 산림경영률(FM)로 인정받을 수 있다.

일본은 경영율을 제고하기 위하여 2018년의 산림경영관리법, 2019 산림환경세법을 제정하여 특단의 대책을 세웠다. 특단의 시책은 경영율을 45%에서 68%로 올리기 위해 간벌을 '30년까지 52만ha로 올려서 '07년대비 157%을 늘리고, 주벌도 11.4만ha를 계획하여 '18년 8.7만ha에서 131% 올려 잡는 계획으로 실천하고 있는 것을 말한다. 물론 산림산업을 2배 확대하는 결과를 가져올 것이며 산림경영을 '08년 특별법으로 지자체 단체장의 의무로 했다. 또한 산주의 산림경영을 지원하기 위해서 산림경영관리법, 목재이용자의 목재이용활성화를 위한 목재이용법을 제정하여 실행 중이다. 또한 충분한 예산확보를 위하여 국민모음, 국비증액, 산림환경세 등을 징수하고 인력양성을 위한 지원체계를 갖추었다. 이것이 특단의 조치인 것이다. 말은 쉬워 보이지만 우리나라는 지금 아무것도 하지 못하는 결과를 보면 대단한 정책으로 보인다.

일본의 임업은 70년간의 역사를 보면 1950년대의 인공림확대 조림기를

'23 일본 유바라지역 간벌목 수집

거쳐 인공림을 25%에서 46%로 만들었다. 주로 삼나무와 편백나무로 건축재 수요가 급증한 시대였다. 임업의 왕성한 성장기였다. 1980년대 수입자유화로 수입재가 폭증하고 국산목재의 가격은 폭락했다. 목재의 자급률도 98%에서 2002년도에는 19% 감소했다. 우리나라의 지금의 상황과 거의 비슷했다. 인공림은 방치되어 경영을 포기하고 임업을 하는 사람은 산촌을 떠나 쇠퇴로 이어졌다. 그런데 1997년 교토의정서가 발효되면서 상황은 달라졌다. 이산화탄소의 감축을 위해 산림흡수원의 중요성이 강조된 것이다. 일본 자국의 인공림 관리를 위해 국제인정기준에 산림관리(FM)가 필수 조건

'23 일본 니시아와쿠라손 지역의 간벌재를 이용한 화장실 건물

으로 되면서 일본의 산림경영을 위한 토대를 마련한 것이다. 경영의 핵심은 수확과 조림, 간벌사업이었다. 목재 자급률도 19%에서 2019년도에는 38%, 2030년에는 50%까지 올리겠다는 목표을 설정하고 산림경영에 모든 여력을 동원하고 있다. 결국 일본은 임업의 새로운 르네상스를 맞이하고 있는 것이다.

한국은 1970년대 치산녹화 시기를 거쳐 1980년대 수입자유화에 의한 임업의 암흑기를 맞이하였고, 2015년 파리협정으로 산림에서 탄소흡수원을 강화하려는 노력을 시도하고 있는 중이다. 일본은 우리나라보다 20년정도 빠르게 산림경영을 통한 산업화를 계획하고 실천하고 있는 것이다.

일본도 산림경영이 국제합의 인정기준으로 자리잡기 위해서 '97년 교토의정서에서 관리산림을 실적으로 인정받을 수 있는 토대를 마련했다. '01 마라캐쉬 COP에서 수확과 조림, 주기적 간벌을 인정받기로 하였으며, '11년 더반 COP에서 목재의 이용촉진을 위하여 건축, 가구, 연료 사용을 탄소저장 기능으로 인정하게 했다. 그러나 간벌을 하지 않으면 토양유출, 토사붕괴의 원인이 되고 이산화탄소의 흡수량은 저하되며 병해충의 발생이 용이하게 되어 국제룰은 탄소흡수실적으로 불인정한다. 또한 탄소를 흡수한 목재사용의 활성화를 위하여 공공건축물, 주택 일반건축물, 목제품, 목질연료 등에 법적인 탄소저장을 인정하게 되었다.

일본의 산림경영에 첫 번째는 수확벌채이다. 조림을 하고 10년~20년생이 탄소의 흡수량이 증가하고 그 이후는 둔화한다. 그런데 탄소의 저장량은 지속적으로 증가한다. 홍천 벌채논란 시에도 탄소의 흡수량과 저장량에 대한 용어가 혼용하여 혼란이 가중되었다. 일본의 시책자료에서는 벌기령을

50년내외로 정하여 탄소의 흡수량과 저장량의 그래프가 교차하는 시점으로 정하는 것 같다. 저장량은 50년동안 80%를 저장하고 100년이 자라면 100%, 200년이 되어도 100%라고 홍보하고 있다. 쉽게 이야기하면 지속적으로 벌채를 하고 조림을 하는 것이 탄소흡수원으로는 가장 좋다는 것이다.

우리나라도 전국의 산림이 4~5영급으로 영급구조를 개선할 필요성이 있다. 산림과학원의 자료에 의하면 우리나라의 산림이 '20년 39백만톤 정도 흡수하지만 영급구조를 개선하지 못하면 '50년에는 1/8수준의 5백만톤으로 줄어든다고 한다. 이러한 연구결과를 본다면 탄소흡수원의 인정 국제룰을 이해하고 국민들에게 적극적으로 홍보할 필요성이 있다. 일본은 벌채와 조림을 하고 20년 이후 반드시 간벌을 실시해야 흡수량으로 인정받을 수 있다. 간벌사업으로 수원함양, 토사유출방지, 생물다양성을 확보할 수 있다는 것이다. 산림 내 빛이 들어오고 하층식생이 회복하는 과정이 탄소흡수원으로 인증받는 논리이다.

이러한 흡수원의 사업을 하기 위해서는 경제성이 있어야 한다. 최소한 30ha정도는 규모화되어야 효율적인 작업도를 개설하고 임업기계를 투입할 수 있다는 것이다. '11년 일본의 산림법을 개정하여 산림경영을 위한 집약화의 중요성을 감안하여 국고를 지원한다는 것이다. 또한 '18 산림경영관리법에서는 산주의 의무를 강화하고, 지자체의 권한을 강화하여 연락두절된 부동의 산주를 대상으로 지자체는 강제적 대행이 가능하도록 한 점이다. 이러한 강제적 대행을 위해서는 세부적인 경영계획과 집약화 제안서, 간벌 사업계획이 탄탄하게 만들어져야 한다. 일본은 기본계획 수립을 통하여 산림소유자 합의를 도출하는 자료로 활용했다. 계획에는 설명회 개최 결과, 호별 방문, 표본조사를 통한 경제성 분석자료 등이 포함되었다. 그런데 중요한 것은 이러한 기본계획을 수립하는데 산주동의의 합의가 없어도 용역비를 국비로 지급해준다는 것이다. 기본계획을 수립한 후 실시설계 단계에서도 비용을 지원해준다. 산림의 현황조사와 경계확인 작업 등이 포함되는 설계서의 작성비용을 지급한다는 것이다. 또한 작업로의 보수비도 지원한다. 개설비는 국고지원하고 유지관리비까지도 지원을 한다. 우리나라에서도 산주의 동의서 징구와 경영대상지 규모화에 예산투입이 필요하다.

일본은 이러한 작업의 수행을 위하여 지자체에서 인력양성 지원사업을 한다. 산림경영임지를 집약화하는 계획사, 지역의 산림정비를 총괄하는 산림종합감리사의 기술자력을 양성하고 지원하는 것이다. '96년 임업노동력 확보 촉진에 관한 법률에 의거 광역자치단체에 임업노동력확보지원센터를

'23 일본 마나와시 산림바이오매스 수집 전경

설치하고 조합과 기업 등을 선정하여 집중지원하고 있다. 일하면서 양성하는 제도인 것이다. 또한 도시출신의 인력을 특별 연수하는 고용제를 통하여 지원하고 있다.

사업량을 늘려 목표를 정하였으나 중요한 것은 예산확보이다. '95년 녹색기금에 의한 산림정비촉진법이 마련되어 국민모금을 했다. 국비의 증액도 2배 이상 늘렸으며 지방세도 늘렸다. 산림환경세를 통하여 일본 인구의 1/2에 해당하는 국민이 6,000억원/년 세수를 확보하고 있는 것이다. 일본은 10년 전부터 국내 산림자원을 이용하여 탄소흡수원사업을할 수 있도록 제도를 만들고, 기금을 확보하고, 인력을 양성했다는 것이다. 우리나라는 늦었다. 그러나 미래 후세대를 위하여 지금부터라도 변화를 기대한다.

7. 소나무재선충병 피해목의 바이오매스 활용과 이용

(소나무재선충병 방제는 예산이 중요하다.)

소나무재선충병은 1988년 10월 부산 금정산에서 첫 발생되어 현재 전국의 116개 시 · 군 · 구에서 피해가 발생되고 있다. 효과적인 방제와 예산의 확보를 위해 2005년 '소나무재선충병 방제특별법'이 제정되었으며, 그에 따라 산림청에서 소나무류반출금지구역을 지정하여 관리하고 있는 면적이 3백만ha 정도이다. 전국의 소나무 지역에 산림경영대상지에는 거의 병이 확산되어 있다. 1989년 이후부터 2019년 10월까지 9천억원이라는 엄청난 방제예산이 투입되었다. 방제에 투입된 인원만 8,522,735명으로 많은 작업단원이 방제현장에 있었다.

2020년 방제성과 연구에서 각 연도별 사업비 정보가 기입되어 있는 시 · 군 · 구를 대상으로 방제예산에 따른 피해본수 증 · 감 상관관계를 분

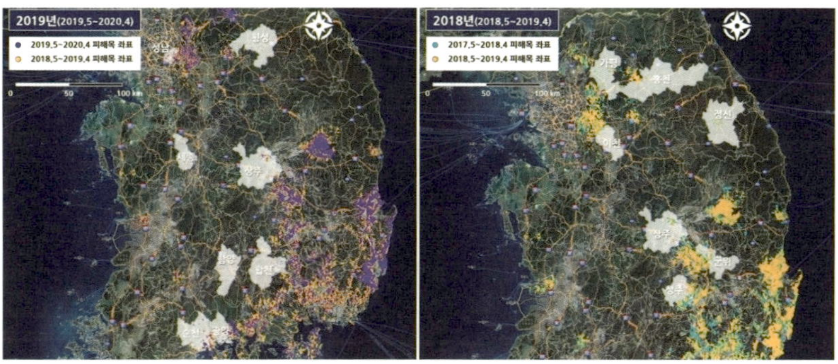

'19년 방제예산 감소 및 피해 증가 지역

석하였다. 그 결과 대부분 지역은 예산 투입효과로 피해본수가 감소한 것으로 나타났으며, 예산 감소가 되었지만 전년도 방제효과를 유지하며 피해본수도 감소한 것으로 나타났다. 방제행정, 방제기술, 방제인력이 부족한 방제예산을 뒷받침했기 때문에 이 정도의 성과를 낸 것이다. 그러나 반대로 예산감소 후 피해본수가 증가한 지역을 파악한 결과 2018년 7개 지역, 2019년 8개 지역이 확인되었다.

2018년 예산이 감소하면서 피해본수가 증가한 지역은 정선군, 홍천군, 가평군, 이천시, 군위군, 상주시, 성주군 7개 지역이며, 이 중 성주군이 전년대비 1,062본이 증가하면서 가장 큰 증가량을 나타내었다. 그 다음으로 군위군, 홍천군 순으로 많은 증가량을 보였다. 성주군의 경우 사업비는 7.5% 감소하였으나 피해본수가 1천본 이상으로 43.6%가 증가하였고, 군위군은 피해본수가 비율로 봤을 때 가장 많이 증가하였으며, 이는 사업비가 11.4% 감소한 결과로 보인다. 정선군, 가평군 또한 전년대비 사업비가 각 70%, 50%가량 감소하였으며, 피해본수가 60% 이상 증가하는 결과를 보였다. 연구결과를 통해 파악된 정선군, 홍천군, 가평군, 이천시, 군위군, 상주시, 성주군 7개 지역은 모두 국가선단지에 해당하는 광역권역의 외곽지역으로 중요한 거점들이다.

2019년 예산이 감소하면서 피해본수가 증가한 지역은 횡성군, 성남시, 함양군, 합천군, 상주시, 광양시, 순천시, 세종시 8개 지역이다. 이 중 순천시가 전년대비 2,192본이 증가하면서 가장 큰 증가량을 보였고 광양시, 합천군 순으로 많은 증가량을 보였다. 순천시와 광양시는 사업비가 감소하면서 피해본수가 1천본 이상 증가하여 피해가 확산된 것으로 보인다. 상주시는 2018년에 이어 적은 양이긴 하나 2년 연속으로 사업비 감소와 함께 피해본수가 누적으로 증가하는 결과를 초래하였다. 합천군의 비율로 봤을 때 전년대비 사업비가 71.4%로 8개 지역 중 가장 많이 감소하였으며, 피해본수가 187.7% 증가로 피해량이 가장 많이 증가하여 인접 지역인 경북 고령, 창녕의 방제에도 영향을 주게 되었다. 광양시는 전년대비 사업비가 21.4% 감소하면서 피해본수는 58.9% 증가하였고, 순천시는 전년대비 사업비가 46.8% 감소하면서 피해본수는 118.6%로 2배 이상 증가하였다.

연구결과로 보면 일반적으로 대부분 시 · 군 · 구는 다년간 방제사업을 진행하면서 피해본수가 감소하고 있어, 예산 투입효과가 있는 것으로 나타났다. 기존 피해가 많았던 지역들은 방제예산이 감소하였음에도 지속적으로 피해가 감소하는 것으로 보이지만 피해가 경미한 지역 일부는 방제 예산

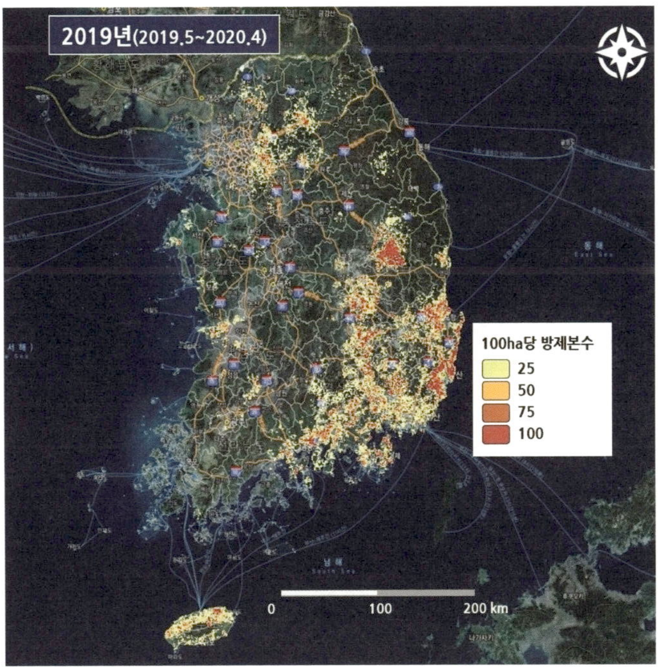

'19년 방제를 통한 100ha 방제본수 지도

이 감소하면서 오히려 피해가 더 증가하게 된 것으로 볼 수 있었다. 방제예산 투입은 피해 본수와 밀접한 관계가 있지만, 피해본수가 적어도 소나무재선충병 확산 선단지에 있다면 적극적으로 예산을 투입해야 한다는 것이다. 지금의 예산 배정은 피해본수만 기준으로 하고 있어 예산이 투입된 집중발생지의 피해본수는 줄고 있지만, 상대적으로 피해본수가 적어 예산 투입이 적은 선단지의 피해본수와 발생면적은 증가하고 있는 것이다. 지속적으로 방제예산 투입되고 있지만 소나무재선충병이 종식되지 않는 이유라고 볼 수 있다. 죽어가는 나무는 감소하지만 죽어가는 나무가 분포하는 면적은 확대되고 있는 것이다. 소나무재선충병 확산 방지를 위해 100ha당 피해목이 25본인 지역의 방제가 중요하며, 이 지역의 방제예산은 피해본수로 산정하면 안된다는 것이다. 반드시 25본 주변의 잠재감염목과 피해예상목을 피해목으로 산정하여 예산을 확보해야 한다는 것이다. 물론 피해목이 100본인 피해지역도 예산을 줄이면 솔수염하늘소의 개체수를 줄이지 못하여 피해는 지속된다. 그래서 이 지역에도 예산을 줄일 수 없다. 특히 예산 투입효과가 상대적으로 떨어지는 선단구역을 관리하는 지자체는 예산이 부족하면 선단지 관리를 소홀히할 수밖에 없고, 그 선단지는 집중피해지가 반복되는 악순환을 끊을 수 없는 것이다.

소나무재선충병의 방제예산을 피해본수에만 한정하지 않고, 피해면적까지 고려해야 한다. 이런 상황에서 산림청이 예산당국을 설득하지 못한다면 지금까지 엄청난 국비를 투입한 것도 아무 효과가 없는 것이 되고 만다. 필자는 국회 예산처의 연구용역과 전국방제전략 등에서도 몇 차례 소나무재선충병 방제와 예산과의 관계를 이야기했다. 그러나 모두가 관심이 없는 듯하고 해결방법을 알면서도 모르는 척하고 있다.

'20 00시 예산 부족으로 피해목의 선목이 안된 현장

소나무재선충병 방제현장에서는 예산이 부족하여 피해목을 선목하지 못하는 일이 발생한다. 사업축소 설계와 시공을 하고 있는 것이다. 현장에 적합하지 않는 피해목의 정보입력시스템 QR코드 도입으로 사업이 효율적이지 못하고 현장의 기술자는 부족한 사업비 때문에 기술자의 양심을 파는 일을 하고 있는 것이다.

많은 연구결과와 일본의 경우를 봤을 때 국민의 관심이 식어가고 방제예산이 줄면, 결국 소나무는 사라진다는 것이 진리이다. 이제라도 소나무재선충병을 관리하고 종식시킬 수 있는 적절한 예산 확보정책과 대면적 피해지의 사업비를 절약하고 피해목을 미이용 바이오매스로 활용할 수 있는 기술개발과 시행이 중요하다. 또한 피해목 바이오매스의 적극적 활용을 통하여 무너져가는 임산업의 활력을 불어 넣고 이에 따른 별도의 예산지원도 기대한다.

3장

기후위기시대 산림의 재해 대응

1. 기후위기시대 국정감사

(기후위기시대를 반영한 국정감사가 필요하다.)

2022년 10월 14일 산림청 등에 대한 국정감사가 세종시 국립세종수목원에서 열렸다. 올해 산림분야의 핵심 이슈는 벌채논란, 대형산불대응, 탄소흡수원확보, 소나무재선충병확산 대책, 직불제의 도입, 가리왕산복원 등이었으니 이러한 문제해결방안을 중심으로 심도있는 국감을 기대했었다. 그러나 기대가 큰 만큼 실망도 큰 국정감사였다. 별다른 문제의 지적과 그 문제에 대한 대책을 만들어내지 못했기 때문이다. 그나마 산지 개발 후 산지복구의 중요성과 관리책임을 요구한 것과 소나무재선충병의 방제의 중요성은 충분한 예산의 확보가 핵심이라는 질문 정도였다. 또한 목재자급률이 저조함을 질타하였으나 원인에 대한 질문과 산림청의 대책 설명은 옹색하고 일반적이었다. 질문과 대답 둘 다 현실에 접근하지 못했다. 이에 이번 국감에서 논의된 사안에 대한 필자의 의견을 제시하고자 한다.

1) 산림의 공익적 기능을 높여가기 위한 사유림 매수 사업이 정상적으로 진행되어야 한다.

몇 명의 의원이 사유림 매수 실적이 저조하다고 지적했고, 산림청 등은 “매수단가 현실화를 통해 사업을 개선해야 한다”고 했다. 질문과 답변을 보면 지금 사유림 매수제도는 정책적 방향성을 산림청이 명확히 제시해야 할 것 같다. 경영이 가능한 산지의 부재산주와 산림을 경영할 수 없는 산지를 매입하여 국가가 산림경영을 목적으로 할 것인가? 아님 보호림, 시업제한림, 공익산지 등을 매입하여 산주가 재산권을 행사하지 못하는 것을 매수하여 다수의 국민에게 이익을 주기 위해 반드시 필요한 산지를 매입할 것인가?에 대한 명확한 정책의 방향성이 필요하다.

지금 산림청은 후자의 일부 공익적 기능의 산지를 매입도 하지만 주로 전자의 경우로 현재 국유림 임지와 인접한 사유림을 매입하여 경영지를 확대하는 방향이 더 큰 것 같다. 국민들은 전자보다 후자에 대한 사유림을 매입하는 정책을 지지할 것 같다. 당장 사유지라서 많은 국민들이 마음껏 이용하지 못하는 사례가 더 많을 것 같기 때문이다. 그러나 둘 다 쉽지 않다. 공익용산지 매입은 도시지역이거나 오랫동안 재산권 침해를 받은 보호림으로, 현재의 매수 단가로는 엄두도 못낸다. 이미 공시지가가 높고 개발여지와 제한법률이 완화되고 있어, 산림청이 매수하기에는 어려운 것이다. 생태와 경관적으로 보호가 필요한 산지는 공시지가가 낮게 책정되어 있어 매입이 어렵다. 예로 제주의 곶자왈 매입 같은 경우, 산림청의 단독 매입으로는 어렵다. 타 부처와의 협력이 필요한 사업이다.

또한 산림경영지의 확대를 위한 사유림의 매수도 쉽지 않다. 이제 산주들이 산림경영에 관심을 가지기 시작했고 직불제 수급기대, 탄소흡수원가치, 소득작물재배 가능성, 휴양 수요 등의 요인들로 산지를 헐값에 팔지 않을 것이기 때문이다. 산림경영지의 확대를 위한 사유림의 매수가 여러 가지 이유로 어렵다면, 국유림 인접 산주들에게 국가와 공동사업을 제안하고 경영계획을 수립하여 경영 참여를 유도하는 방안으로 접근함이 타당하다. 그것으로 인해 산주는 자신보다 경영에 유리하고 효율적인 국가에게 경영을 맡길 수 밖에 없는 결과로 돌아올 것이다. 국민과 약속한 탄소흡수원 확보사업을 위해서는 사유림 매수사업은 현실적인 방안의 접목이 필요해 보인다.

2) 산림개발 뒤 복구작업에 손놓고 있는 상황도 지적받았다. "산림의 보전과 산림자원의 조성 · 육성 등 우리나라의 산림을 총체적으로 책임지고 관리해야할 기관이 산림청이지만 정작 산림개발 후 복구에 대해서는 관리감독을 제대로 하고 있지 않다고 질타했다."

아마 국감에서 골프장의 허가 건수가 늘고 태양광설치에 대한 재해, 대규모산지 전용지, 채석장 등을 감안한 내용일 것으로 이해한다. 허가한 지자체가 관리의 기관이 되어야 하고, 산지를 개발한 자가 관리의 주체가 되어야 한다. 그러나 아직 산지관리법에서는 산지개발 후 관리에 대한 의무사항이 없는 실정이다. 산지가 전용되거나 이용되는 경우, 여러 부처의 관련법이 관여한다. 사전재해영향성평가, 재해위험성검토, 산지복구계획서 등이다. 그러나 산지 개발의 인허가가 완료되고 공사가 착수되고 준공되면 집중 관리가 필요한 기간에 거의 모든 부처는 복구지의 관리와는 거리가 멀다. 단지 공사 마무리 단계에서 복구준공을 위한 복구설계승인제도와 감리의 선임이 유일한 제도이다. 일정규모 이상의 산지개발지에 대해서는 개발도중의 복구지 관리제도가 필요하다는 것이다. 그리고 복구 이후의 사후 관리제도의 도입도 필요하다.

산지의 개발 초기부터 준공까지 산지특성을 감안한 복구를 유도하고, 추후 관리에 안정성을 확보할 수 있는 복구설계서를 복구계획서로 대신하여 인허가시 제출하도록 하고, 감리를 즉시 선임하는 방안이 가장 효율적인 방안이다. 지금의 인허가 신청서에 포함된 재해위험성검토의견서나 산지복구계획서로는 복구지 관리에 도움이 되지 못하는 제도이기 때문이다.

3) 산림사업 계약 자료에 따르면 지난해 산림청 발주 계약금액 5281억원 중 81.7%(4314억원)가 수의계약으로 체결됐다. 이는 2017년 57.9%(3307억원) 대비 23.8%p 증가한 수치로 산림조합의 수의계약 독점을 질의했다.

이 건은 거의 매년 국정감사에서 나온 이야기이다. 여러 가지 이유가 있을 것이다. 수의계약건이 높은 것은 긴급을 요하는 사업이 있을것이고, 부득이 지역업체에게 공사를 수의계약으로 나누어 주기위해 쪼개어 하는 사업도 있을 것이다. 또한 사업 후 사후 관리를 원활하게 하기 위해서 산림조합에 사업을 주기도 했을 것이다. 아무리 문제를 국정감사에서 질의하더라도 해결되지 않는다. 국민권익위원회의 권고사항임에도 전혀 달라 질 것 같지는 않다. 원인은 산림사업을 공정하게 공개입찰을 요구하고 강제하는 법률이 없어서일 것이다. 다른 법에서 수의계약을 명시한 사항이 있는데 수의계약을 많이 한다고 질타해도 달라지지 않을 것이다.

또한 어떤 의원은 산림조합의 사업 확대를 위한 대책을 강구하라는 질의는 별 의미가 없어 보인다. 정말 부득이한 경우를 제외하면 산림사업은 공개 입찰을 해야 한다. 공개 입찰을 감안한 업체의 능력과 기술평가 제도를 도입하고 사업실적도 관리하여 산림사업 발주에 기초 자료로 이용해야 한다. 이러한 제도도 없이 공개 입찰만 하라고 한다면 소액으로 나누어 수의계약만 할 것이다.

이미 산림조합은 수의계약의 축소를 감안해서 위탁대행, 대리경영과 시범적으로 운영하는 관리위탁제도 등으로 산림사업의 발주기관이 되어 가고 있다. 산림조합은 산주를 위한 사업에 주력해야 한다. 그 대신 많은 산림사업법인의 살 길도 마련해주어야 한다. 사업영역 확대를 위한 산지복구지의 시공을 산림사업법인 등의 업역으로 만들어 주어야 한다. 산지관리법에 시공업역을 만들자는 것이다. 또한 산림사업법인의 등록조건을 타 분야와 동등하게 완화해야 하며 경쟁력을 확보해주어야 한다. 도시림, 휴양림 등의 사업에도 적극적으로 산림분야 업체의 참여와 시공 주체가 되도록 해주어야 한다. 큰 산림사업은 거의 타 분야의 토목건설업체에서 시행하고 있기 때문이다. 탄소중립 2050 계획의 원칙은 공정성이 기본이기 때문이다. 공정한 경쟁이 확장성이 있다.

4) 산림청의 '연도별 소나무재선충병 방제 및 예산 현황'자료에 따르면 2015년까지는 피해 고사목에 대해서만 방제작업이 진행됐고 2016년 부터 주변 소나무까지 방제 대상이 확대된 것으로 나타났다. 특히 2014년 이후 연평균 200만 그루 이상이 방제되고 있지만 방제 예산은 2017년 814억 4천400만원에서 지속적으로 감소하여 2022년 559억 6천만원으로 30% 이상 감소한 것으로 드러나기도 했다.

정확한 지적이다. "2022년 현재 발생한 고사목은 실제 얼마나 될까?" 국회의원들은 이러한 질문을 하지 않았다. '정확한 실태파악이 되었나?', '발표한 본수는 어떠한 근거로 만들어졌는지? 확산 원인이 뭔지?'를 따져보고 대책을 수립할 수 있도록 해야 한다. 그런데 예산부족 탓으로만 돌린다. '그럼 예산이 적어지게 된 이유와 책임은 누구한테 있는가?' 물어보고 싶다.

전국의 피해 실태가 심각하다. 남해안, 동해안, 경남, 경북, 강원, 경기, 전남 등 전국이 피해구역이다. 피해가 극심했던 2014년보다 2배, 3배 심각하다는 것이 전국 관련 전문가의 이야기이다. 많은 방송에서도 언급되었다. 그런데 산림청은 이 심각성에 대하여 모르는 듯하다. 답변 내용이 너무나 평이하다. 'QR코드로 관리를 철저히 하고 과학적 방제를 하였다', '사업품질을 높이겠다' 등이다. 2019년 이후 방심한 탓에 재선충병은 다시 몸집을 불리며 확산되었다. 예견된 확산이였다. 이제는 확산을 저지할 여력도 충분하지 않는 듯하다. 지자체들은 부족한 예산으로 점차 관심이 줄어들고 방제의지도 명분도 없어진 듯 하다. 방제인력과 기술업체도 점차 현장을 떠나고 기술자와 기능인의 자긍심은 바닥이다. 산림청은 피해본수 위주의 사업계획과 예산요구로 더 이상 예산을 늘릴 수 있는 명분을 잃었으며 국민들의 관심 또한 서서히 식고 있기 때문이다. 양치기 소년이 된 기분이다. 산림청은 피해확산과 선단지관리에 정책을 주안점을 두어야 했으나 본수 제거 실적만 챙겼다. 어느정도 피해본수가 줄면 피해면적을 관리하는 방제전략을 수립하고 예산을 요구했어야 했다. 그러나 대비하지 못했다. 피해본수가 줄어도 피해면적이 늘어난다면 방제성과로 보기에는 어렵다. 이러한 것이 국정감사에서 도출되고 방제를 위한 추가 예산확보로 가는 계기를 마련했어야 했다.

지금이라도 전국의 정확한 피해실태를 파악하고 방제계획을 수립해야 한다. 예산을 어떻게 추가로 받을지에 대한 고민도 해야 한다. 2019년도에 수립한 제1차 전국소나무재선충병방제 전략 연구용역 결과를 다시 검토해야 할 시기인 것이다. 소나무재선충병방제는 탄소 중립과 밀접한 관련성이 있다. 임업경영을 반출금지구역에서는 못하기 때문이다.

5) '우리나라 목재 자급률 현황' 자료에 따르면 2021년 기준 우리나라 목재 자급률은 2020년과 동일하게 15.9%이다. 우리나라 전체 면적 중 산림 면적은 629만ha로 62.7%를 차지하고 있다. 국토의 절반 이상을 산림이 차지하고 있지만, 목재 자급률은 독일, 일본 등 해외 주요국가에 비해 낮은 수치다. 일본의 경우 2000년대 정부 주도의 목재 자급률 정책으로 2017년 기준 36.2%에서 2020년 41.8%까지 자급률을 높였다. 왜 한국은 항상 자급률은 높이지 못하고 미이용 바이오매스에 원목이 불법사용되는 등 수급의 차질이 생기는지에 대한 대책을 요구했다.

일본은 10년간 엄청난 법률정비 등으로 산에서 나무를 내려오게 하고 산업화를 이루어 가는 중이다. 산림자원을 이용한 르네상스…. 일본의 이야기이다. 우리나라 산에서는 나무가 내려오지 못하고 있다. 아니 내려올 수가 없다. 전국이 거의 소나무재선충병의 반출금지구역이다. 이 상황에서는 벌채와 간벌 사업이 어렵다. 환경단체의 벌채논란으로 더욱 벌채는 어렵다. 간벌재의 산물수집은 더욱 어렵다. 임도도 부족하고 한국형 수집기계도 현장에는 없다. 임업기계는 국유림관리소와 산림조합 창고에서 이용도 거의 못하고 잠자고 있다. 창고의 기계도 사실은 노후화되거나 고장나서 우리 산림작업의 용도에 맞지 않다. 최근 미이용 바이오매스로 사용가능한 숲가꾸기기사업은 산물이 수집되지 않는 공익형 사업이 많다.

그리고 숲가꾸기사업은 목표도 모호하고 기술이 반영되지 않는 사업이다. 결국 목재수확을 통한 자급률을 높이는 일과는 거리가 멀고 산업화와는 더욱 거리가 멀다. 목재 자급률을 높이기 위해서는 국유림만으로는 안된다. 국유림은 목재수확의 계획을 맞추려고 지금까지 너무 과벌이 되었다고 볼 수 있다. 국유림은 대경재로 키워야 하는 명분도 잃어가고 있는 것이다. 사유림에서 나무가 내려올 수 있도록 사유림에 대한 과감한 벌채계획(규모화하는 기본계획)의 수립을 국가, 지자체에서 지원해주어야 한다. 그 계획에서 환경, 주민, 재해 등에 검토가 될 수 있도록 해야 한다. 그리고 기반시설과 운송에 대한 경비를 지원해주어야 한다. 그래야 산에서 나무가 내려온다.

바이오매스의 물량을 확보하기 위해선 전국적으로 확산된 소나무재선충병을 단목 위주의 벌목을 중단하고 작업장 개발을 통한 임업적방제로 확대하면서 재선충병확산을 차단하고 피해목을 전량 수집해야한다. 그래야 미래가 있고 지속가능한 산림의 경영이 가능하다. 지금 REC(신재생에너지공급인증서) 가중치를 받고 부산물의 가격이 높을 때 지체 없이 재선충병 방제와 위생간벌, 벌채를 하고 갱신조림을 해야 한다. 그리고 공익임지 중에서 사찰림은 사찰과 협의를 거쳐 경영이 가능한 지역은 벌채를 하는 방안도 고려되어야 한다. 벌기령이 지나 숲이 쇠퇴하고 있는 사찰림이 많고 우량의 목재생산이 가능한 지역도 많기 때문이다. 특히 사찰림을 거의 전부 공익용산지로 분류하여 실제 사찰에서 산림경영을 하고 싶어도 쉽게할 수 없는 구조라 조계종과 산림청이 협력을 통해 탄소중립시대에 동참할 수 있도록 해야 한다.

6) 사태원인조사단은 전체 피해의 61%가 몰린 상위 4곳 지역에 대한 원인 조사는 실시하지 않았다. 무작위로 5위 횡성군, 14위 성남시에 대해 현장조사를 진행했다. 특히 폭우 피해가 극심했던 경기도 광주시의 경우 6명의 인명피해가 발생하고 513명의 이재민이 생겼으며 63.6㏊의 농경지가 침수되는 등 경기도 시 · 군 중에서도 피해가 컸음에도 산사태

원인조사는 없었다.

제11호 태풍은 많은 지역에 피해를 입혔다. 경기도 광주시의 6명의 인명 피해는 사실 산사태와 토석류에 의한 피해는 아닌 것으로 안다. 오해의 소지가 있어 명확히 밝혀둔다. 산사태가 발생하면 원인조사는 중요하다. 자연사면의 붕괴인지?, 배수로의 문제인지? 인위적 개발행위에 의해 발생한 것인지? 왜 예방책은 없었는지? 산사태취약지역으로 지정된 지역인지? 등을 반드시 체크해야 한다. 원인 진단반에 산림의 전반적인 사업을 이해하는 전문가의 참여가 반드시 필요한 이유이다. 산사태취약지역의 선정과 예방사업의 프로세스를 이해하고 산지에서 이루어지는 임도, 사방, 벌채 등의 전반적 임업적 지식이 있어야 원인의 진단이 정확하고 신속하다. 우면산 산사태 이후 산사태에 대한 원인진단에 대한 중요성과 관심이 높다. 심지어 발생 후 피해범위와 원인에 따라 책임과 법적인 의무를 져야 하기 때문에 중요하다. 그 당시 산림분야의 진단을 믿지 못하는 사태가 발생했고 산림분야의 학회, 협회 등에서 난처한 상황을 겪었다. 원인 진단반의 참여자의 구성이 그래서 중요하다. 산림분야의 산사태전문가, 지반, 토질분야 전문가로 구성하는 것이 일반적인 사례이다. 지금은 치산협회에서 주로 협회 전문위원들과 같이 하는 것으로 알고 있다. 그러나 대규모 산사태 사건이 벌어지고 인명과 재산의 피해규모가 큰 지역은 원인조사가 더 중요해지고 신뢰성과 공정성을 입증받아야 한다. 그래서 민간에서 주도하는 원인진단반의 구성이 중요하다 할 것이다.

원인조사는 원인 유발 요소를 잘 찾아야 한다. 무조건 강우량이 많아서 피해가 났다는 것은 이제 국민은 믿지 않는다. '많은 강우로 어디에서 산사태가 기작하고 연쇄 발생하여 큰 산사태로 연결되었는지' 명확히 언급되어져야 한다. 지금처럼 배수체계가 잘못되어도, 사면 비탈의 문제가 발생해도, 인위적 훼손의 발생문제 등을 무조건 많은 강우로 묻어 버리는 일은 없어야 한다. 정확한 원인 진단만이 정확한 예방사업을할 수 있기 때문이다. 또한 원인진단 결과를 오픈하여 데이터화하고, 추후 예방사업에 사용할 수 있어야 하기 때문이다. 이번 경기도 지역의 피해는 직접적인 산사태 원인으로 인명피해가 발생한 것은 아니지만, 아직 산자락 다가구주택 등은 집중 호우 시 산지의 유수를 배출시킬 방법이 없는 지역이 많다. 그 지역은 상류의 사방사업이 필요하다. 장비가 들어갈 수 없어 못한다는 말은 이제 안된다. 헬기, 가선 등을 동원하더라도 예방사업을 해야한다. 앞으로 강우의 강도는 더욱 높을 것이며 강수량 또한 많아질 것이다. 원인조사와 병행하여 피해지 주변의 주택지와 계곡부의 토석류을 감안한 홍수위에 가옥, 시설물에 대한 안전을 담보로 하는 예방시설의 진단이 더욱 중요한 이유이다. 기후위기시대에는 안전한 곳은 없다. 산림의 관리만이 산림재해를 저감할 수 있다.

2. 기후위기시대 산림재난방지법의 제정

(산림재난방지법 제정을 앞두고)

2022년 12월 국회에서는 「산림재난방지법 제정안」이 발의되었다. 최근 기후위기에 따른 기상이변으로 산불 · 산사태 · 산림병해충과 같은 산림재난이 대형화되어 가고 있어 체계적으로 산림재해를 관리하고자 하는 법안이다. 산림재해통합관리의 필요성은 과거에도 지속적으로 거론되었다. 2017년도 동해안 대형산불과 우면산 산사태 등으로 산림재해분야를 소방분야, 건설토목분야로 이관을 요구하는 목소리가 높았다. 그 대안으로 산림분야에서는 산림재해통합관리를 기술분야 전문가들이 주축이 되어 국회 토론회 및 간담회를 개최하고 이슈화했다. 그 당시는 산림재해를 통합관리에 따른 효율성과 산림분야기술을 무력화시키려는 외풍에 대한 대응 방법으로 제안한 제도였다.

그 제도 도입의 취지는 산림보호법, 사방사업법, 산지관리법, 소나무재선충병특별법 등 각각의 법률에서 산림재해를 규정함으로 인해 재해예방 및 관리의 일관성 부족과 전문성을 유지하기 어려워 별도의 법률로 통합관리하자는 것이었다. 재해는 국가에서 통합관리 및 재해관리 시스템을 구축하고, 산림기술의 고도화를 위한 기술응용 능력을 갖춘 전문가를 양성하자는 것이 주된 내용이었다. 또한 소나무재선충병 방제사업비의 확보와 산림이 일시에 소멸되는 부작용을 방지하기 위하여 병해충도 산림재해에 포함시키고, 산지전용지와 같은 대단위 개발지와 민북지역 위험지에 대한 대응도 산림재해에 포함시키자는 내용이 포함되어 있었다. 그 후 대단위 산림재해가 발생하지 않아 흐지부지되고 말았다. 그래서 늦었지만 산림재난방지법의 탄생을 환영한다.

제시된 법안과 향후 만들어질 하위법령에서 고려해야 할 사항들을 몇 가지 언급해보고자 한다.

'17년 산림재해 통합의 필요성 토론회

먼저 최근 이 법안을 두고 해당 단체들의 의견 조회가 있었다. 00협회에서는 건설분야의 참여를 요구한 것으로 안다. 해당 요구는 산림분야 기술업체 등에서 수용하기 어려운 사항이다. 산림재난방지법에 포함된 사업들은 바탕부터 산림사업이고 사업별 연계성도 명확히 있다. 또한 산림분야를 건설분야에 종속시키는 결과를 초래할 것은 불 보듯이 뻔하다. 그래서 요구사항을 수용할 수 없다. 산림재난 관련 사업을 실행하기 위해서는 건설, 토목분야 등의 기술을 일부 가져와야 할 필요성을 인정하고, 그에 따른 협력도 있어야 한다고 생각한다. 그러나 산림기술분야가 책임업체로 사업을 주도하고 필요에 따라 타 분야 기술의 참여를 보장하는 시스템이 현실적으로 적합할 것이다. 예를 들면 사방사업에 포함된 대규모 땅밀림사업에서 기본설계에 토질, 토목분야 등을 참여시키고, 산림복원사업에 조경, 환경분야 등의 세부과제 기술자를 참여시키자는 것이다.

두 번째로 산림재난사업은 산림분야의 여러 기술들이 복합적으로 적용되어야 풀 수 있는 분야이다. 산림경영, 공학, 생태, 환경, 토양, 병해충 등 복잡

'18 경주 국도 땅밀림 현장

한 연관 기술을 적용할 수 있도록 기본설계 제도가 강제되어야 한다. 또한 기본설계는 재난사업이고 그 중요성과 신속성 등을 고려하면 최고의 기술 인력을 보유한 업체로 하는 것이 타당하다. 이와 관련한 재난 사업별 기본 설계 작성 매뉴얼도 필요해 보인다. 산림기술법에서 정한 기본설계에 포함될 항목만으로는 사업의 중요성을 감안하면 보완이 필요해 보인다.

세 번째로 사업범위에 대한 깊은 고찰이 필요하다. 산사태, 산불, 산림병해충 등으로 한정할 것이 아니라, 대단위 산지전용지와 민북지역의 훼손지 복구 등으로 확장하는 것이 검토되어야 한다. 산지전용지의 재해예방 등의 업무는 산지 개발자가 재난방지 의무를 가진다. 하지만 기후변화에 따른 자연적 요소로 인한 대규모 피해가 발생할 것을 감안하면 그냥 놔둘 수 없는 문제이다. 특히 산지전용지는 생활권에 인접해 있어 재해 발생 시 대규모의 피해로 발전하게 된다. 또한 민북지역은 생각보다 산림재해관리의 사각지대이다. 필자가 민북지역의 위험지를 연구한 결과 장병들이 이용하는 내무반과 근무를 위하여 이동하는 동선에는 재해 위험요소가 너무 많았으나, 장병들은 위험요소의 파악과 대응에 미흡하다는 것이다. 특히 휴전선 전산화사업과 작전도로 개설로 인한 2차 피해가 우려되는 곳은 장기간에 걸쳐 지속적으로 예산과 기술이 투입되어야 하는 것으로 판단되었다. 특히 북한구역이거나 유엔에서 관장하는 유역에 대한 토석류는 우리가 직접 관리하지 못하기 때문에 장기

'22 영덕산불지와 '18 제주도 재선충병 피해목 처리장

적으로 예방사업이 필요한 것이다. 그래서 산림재난방지법에 넣어야 하는 이유이다. 그러나 법안에서 산림재난을 산불, 산사태 및 산림병해충으로 한정하여 하위법령에 다른 범위를 정하기는 어려워 보인다. 보완책이 검토되어야 한다.

네 번째로 산불이 발생하면 산사태 위험이 높고 소나무재선충병 발생도 높아지는 결과를 초래한다. 소나무재선충병 지역에서도 산림의 일시적 소멸로 산사태 발생이 높아진다. 재난 발생의 원인별로 산불, 산사태, 병해충은 분명 연관성이 있다. 그러나 제시된 법에서는 연관성에 대한 통합관리를할 수 있어야 함에도 불구하고, 재난별 각각의 기본계획을 수립할 수 있도록 예외 조항을 두어 현실적으로 통합관리가 가능할지 의문이 든다. 또한 산림재난방지법에서 병해충사업만 설계 · 감리자를 언급하였고, 산불과 산사태는 사업실행 주체를 정하지 못했다. 이 법에서 명시하지 못한다면 산림기술법을 개정하여 사업을할 수 있는 자격자와 업체를 명시하는 것도 좋은 방법으로 생각된다. 현재 법안에는 산림재난 위험도 평가와 위험지도의 위험등급 결정에 현장 조사와 기술을 반영하기 어려운 구조이다. 다행히 시행령에서 평가 방법과 내용을 정하게 되어 있어 현장 기술의 반영 여지를 남겨두었다.

다섯 번째로 산림재해는 산주의 권익과 밀접한 관계가 있다. 지금의 산림재난방지법에서는 산불, 산사태, 병해충에 피해를 입어도 모든 것을 보상한다는 내용은 없다. 그럼 지금의 산림보호법의 적용을 받는 것과 다르지 않다. 산림재난방지법이 제정되면 모든 국민은 국가가 국가의 예산으로 산림재해를 관리하겠다는 취지로 받아들일 것이고, 산림재해 예방의 확보와 관리가 체계적으로 이루어질 것이다. 산에 불이 나도, 토사가 무너져도, 나무가 병으로 죽어도 국민들은 국가의 책임으로 생각할 것이다.

그러나 산주는 지금보다 더 강한 규제를 받는다고 생각하게 되고, 산림경영에 대한 의지가 더욱 위축될 수 밖에 없을 것이다. 그러므로 산주를 위해서는 자연 발생한 산림재해의 피해보상 규정의 근거를 이 법에서 세부적으로 만들어야 한다는 것이다. 일부 재난 우려지의 경우 산지의 교환·매수제도와 공제회 가입 권유를할 수 있도록 되어 있으나 보상제도는 부족하다. 그리고 재난의 발생 원인이 산주의 불법 행위와 관련성이 없다면, 산주는 산림경영과 산림이용에 대한 행위를 제한받지 않아야 한다. 이 법에서 산불피해지는 피해목 벌목과 조림, 조림지 관리를 산주에게 어떻게 해 줄 것인지를 명시하고, 산사태지역은 사방사업으로 위험성이 없어지면 즉시 재산권의 침해가 발생되지 않도록 위험지를 해제해 주어야 하며, 병해충지역은 벌목을 쉽게할 수 있도록 근거를 명시해야 한다는 것이다.

마지막으로 산림재난방지법은 산림재난안전기술공단의 설립을 명시하였다. 필자는 지속적으로 산림재해는 국가가 직접 관리해야 한다고 생각하는 사람 중에 하나이다. 그래서 전국의 지방청을 산림재해관리 기관으로 활용하자는 방안을 2017년 당시 산림재해 정책 토론회에서 제시했다. 국유림관리소는 국유림에 대한 산림경영을 전담하고 지방청은 산림재해를 통합적으로 관리하자는 것이었다. 현재 각각의 산림재해를 한국산불방지기술협회, 한국치산기술협회, 한국임업진흥원에서 정책과 기술을 지원하고 있어 통합할 필요성이 있어 보인다. 그런데 걱정이 앞선다. 재난과 관련된 모든 기관의 명칭에서 '기술'이라는 단어를 사용하고 있다. 기관 설립 당시에도 논란이 많았다. 산림기술분야의 기술자들은 국가기술자격법, 엔지니어링진흥법, 건설기술법, 기술사법, 산림기술법에 의해 전문분야의 기술을 사용할 수 있는 영역에만 '기술'이라는 단어를 사용하기를 바라고 있기 때문이다. 산림재난안전기술공단의 경우에도 업무의 영역에 조사, 평가 등이 산림기술분야의 용역업과 중복성이 있어 걱정이 앞선다. 아마 공단은 엔지니어링 업체 등록을 해야 하는 상황이 발생할 수 있다. 산림재난방지법이 만들어지는 계기로 기술분야의 업역 및 체계 정리도 함께 이루어졌으면 하는 바람이다. 또 하나의 걱정은 조림, 숲가꾸기 등 산림경영분야는 산림조합의 관리위탁제도로 기술시장에서 또 하나의 관리기관이 생기게 되고, 사방, 임도 등 산림공학분야는 공단이 만들어져 기술자들에게 또 하나의 관리기관으로만 존재할까 걱정인 것이다. 부디 서로의 역할을 존중하고 상생하는 법안과 하위법령이 만들어져야 할 것이다.

3. 기후위기시대 산사태의 대응

(이제 어디라도 안전하지 못하다.)

작년과 올해는 장마라는 개념이 없어진 듯하다. 지금까지 대규모 산사태는 태풍을 동반한 강우가 주요 원인이었다. 산사태 피해 통계에서 보면 '77년 앤디, '79년 어빙, '87 셀마, '98 예니 등의 주요 피해는 태풍을 동반한 강우에 의한 것이었다. 그러나 2022년 강남의 물난리, 경기도 광주시 산사태는 태풍과 관계없이 7월에 발생했다. 올해 백두대간 자락의 경북지역 산사태도 장마기간에 발생했다. 강우강도와 누적강우량이 평년과 비교되지 않을 정도로 집중호우가 내리고 있다. 6월 30일 발생한 영주시 산사태가 수습되지도 않았는데, 7월 23일에는 예천, 문경에서 산사태로 25명이 사망하고 2명이 실종되었다. 이 모든 상황을 고려할 때 기후위기에 의한 기상이변이라고밖에 볼 수 없는 실정이다.

이런 기상이변에 따른 산림재해를 왜 지금까지 준비하지 않았는지 많은 언론에서 질타가 쏟아지고 있다. 그 중 산사태취약지구에 관한 사항이 가장 많다. 예천, 문경 지역의 산사태발생지역 14개소 중 취약지구로 지정된 지역은 1개소로 산사태관리지역 밖에서 일어났기 때문이다. 다음으로 산사태에 대비한 주민대피에 관한 불만이 많다. 인명사고와 직결된 너무나 중요한 사안이다. 예천지역에서는 인명피해가 심하다. 그래서 대피체계에 대한 현장의 목소리가 높다. 피해 산지는 사유림이고 사방사업이 안된 지역이었다. 취약지구를 지정하지 않았으니 사방사업을 하지 않았을 것이다. 그러니 산

'23 경북 봉화 학산리 산사태 현장

사태 위험을 알리는 시스템은 부실했을 것이고 거주 인구가 많지 않고 취약지구가 아니었으므로 체계적인 대피훈련 또한 못했을 것이다. 또한 거주자는 거의 거동이 자유롭지 못한 노인층이었을 것이다. 산사태 발생에 대비한 새로운 대피체계의 방안이 마련되어야 하는 이유이다. 이제 우리나라 어디에서도 기후변화에 의한 산사태에 안전한 곳은 없다.

마지막으로 산지 아래 마을의 산사태 예방사업이 절실하다. 이번에 큰 피해를 입은 대상지의 공통점은 마을을 관통하는 계곡부의 유목과 토석류의 피해이다. 산촌마을 앞 계곡은 자연형 계곡에서 콘크리트로 만들어진 U자형 긴 인공수로로 바뀌었다. 이것은 토석류와 유목 피해에 취약한 구조이다.

그러다 보니 마을과 농경지는 직접적인 피해를 입었다. 산지에서 시작하여 농지 좌우 침식을 방지하고 유로를 확보하여 유속을 감속하는 야계사방사업으로 마을과 농경지의 직접적인 피해를 해소할 수 있다. 그러나 야계사방사업은 산주동의를 얻기 어렵고, 농경지에 편입되는 부지의 보상을 하지 못하여 현실적으로 거의 사업을 하지 못하고 있다. 사방사업으로 산지에서 잘 방어해도 야계사방을 하지 않는다면 마을과 농경지를 지나는 수로만으로는 토석류를 감당하지 못하는 것이다.

이번 경북지역의 산사태를 보면서 기후변화에 의한 강우를 감안한 대책은 반드시 필요해 보인다.

첫째로 산림청은 취약지구 지정에 관한 보완대책으로 관리 대상을 확대한다고 한다. 현행 산사태위험지도에서 1등급만 관리하였으나 전체 산림으로 확대하여 위험등급별 관리방안을 마련한다고 한다. 또한 산사태취약지역 외 산지개발지역을 상시 점검하여 사각지대가 없도록 하겠다는 것이다. 이러한 일들은 많은 시간과 각 부처의 협력과 정보의 공유가 필수적이다. 지금까지 본 현장에서는 쉬운 일이 아니다. 산지전용으로 주택, 도로, 과수원, 골프장이 생기면 그 주체들이 재해를 관리해야 한다. 기후위기시대에는 어느 선까지 행정당국이 재해를 관리할 것인지 경계가 불분명해지는 것이다. 사실 적용할 법도 불분명하다. 지금의 산림보호법으로는 확대해석하기 어렵다. 이런 문제점을 보완하기 위해 산지관리법에서는 산지재해위험성

검토라는 제도가 있다. 그러나 최근 타 분야 재해영향성평가와 중복되어, 거의 무명무실한 제도가 되었다. 전용되는 산지 경계 밖의 상류, 하류의 피해를 예상하여 복구설계에 반영하여야 하지만 거의 사장된 제도가 되었다. 이번에 피해가 큰 예천에는 과수원을 만들기 위해 산지를 개간하여 피해가 심한 사례가 있다. 산지와 과수원 경계에 수로를 만들었을 것이다. 당초 물은 산지 계곡에서 하천으로 분산되어 흘렀을 것이다. 그런데 과수원의 개발로 유속과 유량이 달라졌을 것이다. 피해를 유발하는 원인이 되는 것이다. 이러한 물 흐름의 교란에 대한 대비책을 세워서 과수원으로 전용을 허가해야 한다는 것이다.

큰 유역은 취약지구 지정으로 토석류의 피해에 대한 예방사방사업이 많이 이루어졌다. 국유림과 공유림의 경우 산주 동의 절차가 상대적으로 사유림에 비해 쉬워 취약지구가 많이 지정되었고 예방사방사업도 많이 이루어졌다. 그러나 기후위기시대에서는 어디에도 안전하지 못하고 아직도 미흡하다. 이번 예천, 문경, 영주 등에서는 허점이 드러난 것이다. 취약지구를 지정하기 위해 기존 자료를 기계적으로 분석하여 위험지를 찾는 현재의 방법

'23 예천군 벌방리 토석류 발생 상부, 하부 마을피해

은 개선되어야 한다. 산림청이 특정기관에 독점적으로 위탁하여 산사태, 토석류 위험지를 조사하고, 지자체는 민원이 접수된 곳만 반영하는 현재의 시스템으로는 영주, 봉화, 예천과 같은 산사태를 막을 수 없다. 위험지를 찾고 취약지구로 지정하여 관리하는 모든 절차를 시장군수가 직접할 수 있도록 해야 한다. 지금도 권한은 있지만 현실적으로 적극 참여하지 못하거나 세부관리에서 멀어져 있다. 지역의 특성을 잘 아는 공무원과 지역 전문가가 참여해야 효과가 클 것이다. 지역 전문가도 사방사업을 잘하는 전문가가 아닌 재해의 위험요소를 찾아내고 예방 및 대피체계를 이해하는 전문가여야 할 것이다. 지금의 기후위기시대는 지역주민과 토질, 지반, 수리, 산림, 토목구조 등의 전문가가 협력해야 재난을 예방할 수 있다. 많은 산지들이 개발되거나 이용되고 있다. 산림청이 취약지구 지정을 위한 새로운 정책방향을 제시할 때라고 생각한다.

두 번째로 대피에 관한 개선책이다. 산림청은 이번 경북의 산사태를 겪고 과학적 예보와 경보 체계운용과 주민강제대피명령제도를 도입한다고 한다. 과학적 예보와 경보시스템은 지질, 지형, 강우, 주민의 연령과 주거환경을 고려한다고 한다. 그러나 산림청의 독자적인 대피 시스템을 만들기엔 너무나 오랜 시간이 걸린다. 우리나라는 사회복지, 소방제도가 마을의 가옥과 거주자 중심으로 잘되어 있다. 그 제도와 연계하는 방안이 고려되어야 한다.

산림청이 대책으로 내어 놓은 주민강제대피명령제도를 도입하는 것은 예방책에 최선을 다하지 않고 대피하는 정책에만 주안점을 두는 것으로 보일 수 있다. '강제대피제도'는 현재의 대피매뉴얼이 완벽하게 작동하고 예방사방사업도 완료된 후 부득이한 경우 사용할 제도라고 생각한다. '강제'라는 단어에 거부감을 느낄 수 있다. 취약지구 지정과 대피매뉴얼의 허점이 나오는 이 시점에 강제대피제도의 도입은 국민들이 받아들이기 쉽지 않을 것이다. 현재의 제도를 보완하고 실효성을 감안한 추진을 먼저 해야 할 것이다. 이러한 대피제도를 보완하기 위하여 취약지구 지정을 위한 위험지조사와 대피체계는 동시에 실시하는 것을 고려해봐야 한다. 지역의 주체들이 위험지를 찾고 그 조사요원이 대피 체계까지 완벽하게 찾아야 한다. 예방구조물을 도저히 설치하지 못하거나 불가한 지역에서 위험요소가 '어떤 것'이니 '이러한 것'을 피하기 위해 '어디로' 대피하라고 구체적으로 제시해야 한다. 어디로만 대피하라는 문자와 방송은 별 의미가 없다.

현장의 많은 주민들은 비가 오면 위험요소가 어떤 것인지 모르고 대피소도 당연히 마을회관으로만 알고 있다. 무작정 마을 회관, 경로당, 학교로 대피하라는 것은 더 큰 피해를 가져올 수 있다. 이번 산사태를 보면 토석류는 마을 중앙부 계곡을 따라 내려왔고 마을회관, 경로당 등은 그 주변에 있었다. 대피장소 선정도 그 마을의 위험요소에 따라 달라져야 한다.

문경 수평리 토석류 피해의 경우 상류에 사방시설을 하였으나 사방시설이 이번 호우에 파괴되어 하류에 피해를 입혔다. 예방시설에서 설계한 강우빈도를 넘는 집중호우가 내렸다는 증거이다. 이 지역의 사방사업은 규모가 적어 토석류 통수단면적이 부족하여 2차 피해를 입었다. 사업비가 부족했을 수도 있다. 이러한 지역에서는 사방시설의 설치로 위험요소를 모두 해소했다고 생각하면 안된다. 사업을 시행한 행정당국에서도 사방사업의 미흡함을 주민에게 알리고 대피 체계에 더욱 신중하게 해야 한다.

셋째로 산지의 하류 마을과 농경지의 재해 위험에 대한 예방책의 수립이 중요하다. 토석류의 피해는 마을과 농경지에 직접적인 피해를 준다. 물론 피해 가옥과 농경지의 보상제도는 있지만 충분하지 않다. 마을과 농경지의 복

'23 문경 수평리 상류피해 및 하류사방사업지 피해전경

구를 위해서는 엄청난 예산과 노력이 필요하다.

복구사업으로 만들어지는 마을 계곡은 콘크리트와 큰돌을 사용하여 산촌 마을을 황폐화한다.

사전에 예방할 수 있다면 경제적, 문화적, 경관적 요소를 유지할 수 있다. 지금의 사방사업은 '계류복원'이라는 사업으로 거의 산속에 설치하고 일부 산지 유출부에 사업을 한다. 그러나 과거 '야계사방'은 산지를 지나 마을,

농경지까지 사방사업을 하였다. 지금도 그 야계사방을 한 마을은 피해가 거의 없고 경관도 살아 있다. 그러나 마을의 도시화로 계류를 덮어 주차장, 창고, 길로 이용하는 곳이 있다. 이것이 큰 재난을 일으키는 원인이다. 이러한 마을은 뒷산의 사방댐 사업이 필수적이다. 이번 피해에서 보면 이러한 곳에 사방댐사업이 없었다. 사실 사업을 하기에도 어렵다. 산주의 동의가 어렵고, 장비와 기계의 마을 진입도 어렵다. 이러한 여건을 감안하면 편입 토지보상과 주민설명회를 통한 야계사방사업의 부활이 필요한 시점이다. 산림청의 충분한 정책 노하우와 우수한 기술자들과 기능인도 이 사업을 하기에 충분하다. 타 부처 중앙부처간의 협력을 통한 농 · 산촌 지역의 재해 통합 사업을 시도할 때이다.

4. 기후위기시대 임도의 필요성과 재해예방

(임도 개설은 기본에 충실해야 한다.)

’23년 7월 15일 발생한 예천 동사리, 진평리 산사태의 시작은 임도에서 발생했다고 언론에 보도되었다. 6월 30일 영주시 장수면 성곡리에서도 임도가 산사태를 유발했다고 보도하고 있다. 주요 언론이 보도하는 내용을 보면 임도가 산사태의 주범으로 몰리고 있는 것이다. 제목도 아주 자극적이라 국민들은 임도정책에 엄청난 거부 반응을 보일 것으로 생각된다. 안타깝다 할 수 밖에 없다. 그러나 산림청은 별다른 대책을 내놓고 있지 못하는 것 같다. 그러나 기후위기를 대비해야 하는 이 시점에서 예천과 영주의 산사태는 임도의 새로운 방향제시를 요구하는 듯하다. 임도 없이는 탄소흡수원사업도, 벌채도, 산림소득 작물 재배도 못한다는 점에서 산림정책의 큰 딜레마로 작용할 것 같다.

KBS 예천 산사태 임도원인 7.21.

MBC 예천 임도. 벌목지에서 시작 7.31.

임도는 1984년 이후 개설되기 시작하여 '22년까지 24,929km에 달한다. 임도밀도는 3.6m/ha 정도이다. 임도의 구조개량사업은 15,558km 정도이다. 임업경영시대에 아직도 산주와 경영자는 임도가 부족하다고 말한다. 그런데 임도의 밀도를 임업선진국의 수치만큼 가기에는 너무 걸림돌이 많다. 이번 산사태가 발목을 잡을 것이다.

얼마 전 경북지역 산사태 발생의 원인과 대책이라는 안동 MBC토론회에서 사회자가 갑자기 임도가 산사태의 원인인 것처럼 질문을 했다. 당황했지만 설치기준을 지킨 임도는 오히려 산사태의 규모를 적게 하고, 산사태 예방을 위한 관리도로의 역할에 대해 설명하고 넘어간 적이 있다. 많은 사람들이 임도와 산사태의 연관성에 아주 밀접하다고 생각한다.

'13년도 홍천 두촌면, 이천 백사면, 춘천 동내면의 임도로 인한 산사태 언론보도로 전국에 임도 무용론이 대두되었다. 당시 임도 붕괴의 주요원인은 성토부의 무거운 돌쌓기와 종단기울기가 완만하여 노체의 물빠짐이 안되어 문제가 되었다. 그 후 임도 품셈의 개정을 통하여 임도와 산지재해의 연관성에 관여하는 모든 인자들을 수정하였다. 그러나 현장에서 신속하게 반영되지는 못했다. 기술자 교육이 미흡했기 때문이다. 임도의 재해에 대한 안정성을 확보하기 위해 '86년도 임도 개설사업비는 겨우 25백만원이었으나 '04년도 125백만원, '13년도 207백만원, 지금은 235백만원으로 사업비를 상승시켰다. 그러나 현장에서는 임도와 산사태, 토석류 피해의 방어책을 세우지 못하고 있는 현실이다. 지금도 임도가 산사태를 유발하는 주요 원인으로 '사업비 부족'을 이야기한다.

그러나 실제 임도가 원인이 되어 발생하는 산사태의 경우 사업비와 관련성이 없어 보인다. 성토부의 무거운 돌쌓기와 완만한 종단경사로 배수가 안되어 사고를 유발하는 것으로 사업비 부족과 인과관계가 없다는 것이다. 기본을 지키지 않고 정책의 변화에 기술이 따라가지 못하는 결과가 대부분일 것이다. 물론 사업비가 부족하여 사토를 처리하지 못하거나 재해 대응 사방 사업을 복합적으로 실행하지 못하여 발생할 수도 있다. 그러나 임도 주변에서 발생하는 산사태는 임도의 위치와 노선 선정기술이 부족한 이유가 클 것이다.

이제 기후위기로 인한 집중호우가 재해 대비를 하지 않은 임도를 가만두지 않을 것이다. 계속 임도로 인한 산사태는 발생할 것이고, 임도를 늘려야 하는 명분에 국민들이 반대할 것이다. 현시점에서 탄소중립을 위한 흡수원의 증진을 위해서 임도는 반드시 늘려야 한다. 또한 기후위기에 대응하는 산림의 관리와 재해 예방을 위해서는 반드시 임도가 필요하다. 이제는 임도로 인한 재해 발생에 종지부를 찍어야 할 때이다. 그러기 위해 우리는 무엇을 해야 할지 생각하는 계기가 되었으면 한다. 더 이상 임도로 인한 국민들

'23 예천 용문사 임내도로의 피해 전경

의 목숨과 재산의 피해를 입어서는 안되기에 지금의 대응 방안이 중요한 것이다.

먼저 '12년부터 기획과제로 연구된 임도보전사업의 정책을 도입할 필요성이 있다. 임도보전사업은 기존의 임도구조개량사업의 종료를 감안하여 임도재해부터 예방까지를 감안한 사업을 하려는 정책이었다. 당초의 구조개량사업은 노폭을 넓히고, 노면을 포장하고, 성토부에 석축을 쌓고, 사면을 피복하는 사업이었다. 여기에 목재의 장재를 운송하고 하류 민가의 피해를 최소화하기 위해 새로운 임도의 관리체계와 방안에 대한 연구결과가 '임도보전사업'이었다. 재해를 줄이기 위해 임도의 선형을 민가 보호에 우선하여 결정하고, 사토를 처리하며, 계곡임도를 최소화하여 임도 개설 후 2차 피해를 줄이는 방안의 임도 관리방법이다. 임도 물량을 늘이는 정책에서 임도를 이용하고 관리하는 측면이 강조된 사업이다. 그러나 시행되지 못했다. 지금 시점이 이러한 임도보전사업이 필요한 시기인 것이다.

둘째, 지금 시행하고 있는 임도구조개량사업의 문제점을 빨리 개선해야 한다. '06년, '07년 에위니아, '03년 매미태풍에 의해 전국의 임도가 산사태 피해를 입었다. 이후 기존 임도의 구조개량사업을 시행하게 되었다. 그러나 강우강도가 지속적으로 증가하고 있고, 년도별 임도 피해 현황도 '08년 이후 지속적으로 증가하여, 2012년도 75건 6,303백만원으로 발생하는 결과를 초래하였다. 이런 방법의 구조개량사업으로는 재해를 줄일 수 없다는 것이다. 배수관의 교체, 노면의 포장 및 쇄석 부설, 비탈면의 녹화로는 임도재해를 막을 수 없는 지경에 도달한 것이다. 또한 기후온난화, 집중호우에 의한 시간당 강우 강도는 80mm/h~100mm/h를 기록하는 지역이 많아져 구조물의 보강만으로는 한계점이 있음을 실감했다. 지금부터라도 구조개량사업을 재해예방사업 차원에서 설계하고 시공해야 한다. 재해에 위험한 임도의 순위를 조사하여 유역단위의 임도구조개량 사업을 시행해야 한다.

임도구조개량 사업이 태풍을 동반한 집중강우에 얼마나 취약한지 좋은 사례가 있다. '12년 태풍 산바는 강한 바람과 강우를 동반하여 거창, 성주, 고령, 김천 등의 임도 피해가 극심했다. 그 중 장거리 산복임도 노선인 김천 증산면의 임도를 조사한 적이 있다. 증산 임도는 15km로 시설되어 있고 구조개량사업을 시행한 지역임에도 시간당 80mm 강우에 임도 절토면이 붕괴, 배수관 유입구의 붕적토의 유송 등 거의 모든 임도 수계에서 피해가 발

'12년 김천증산 임도 계곡부 홍수위 상승에 의한 피해

'12년 김천 증산임도 성토면의 붕괴

생하였다. 산복임도임에도 능선부의 피해 개소수보다 계곡부 사면에서 피해 발생빈도가 높았고, 절토면의 피해가 성토면의 피해로 연결되는 사례가 많았다. 그 당시 피해임도의 세부적인 피해 유형을 조사한 바 ① 배수관 상류의 계곡부의 피해 ② 배수관의 막힘 피해 ③ 절토면의 붕괴에 따른 성토면의 붕괴 등이 다수였다. 또한 ④ 임도 계곡부의 홍수위가 높아짐에 따른 붕적토의 하류 이송으로 인한 피해가 극심했다. 이제는 이런 피해유형에 적극적으로 대비하는 공법과 예산의 반영이 필요한 것이다. 이러한 유형의 피해를 제어하는 정책과 기술이 핵심이여야 한다.

셋째, 임도의 하류 피해 및 재해취약지역의 지정을 위한 새로운 기본계획이 필요하다. 임도와 작업도, 임내 현황도로 등을 포함하여 시행해야 한다. 임내 현황도로의 임도 편입 또한 적극 추진해야 한다. 임도편입 정책은 진도가 너무 늦고 임도시설규정에 맞추어 시행하다 보니 어려움이 많다. 그래서 임내 현황도로의 임도 편입은 별도의 규정을 두고 시행하는 것이 타당하다. 편입제도는 임도의 이용측면보다 재해 예방에 중점을 두는 정책 방안이 되어야 할 것이다.

물론 임도재해 취약지역을 지속적으로 조사하고 대응했다. 그러나 그것만으로 부족해 보인다. 임도는 매년 증가하는 강우강도와 지속강우에 노출되어 있고 구조물들은 노후화되고 있다. 특히 임도노선의 상부 계곡의 부토는 지속적으로 증가하고 있으며 계곡의 홍수위는 높아져 가고 있다. 임도의 상부 계곡부가 점차 위험해지고 있다는 말이다.

마지막으로 임도가 기후 위기에 대응하는 기술적 접근 방법을 달리하는 기술자의 의식변화가 중요하다. 기본을 지키는 교육도 필요하다. 반드시 다음 사항을 설계와 시공에 반영해야 한다.

1) 배수관 유입 상류의 토석류 및 유목 유입 방지시설 사업이 절실하다.

임도를 지나는 계곡부는 무조건 골막이, 스크린, 누구막이 등을 설치해야 한다. 사업비와 작업의 효율성을 위하여 통나무 등 현장 자재를 사용한 횡공작물의 설치가 절실히 필요하다. 그 구조물은 토석류 집적기능과 산각 고정용으로 기능을 구분하여 설치함이 타당하다. 그래야 구조물의 규모가 과다하지 않고 경제적이다. 또한 이것은 기술자들의 정밀한 기술 적용이 요구되는 공법이다. 임도에서 토석류에 의한 배수관 막힘을 대비하기 위하여 일체 배수관 보호 구조물로 유수의 월류대책도 필요하다. 그러나 생태적, 경관적 측면도 반드시 고려해야하고 구조물은 가볍게 계획해야 한다. 무겁고 과하면 산지에서는 반드시 탈이 나기 때문이고, 탈이 나면 규모는 커진다.

2) 원칙에 의한 배수시설의 확충과 관리가 필요하다.

임도가 지나는 계곡부마다 배수관(암거)이나 개거의 설치가 계획되어야 한다. 그것을 위해서는 반드시 배수관 계획도를 만들고 설계자는 유역도를 작성하여 배수시설이 누락되지 않도록 꼼꼼히 챙겨야 한다. 지금도 임도 설계심사를 가보면 유역 크기에 의한 배수관 배치도가 없는 설계도서가 수두룩하다. 설계를 발주한 기관에서도 반드시 이것은 챙겨야 한다. 설계심사에 이런 것을 챙기는 전문가가 참여해야 한다. 임도 재해의 원인과 대책에 충분한 지식이 있고 경험이 있는 자에게 맡겨야 한다는 것이다. 지금처럼 일시에 임도가 발주되고 설계되고 시공하는 정책은 재해를 줄일 수 없다. 사전설계, 연중설계 물량을 늘려야 한다.

주수계에는 관매설과 병행하여 물넘이 포장을 하는 방안을 강구하여야 한다. 배수관의 유입과 유출 날개벽의 보호공을 반드시 설치하고, 흙막이 시설과 연계하여 구조물의 무게를 최소화할 필요가 있다. 집중강우가 지속되면 배수관의 문제로 전체 흙막이의 일체 구조물이 무게에 의해서 붕괴되는 큰 사고가 일어나기 때문이다. 많은 현장에서는 성토부 배수관의 유출구 보호공 시공시 할증까지 주도록 품셈을 개정하였으나 시공의 어려움때문에 날개벽을 별도 설치하지 않는다. 지켜지지 않는 고질병이다. 흙막이(옹벽) 하나의 구조물로 배수관의 날개벽을 대신 하려는 설계자와 시공자의 꼼수인 것이다. 감리자는 그것을 당연한 것처럼 넘어간다. 이와 같은 원인불명의 구조물은 집중호우에 의한 피해 발생 시 규모를 크게 하는 원인이 된다.

배수관 매설지는 선형계획 시 down-up 으로 종단선형을 계획하여 관 막힘에 따른 2차 피해인 노체 붕괴를 방지해야 한다. 또한 유역면적이 큰 수계에는 암거가 아닌 교량을 적극 검토해야 한다. 이것이 기후위기시대의 임도재해관리 대응 방안이다.

3) 절토와 성토면의 안전경사와 적극적인 붕괴대책의 수립이 필요하다.

절토면의 안정각을 최소한 규정만큼 확보하고 안정각 확보가 어려우면 하부절토면 고정 공작물(흙막이)을 설치해야 한다. 또한 절토면의 최초 소단은 반드시 1m이내에 설치하여 붕괴 시 피해규모를 최소화해야 한다. 성토부에 옹벽이나 전석쌓기 공법은 최대한 지양하고, 계획고를 낮추는 방안을 강구해야 한다. 그렇지 않으면 지금처럼 강해지는 강우강도, 지속적인 강우에는 수밀화가 부족한 노체가 견딜 수 없는 것이다. 부득이 성토부의 옹벽구조물을 사용해야 하는 현장이나 연약지반에는 절토, 성토, 노체의 누수를 방지하는 코팅 공법을 강구해야 한다.

4) 사면의 피복 및 식생도입을 통한 침식방지사업이 필요하다.

안정비탈구배가 확보되지 않으면 기계식 종자살포, 거적덮기만으로는 사면 피복이 불가해진다. 적극적인 표토 채취, 저장, 이식공법을 도입하고 초본, 관목, 활엽수 교목을 대상으로 한 근주 이식도 적극 도입해야 한다. 이러한 기술을 임도를 설계하는 기술자들이 숙지하고 대응할 수 있도록 교육도 강화해야 한다. 파종단을 반드시 설치하고 비토를 이용한 파종을 실시하게 하며 우기 전에 파종을 완료하고 지속적인 관리도 해주어야 한다. 하자보수기간이 끝나도 관리부서에서는 관리에 게을리하면 안된다.

5) 임도 하류피해 예방에 우선해야 한다.

마을과 집단거주 지역의 상부 유역을 통과하는 노선, 재해대응이 어려운 급경사지의 노선 및 연약지반, 마사토지역 통과하는 노선 등은 항상 집중호우시에 산사태피해를 우려해야 한다. 이러한 노선은 과감히 임도를 사용하지 말고 복구를할 수 있도록 검토되어야 한다. 특히 대도시 주변의 임도는 지방도로로 이전하여 집중적으로 재해 예방 사업비를 투입해야 한다. 산림청의 예산으로는 어려운 점이 많기 때문이다. 또한 새로 개설되는 임도의 노선은 철저한 재해 예방차원의 노선 타당성평가를 받도록 해야 한다. 타당성평가, 설계, 시공, 감리자, 감독자의 이력을 관리하여 재해 발생을 원천적으로 막을 수 있는 책임의 도입도 검토되어야 할 것이다. 집중호우에 의한 임도 하류지역의 민가, 농경지를 감안하여 완충지대의 설정 및 사방사업과 연계하고, 지역주민들에게는 임도의 위험요소를 미리 공지하여 대피할 수 있는 시스템도 만들어야 할 것이다. 임도가 마을 위쪽으로 개설되어 있다면 특단의 대피체계를 갖추어야 한다.

5. 동해안 소나무림의 관리

(산불과 재선충병을 반드시 관리해야 임업이 산다.)

최근 영덕, 울진, 삼척 등에서 대형산불이 발생했다. 울진 산불 피해규모는 추정면적이 18,463ha 정도이고, 영덕 산불 피해규모는 400ha 정도이다. 울진 산불피해지 중 송이농가 피해규모는 약 1,500ha로 울진군 전체 송이 생산지의 70% 이상 피해를 입었다고 한다. 2021년 전국의 송이 생산량이 120톤 정도이고, 울진군의 송이 수매물량이 12톤 정도로 전국 수매물량의 10%를 차지하니 생산량은 급감할 것이다. 영덕은 2021년 송이 수매 물량이 28톤 정도로 전국 수매물량의 약 30%를 차지하는 최대 생산지다. 그런데 2월 영덕에서 발생한 산불 피해지역인 영덕읍 화수리 외 3개 마을 400ha는 송이 주요 생산지이다. 최근 발생한 산불은 동해안 백두대간을 따라 고성, 속초, 강릉, 동해, 삼척으로 이번엔 울진, 영덕까지 주요 송이생산

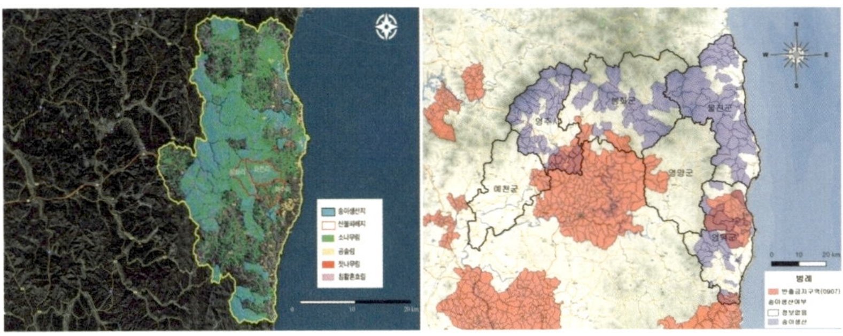

'22 경북지역재선충과 송이생산지역, 영덕산불과 송이생산지역

지에 집중 피해를 주고 있다. 2010년 이후 우리나라 송이 생산이 급격히 줄고 있는 통계자료를 보면 송이 생산이 산불과 연관성이 없다고 볼 수 없다. 송이는 산촌의 주요 소득원이며 주민들의 정주권을 보장받고 마을공동체를 유지하는 확실한 임산물 보험이다. 그러나 주민들의 노후를 안정시켜줄 보험이 산불로 사라지고 있는 것이다. 이미 영덕군은 앞의 그림과 같이 송이 생산지에 소나무재선충병까지 위협을 하고 있는 실정이다.

필자는 3월12일 영덕읍 화수리, 화천, 삼화, 구미리 일원의 화림산 일대의 산불지의 현장을 찾았다. 화수리 마을주민들은 동네 공동소유 송이산과 개인 송이산의 피해를 입었다고 하면서 송이산 임대비가 마을을 유지하는 유일한 수익금이었는데 큰일이라고 하셨다. 반드시 보상을 받아야 하는데 방법을 모르겠다고 한다.

피해금액 산정과 보상에 대해선 아무도 모른다고 하셨다. 화수리에서 구미리로 가는 임도 주변의 피해는 심했고 산등성이의 송이 생산지 피해는 더욱 심했다. 매번 반복되는 산불의 피해로 마을 주민들의 주요 소득원이 없어지는 것을 그냥 지켜볼 수 밖에 없는 현실이 너무 안타깝기만 하다. 이제

'23 영덕군산불피해임도와 송이생산지

근본적인 해결책을 찾아야 할 때이다.

필자는 2018년 제1차 전국소나무방제전략 연구 용역을 한 적이 있다. 지금까지는 소나무재선충병으로 고사한 나무만 골라 제거하는 방제방법을 선제적으로 대응하고 임업활동을 하여 산주의 권익을 보호해야 한다는 내용이었다. 전국의 소나무림을 동해안 대집중관리구역, 충청 대집중관리구역, 전라 대집중관리구역으로 구분하고 집중관리하여 산불, 소나무재선충병에 대응하자는 전략이었다. 또한 본수 위주의 방제계획과 성과에서 발생면적을 제어하여 우리나라 나무의 상징인 소나무를 보전하고 그것으로 임업인의 소득을 보장해주자는 것이었다. 그러나 본수 산정에 의한 계획, 막대한 사업비 소요로 이 계획은 결국 실행되지 못했다. 지금이라도 그린뉴딜사업, 탄소중립계획의 일환으로 소나무재선충병의 재확산과 대형산불 발생에 대한 대책으로 소나무집중관리 계획이 새롭게 실행되었으면 한다.

동해안권역의 소나무림은 1,246천ha 정도이다. 이 지역은 최근 산불로 몸살을 앓고 있다. 이미 이 지역은 1996년 고성산불, 2000년 동해안산불, 2005년 양양산불, 2019년 고성, 속초, 강릉, 동해산불을 겪었다. 산불은 지속적으로 발생할 것이다. 소나무재선충병은 정선, 영덕군에서 발생하여 방제 중이다. 그러나 소나무재선충병 발생이력 연구에 의하면 동해안을 따라 확산될 우려가 높다. 이 동해안권역의 소나무림은 종합적인 관리를 통한 재해를 컨트롤하고 주민소득, 경관확보 등의 사업이 절실한 이유이다.

소나무집중관리 계획에 대한 제안은 다음과 같다.

첫째, 숲가꾸기 위생간벌사업과 수종갱신사업이다. 재선충 선단지 앞 구역에서는 적극적인 수종갱신을 위한 수확과 혼효림의 식재사업이다. 이 사업으로 방화수림대를 조성하는 것도 병행되어야 한다. 산물수집을 위한 임

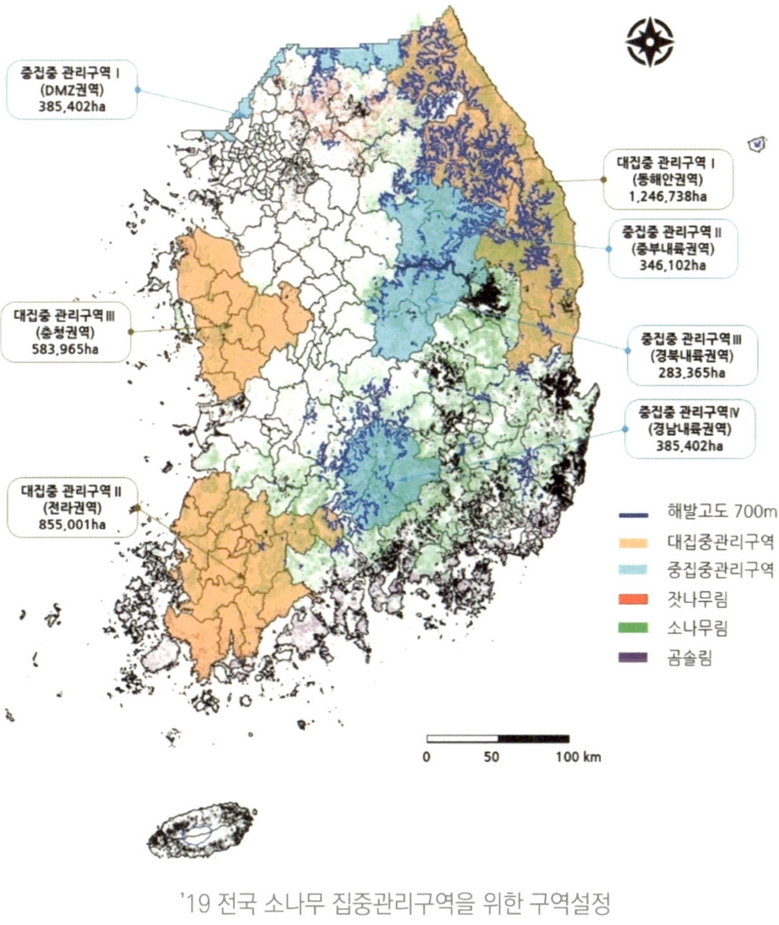

'19 전국 소나무 집중관리구역을 위한 구역설정

도를 개설하여 산불예방과 진화에 이용하여야 한다.

둘째, 송이산 가꾸기사업을 시행해야 한다. 송이산 가꾸기사업을 위한 송이생산자 단체를 결성하게 하고, 산주와 송이채취업체에게 홍보와 송이생산 전반 교육 기반시설을 지원해야 한다. 백두대간, 낙동정맥의 산촌을 살리고 소나무림을 보전할 수 있는 유일한 길이기 때문이다.

셋째, 대체수종의 개발과 양묘사업을 지속성 있게 추진해야 한다. 현재 식재할 수 있는 수종은 겨우 소나무, 굴참나무, 밤나무, 낙엽송 등이다. 소나무는 최대한 보전하고 부득이 재해 예방을 위한 수종갱신을 하려면 미래를 위한 수종을 선발하고 육성해야 한다는 것이다.

넷째, 소나무 관리로 생산되는 산물은 지역거점에서 수집하고 가공할 수 있는 바이오매스수집센터의 설립도 해야 한다. 동해안에 위치한 많은 발전소에서 미이용 바이오매스를 이용하고 싶어 한다. 그러나 발전소에서 소비되는 대다수 양을 타지에서 운반비를 들여 공급하고 있다. 마지막으로 동해안 소나무집중관리구역의 관리를 위한 인력, 장비, 산주협의체의 준비가 필요하다.

우리나라의 소나무를 보전하고 이용하는 것은 어쩔 수 없는 현실이다. 산주는 경영을 해야하기 때문이다. 다른 수종으로 전면 바꾸기가 현실적으로 어렵다. 그렇다면 적극적으로 관리하여 산림재해를 예방하고 송이의 생산량도 보전, 육성해야 한다. 최근 대형 산불의 발생과 그린뉴딜, 탄소중립의 시대에 필연적으로 실행해야 하는 사업인 것이다.

6. 미국 기후위기 대응 산림관리

(미국의 산불대응은 산림의 간벌사업이 중심이다.)

제45차 COFE(Council on Forest Engineering) 회의가 2023년 5월 23일부터 25일까지 미국 애리조나주 플래그스태프에서 개최되었다. COFE 회의는 산림관리에 관해 새로운 방향으로 운용의 혁신 및 기술 개발을 공유하기 위해 마련된 자리이고, 업계와 연구원, 기술자들의 정보교환 장소를 제공하는 행사이다. 특히 처음 참가한 입장에서 이번 COFE는 현장실무자의 참여를 늘리고 경영자와 연구원 간의 정보와 경험을 교환하는 회의로서 인상 깊었다.

COFE에서는 전 세계적인 기후온난화 이슈인 산불에 대응하는 산림작업 방법과 그것을 실현하기 위한 방안들이 많이 제시되었다. 특히 현장기술자를 위한 Operator Award는 감명 깊었다. 여러 주제 발표와 토론 과정에서 현장기술자와 업체의 역할에 주목한 점도 돋보였다.

3일 간의 회의 동안 미래의 산림경영을 위해 스마트장비, 작업시스템 및 물류(운송)의 혁신을 요구했다. 그리고 산림사업을 위한 기술인력 훈련과 기술 교육을 강조했다. 특히 산불로 발생하는 피해목의 수집과 처리, 바이오매스의 생산, 가공 등에서 새로운 인력 양성과 기계 수요에도 정보의 교환이 많았다. 또한 최근 기후위기에 대응한 재생에너지와 산림공학의 발전 방안도 제시되었다. 주요 발표 자료는 산불예방을 위한 연료관리, 화재대응,

'23 COFFE 참가자 단체 모습

산림복원작업의 중요성에 대한 논문이 있었고, 무엇보다 인상 깊었던 논문은 산림사업에서 벌목부의 안전과 건강이 필수적인 미래 발전 방안으로 제시되었다는 점이다. 미국은 기후위기로 인한 건조, 고온 등으로 기계적 간벌 수요가 증가하고 있다. 생태적, 경관적 측면의 산림관리에 따른 기계, 인력 등의 수요가 급증하고, 그 수요에 대응하자고 했다.

다음으로 COFE에서는 산불의 대응과 연관된 산림사업에 대한 관심이 있었다. 거의 모든 프로그램이 산불의 예방과 임업활동의 활성화로 연관되고 정리되었다. 미국의 산불대응전략은 숲에 존재하는 모든 연소 가능 물질인 산림연료를 줄이고 처리해 산불이 발생하더라도 대형으로 번지지 않는 건강한 산림 환경을 만든다는 것이 핵심이다.

2021년 바이든정부의 산불에 대한 주요예산배정 내역과 사업은 숀아

베기 ◆ 처방화입(Prescribed Burning)계획과 실행 ◆ 연료단절지대 마련과 개선 ◆ 산불취약지역 파악과 보호 등이다. 물론 소방관의 처우개선을 포함했다. 미국은 산불 대응의 패러다임을 바꾸고 있는 것이다.

이번 COFF회의에서 발표된 논문 하나가 의미있게 다가왔다. 미국 내 발생하는 산불의 대응과 예방, 피해지의 산림복원을 수행할 업체와 인력양성의 필요성을 강조한 논문이다.「미국 서부의 대부분의 산림은 산림 건강을 회복하고 치명적인 산불을 예방하기 위해 적극적인 관리가 필요하다. 그러나 대규모 산림사업업체, 특히 벌목기능공, 수집업체 및 트럭 운전사를 포함하는 강력한 산림기술산업 없이는 산림관리 노력이 성공할 가능성이 없다고 보는 것이다. 벌목량, 운송 및 가공량은 현재의 산림사업에 종사하는 인력과 장비로는 부족함을 직시하고 있는 것이다. 논문의 결론은 노령화되고 있는 인력은 심각한 수준으로서 인력양성프로그램에 집중하고, 업체를 육성하는 방안의 프로그램도 필요하다는 것이다.」

마지막으로 이번 COFF회의에서 현장견학 프로그램으로 진행된 임내 소각시스템을 소개하고자 한다. 현장시연은 산림복원사업지에서 목재의 이용가치가 떨어지는 산물을 대상으로 소각 후 전기를 생산하고 부가하여 바오차(Biochar)를 생산하는 시스템이었다. 산림 바이오매스의 경제적 활용은 재료의 가치가 낮거나 전혀 없고, 높은 운송비용으로 인해 종종 실행이 불가능하다. 그러나 바이오매스는 병해충을 유인하고 치명적인 산불의 불쏘시개 역할을 하기에 임내에서 제거해야 한다. 소각기는 임내에서 소각 시 발생하는 연기 및 기타 배출물을 크게 줄이는 방식으로 만들어진 기계이다. 이 소각기는 산림작업시 발생하는 작은 목재 자투리 및 기타 바이오매스 잔류물을 처리하는데 유리한 기계이다. 또한 이 방법은 불씨 비산, 토양 손상 및 산불지의 산물 소운반을 하기 위한 산지훼손을 최소화한다. 소각기의 정식 명칭은 에어커튼 버너이다. 2018년 미국 남부지역의 산림바이오매스 연수 때 에어커튼 회사를 방문한 적이 있다. 임내에서 발생하는 바이오매스를 효율적으로 연소하여 전기로 생산하는 방식으로, 그 때 당시 우리나라에서 소나무재선충병 피해목 소각에 긴요하게 사용할 수

'23 플래그스태프 시가지 주변 산불저감 간벌 현장

'23 에어버너와 생산된 바이오차

있겠다고 생각했었다. 바이오차는 바이오매스(Biomass)와 숯(Charcoal)의 합성어로, 목재나 식물체 잔사 등의 바이오매스가 산소가 거의 없는 환경에서 열분해를 하면 만들어지는 것으로 일반 토양에서 100년 정도는 보관할 수 있어, 탄소고정용으로 활용가능한 제품으로 인정받는다. 또한 바이오차는 토양 속에 존재하는 중금속이나 농약을 흡착하여 농업 활동에 많이 사용되기도 한다. 또한 바이오차는 토양 양분 보유 및 수분 보유 능력을 향상시킬 수 있는 고탄소 물질로서 농축산업의 퇴비에도 활용된다. 우리나라에서도 부산물의 운반도로, 운반거리를 감안하여 산림기반시설이 부족한 지역에서 활용가능할 것으로 판단된다. 그러나 무엇보다 우리 실정에 맞는 연소기계의 개발과 도입이 검토될 필요성이 있다.

이번 COFE는 기후위기로 인한 산불의 새로운 대응 방향과 또하나의 산림복원의 개념을 재정립하는 자리였다. 또한 적극적인 도시 주변 자연상태의 대형목을 존치하고, 이후 갱신된 나무 위주로 강도간벌을 실시하는 산림복원 및 임분개량사업은 조금은 이해하지 못하는 정책이었다. 결국 이러한 사업은 대형산불예방을 위한 이격거리를 확보하는 것과 임내연료를 제거하는 사업조차도 산림복원의 범주로 볼 수 있다는 것이다. 미국은 산불대응사업으로 이러한 산림복원과 토사유출방지사업을 통한 연관산업까지 활성

'23 요세미티국립공원의 산불피해지

화하겠다는 것이다. 이러한 추가적인 사업을 하기 위해서는 어느 때보다 인력양성이 필요하며 작업자의 안전이 중요함을 강조하는 것이다. 그와 더불어 탄소중립시대에 산물을 적극적으로 이용하고 다양하게 가공하는 방안을 모색한 회의로 기억한다.

우리나라도 지속적인 대형산불이 발생한다. 산림은 우거지고 쉽게 간벌을 못하는 실정이다. 사유림 비율이 높고 산불이 많이 발생하는 지역은 공익용 임지가 많다. 그래서 산불이 발생하면 대응도 복구도 어렵다. 그 지역들의 적극적인 산림관리의 방안이 나와야 한다. 기존의 산림사업에서 추가하여 새로운 임분관리 사업을 하기위해서는 전문인력의 양성과 교육 그리고 그들에게 안전의 담보와 안정된 삶의 영위를 위한 복지에 관심을 가져야 할 시기이다.

다음으로 산림사업 산물의 적극적 이용방안이 혁신적으로 개선되어야 한다. 그래야 임지에 연료제거 효과가 있을 것이며, 바이오매스 산업도 활성화 될 것이다. 우리나라에서도 산불대응 정책의 변화를 요구한다. 기존의 산불에 대응 방법인 헬기, 진화대, 행정조직도 중요하지만 예방을 위한 간벌사업이 활성화되어야 한다. 미국도 병해충피해가 많다. 그러나 산불과 병해충의 저감을 위해서는 간벌이 가장 효과적인 방법이라고 생각하고 있었다. 우리나라의 소나무재선충병의 관리가능한 수준도 결국 적극적인 임업활동이 기나긴 싸움을 극복하는 유일한 길임을 이번 미국 COFE 회의에서 알았다. 부디 기후위기시대 산림의 적극적 관리로 산지재해를 예방하고 산림기술산업이 활성화 되는 계기가 되었으면 한다.

7. 기후위기 사찰림 재해관리의 필요성

(사찰림의 산림재해 세심한 예방이 필요하다.)

최근 필자는 지리산 주변의 실상사, 황악산 주변의 직지사, 영천 은해사, 경주 남산의 용문사 등을 방문했다. 방문 목적은 사찰림 관리에 대한 컨설팅을 하고 향후 산림자원의 이용 가능성을 보기 위함이었다. 그러나 방문 사찰마다 필자의 눈에 먼저 들어오는 것은 사찰 진입로의 훼손, 계곡의 토사퇴적물과 훼손된 사방 공작물과 죽어가는 소나무이다. 필자의 전공이 산림재해분야인데 '뭐 눈에는 뭐만 보인다'고 산림재해 요소만 보이는 것이 우습다. 그래도 산림관리와 경영을 위한 기본이 산림재해 예방인 것은 분명하니 우스운 일도 아니다.

지금까지 돌아본 사찰은 거의 주 계곡부에 위치한다. 부속 암자는 긴 산간도로를 따라 들어가 산등성이나 산복에 위치한다. 사찰의 입지조건 때문에 산사태와 산불의 위험성이 상시 존재한다. 최근 강화도 마니산에 산불이 발생하여 1000년 사찰 정수사의 산불을 막기 위한 방어선을 설치하고 대응한 사례가 있다. 2005년도에는 최악의 산불로 낙산사를 잃었다. 그 후 사찰주변의 산불방지를 위해 숲가꾸기사업을 실시하였으나 지금은 여러가지 이유로 거의 중단된 상태이다. 또한, 2005년도에 전남 곡성의 천년사찰 도림사의 산사태 피해로 보물이 손상되는 결과가 초래되었다. 최근엔 2020년 8월 기록적인 강우로 전국의 조계종 사찰 34개소가 피해를 입었다.

'23 직지사의 소나무 고사목

'23 직지사 건축물과 대형목

필자는 최근 방문한 사찰을 중심으로 산림재해가 지속적으로 일어나는 원인과 발생요인을 알아보고 대책을 논해 보고자 한다.

재해 위험 원인별 1유형)은 사찰부지의 절토부 흙막이 구조물과 그 상부의 산지 훼손에 따른 피해가 우려되는 산북부에 위치한 사찰이다. 주로 흙막이 상부에는 대형목들이 존치하고 있다. 대형목들은 가지치기가 안 되어 있고, 흙막이 구조물 때문에 뿌리도 깊게 내릴 수 없는 구조이다. 집중호우가 내리고 태풍이 오면 언제라도 건축물에 수목이 도복될 위험성이 있다. 수목이 넘어지면서 상부의 산사태를 유발할 수도 있는 조건이다. 또한 흙막이 상부에는 등산로가 있다. 등산로의 배수가 원활하지 않을 때 등산로 성토부의 붕괴가 일어날 수 있으며, 그 토사는 사찰 부지의 흙막이를 넘어 사찰의 건축물로 토사가 밀려들어 올 것이다.

'21 잘 관리된 순천 불일암 뒤 비탈 사면 전경

영천 은해사, 김천 직지사, 귀정사의 경우 1유형)에 속한다고 볼 수 있다. 흙막이 상부에 존치하는 수목을 종합적으로 검토하여 제거하거나 도복방지를 위한 지주목 등을 설치하고 적극적인 가지치기 작업을 해야 한다. 또한 사면 위쪽의 임내도로, 등산로 등의 배수시설을 점검하고 물이 한쪽으로 집중되지 않도록 유수분산 공작물을 설치해야 한다.

전남 순천의 송광사를 방문했을 때 법정스님께서 17년간 머무르셨던 불일암에 간적이 있다. 불일암 건물 뒤에도 아주 작은 돌로 흙막이를 해두었다. 흙막이로 사용한 돌은 작은 조약돌 정도였지만 너무나 견고해보였다. 또한 그 기능을 다 하고 있었다. 돌의 면들이 서로 다른 돌과 다 연결되고 겹쳐져 있어 아름다운 경관을 만드는 동시에 견고성까지 갖추고 있어 스님께 재해로부터 안전하다고 말씀드린 기억이 있다. 불일암 흙막이 위에는 더 작은 돌로 단쌓기를 하여 안전성을 확보하고 있었다. 또한 사면에는 큰 나무가 없고 초본 및 관목류만 식재되어 있어 사면 침식방지 역할을 하고 있었다. 사용한 돌 재료가 가볍고 사방기술을 적용한 공법이라 기억에 남는다. 불일암의 사례는 계곡부에 위치한 큰 사찰의 부지와 도로 절토부 사면의 흙막이 설치와 사면관리에 있어 좋은 본보기가 되었으면 한다.

산림재해 2유형)은 규모가 어느 정도 되는 사찰로서 큰 유역의 하류 계곡부에 위치하고 있어 토석류의 피해가 우려되는 사찰이다. 물론 예방사방을 일부 실시한 사찰도 있지만 피해가 없으면 새로운 예방공사를 하기 어려운 실정이다. 사업을 하기위해서는 문화재부서와 재난부서의 협의를 거쳐야 하고, 협의가 되었더라도 사찰관계자는 사방사업이 부실하게 되면 사찰의 전통적인 경관을 해칠 것을 우려하기 때문이다. 그러나 반드시 계곡부의

'23 귀정사 산사태 발생현장

'23 귀정사 하류 세월교 파손현장

'23 경주시 남산 용문사의 진입로 훼손 전경

재해 관리를 해야 한다고 판단된다. 남원의 귀정사, 김천의 직지사가 대표적으로 대책이 시급한 사찰이다. 이 사찰들의 계곡부는 과거 벌채용 도로로 활용되었거나, 신축 건축물이 들어왔거나 산책로로 이용되고 있기 때문이다. 집중호우가 내릴 때 기존 계곡의 통수단면적을 넘어 많은 토석류가 발생할 가능성이 높다. 귀정사의 경우 바람과 설해피해를 입은 고사목과 도복목이 계곡부에 그대로 남아있다. 이것들이 집중호우 시 유목으로 기존 배수시설을 무력하게 하는 무기로 돌변할 수 있다.

사찰 입구 계곡에는 이미 산사태의 피해를 입어 계류보전사업을 했으나 위험요소는 여전히 해결하지 못하고 있는 사찰도 있다. 필자는 기시공된 현장을 보니 위험요소를 모두 감안한 공법과 기술을 적용하지 못한 것으로 보인다. 물론 사업예산이 부족했을 수도 있고 지역주민들과 환경단체에서 추가 사업을 반대 했을 수도 있다. 기존 사방사업의 공법과 재료 등이 전통사찰의 경관과 어울리지도 않고 안전하지도 않다는 것이 사찰관계자의 의견이다. 이렇게 지금의 사방사업을 신뢰하지 못하는 것이 우리 산림분야 재해관련 단체와 기술자의 잘못처럼 느껴지는건 나만의 생각일까? 그래서 사찰주변의 산림재해요소는 여전이 많이 남아 있다. 경주의 남산에도 남원의 지리산에도 말이다.

2유형)의 대책으로는 토석류의 피해 위험성을 사찰 관리자에게 인지시키는 것이 우선이다. 필자가 관계자에게 설명하니 비로소 위험함을 이해했다. 최근의 강우강도는 과거와 다르고 토석류에 의한 피해규모 또한 대규모로 발생할 수도 있다는 것을 먼저 설명해야 한다. 전문기술자가 현장의 위험요소를 직접 가리키며 상세히 설명해줘야 한다. 그래야 이해를 하고 사업의 시급성을 안다. 사찰림의 유역에 있는 작업도, 임도, 숲길 등의 정밀조사를 통한 절토부, 성토부의 안정성을 검토하고 배수시설을 점검하여, 계통적인 유수의 분산을 고려한 배수시스템을 갖추는 유역관리차원의 기본계획이 필요하다. 지금 위험지의 조사와 타당성평가, 설계, 감리제도는 한계가 있어 보인다. 또한 산사태가 발생한 지역은 산지사방을 시급하게 실시하는 것이 검토되어야 한다. 기존의 여러 개의 배수관을 모아 설치한 세월교의 구조물은 물넘이 구조물로 변경하여 유목의 피해를 예방해야 한다. 유역 내 작은 수계까지 조사한 후 하상이 침식되었거나 좌, 우의 계곡부의 붕괴로 산각이 불안정하다고 판단되면 주계곡부에는 토석류 제어 사방댐을 설치해야 한다. 사찰건물 주변의 작은 계곡도 골막이를 설치하고 계류보전사업을 해야 한다.

산림재해의 3유형)은 산북부에 소나무림이 많은 지역에 위치한 산불과 병해충방제가 필요한 사찰이다. 많은 사찰이 건축물보호를 위해 주변 산림을 제거하고, 내화수림대를 만드는 작업을 했다. 그런데 아직까지도 사찰림의 주변 나무들은 생육밀도가 높고, 소나무 단순림이며 빛이 들어오지 않아

'23 은해사 입구 소나무 고사목

'23 실상사 약수암의 산불피해지

하층의 나무들도 없으며 낙엽층만 발달되어 있는 곳이 많다. 산불과 병해충에 취약한 산림의 구조이다. 간벌이 필요하다. 또한 간벌의 산물은 하산하여 이용하고 낙엽층은 얕게 관리해야 한다.

사찰 주변의 임분 관리는 산불과 산사태의 예방에도 가장 근본적인 해결 방법이다. 건축물과 산림은 이격거리를 두도록 수목 제거작업이 필요하다. 제거작업이 불가한 지역은 수하식재를 통해 내화력이 강한 관목, 아관목 등의 수목을 식재하여 산불을 제어해야 한다. 최근 전국적으로 확산되고 있는 소나무재선충병에 대한 대응도 시급하다. 소나무재선충병이 사찰 주변까지 확산된 것을 보았다. 그리고 산림 내에는 고사목과 풍도목이 그대로 방치되고 있는 것이 현실이다. 영천 은해사. 남원 귀정사, 김천 직지사 등의 진입로에 고사목과 산불피해목, 쇠약목 등이 보였다. 또한 사찰에서는 재선충병 예방을 위해서 사찰 주변에 이미 고목이 된 소나무에 2년마다 수간주사만 하는 것도 문제가 있어 보인다. 한 나무에 지속적인 천공을 하는 것은 분명 수목생육에 좋지 않을 것이다. 사찰림의 경우는 기본적인 예찰과 피해목 벌목이 중요하다. 예방차원에서는 사찰림의 건전성 확보가 우선되어야 한다. 수목의 크기를 감안한 적정밀도 관리로 고사목, 쇠약목 등의 제거 작업을 해야 한다. 또한 바람과 눈에 의한 훼손된 가지와 도복된 나무를 철저히 제거하고, 특히 사찰의 주연료인 땔감용 소나무 반입에 유의해야 한다. 산림재해 관리로 벌목되고 수집된 목재와 낙엽층, 부산물 등은 사찰 내에서 이용하는 방안이 필요하다. 사찰의 관리 산림이 소규모일 때는 지역의 몇 개 사찰이 공동으로 운영하는 산림자원수집센터의 설치가 답이 될 수 있을 것이다.

마지막으로 사찰의 휴경지와 나대지 등의 관리가 필요하다. 지금은 사찰에 많은 스님들이 상주하지 않는다. 또한 관광객과 신도들이 많지 않다. 그

'23 실상사 주자창의 화목용 목재들

래서 사찰 주변의 산비탈의 계단식 휴경지와 미활용 건축물이 많다. 이러한 곳에 재해 유발요소가 많다. 배수로 정비, 돌담 붕괴, 진입로 훼손 등의 재해 유발 요소들에 대한 관리가 필요하다.

사찰림을 보전만 하고 방치하는 것은 시대적 여건에 반하는 것이다. 사찰림의 재해관리를 위해서라도 적합한 산림관리와 경영을 해야 한다. 지속적인 사찰림 관리를 통한 목재이용, 소득사업과 휴양, 체험사업이 필요한 시대

'23 휴경지로 변한 귀정사 소유 경작지

이다. 적극적인 사찰림의 유역관리를 통한 재해예방은 사찰림 경영의 기본이라 할 것이다. 기존의 산림재해 정책에서 지역 사찰의 재해위험성에 대한 전문가 컨설팅을 실시하고, 재해 전반에 대한 실태조사도 필요하다. 조계종과 산림청의 형식적인 협약에서 벗어나 실질적인 산림재해관리를 지역 전문기술업체를 통해 세심한 산림재해 예방과 실행계획을 수립하고 시행해야 할 시기인 것이다.

8. 산림분야에서 생각하는 명품 골프장

(명품 골프장은 산림분야가 주체가 되어야 한다.)

우리나라의 골프장은 2022년 기준 전국에 499개소[1] 정도 운영 중이다. 그 중 수도권이 158개로 32%이고 강원, 경남권, 경북권 등이 11%이다. 9홀의 골프장이 22%, 18홀 규모가 39%, 27홀의 규모가 27%이다. 현재 건설 중인 골프장은 37개소 정도로, 2023년 말에는 500개 이상의 골프장이 운영될 것으로 보인다. 골프장 건설은 18홀 기준으로 약 60~100ha 정도의 부지가 필요한데 대략 4,000ha 정도 면적에 해당되며, 그 중 70%가 산지이다. 이 많은 골프장 중 골퍼 입장에서 최고의 만족감을 주는 명품 골프장은 얼마나 될지 궁금하다. 일반적으로 대기업에서 운영하고, 아름다운 경관과 양질의 잔디 상태, 멋진 클럽하우스와 친절한 서비스 등이 좋으면 골퍼들이 이야기하는 명품 골프장이라고 생각할 것이다. 물론 명품 골프장은 보는 관점에 따라 달리 볼 수 있다. 코스별 테마를 잘 적용한 곳, 수목의 예술적 가치를 소중히 여기는 곳, 운영자의 경영마인드 등에 따라서 말이다.

산림분야에서 생각하는 명품 골프장은 골프장의 계획부터 건설과정에 산지전문가가 참여해 자연이 살아있고 산림재해와 훼손이 적은 골프장이라 생각할 것이다. 산지를 잘 다룬 골프장은 유지관리비가 적게 들고 재해에

1) 2022년 한국골프장경영협회 자료 외 1

잘 관리된 산림과 자연환경이 살아있는 골프장

안전하며 자연생태적 경영이 가능한 골프장일 것이다. 이러한 골프장의 공통적인 특징은 절토사면의 길이가 길지 않으며, 계류에는 적절한 구조물의 설치로 유속을 줄이고 토석류를 제어하며, 성토부의 흙막이 설치 재료가 산지경관을 훼손하지 않고 전통공법의 견고한 자연석 돌쌓기를 한 골프장일 것이다.

골프장을 건설하면 산림의 벌채, 산사태와 재해발생, 생태계 파괴, 농약오염, 공동체 파괴현상 등의 부작용이 발생하는 것으로 알려져 있다. 그러나 대부분의 부작용은 산림분야의 산지관리 경험 및 복구기술의 투입을 통해서 관리될 것으로 판단되어 몇가지 의견을 제시한다.

첫째, 집중호우에 따른 산사태와 토석류의 피해를 예방하는 것이 중요하다. 1991년 경기도 용인시의 경우 건설 중인 6개의 골프장 주변에서 많은 산사태가 발생했다. 주민들과 환경단체에서는 골프장이 만들어지고 있는 지역에서 산사태 피해가 집중되었다고 보도했다. 2020년 용인시 골프장에서 6명의 직원이 매몰되는 산사태가 발생했고 이천, 여주, 포천 등의 골프장에서도 많은 피해를 입었다. 2020년 54일 간의 기록적인 장마 후에 전국 대부분의 골프장이 크고 작은 피해를 입었다. 2022년 강원도 횡성의 골프장은 워터헤저드의 저수량 초과에 따른 붕괴로 토사가 유출되어 골프장이 처참하게 부서졌다. 골프장 건설 시 시간당 30mm~50mm 정도의 우수를 감당할 수 있게 배수관을 설치하였으나 최근의 집중호우는 시간당 100mm 이상 관측되고 있어 피해에서 벗어날 수 없는 것이다. 특히 피해가 집중된 골프장들은 옹벽붕괴, 사면의 암출수, 카트도로 침식, 수계 교란에 따른 피해로 물길이 새로 만들어지는 결과를 초래했다.

이러한 골프장의 산지재해를 예방하기 위해서는 산지 인허가 및 협의 서류의 작성부터 산지전문기술과 행정경험을 반영해야 한다. 또한 코스설계 도면을 바탕으로 산지경사, 존치구역을 감안하여 지형 복구, 수계 복구, 식생도입, 사면안전 등의 복구계획서를 작성할때도 산림전문기술의 역할이 필요하다. 특히 산지전용타당성, 사전재해검토서 등에서 산지재해를 감안한 사업계획이 실행에 반영될 수 있도록 하는 것도 중요한 산림분야의 임무이다. 인허가를 받기 위한 형식적인 보고서가 되지 않도록 골프장 개발의 진행 전 과정에서 산지복구기술이 반영되도록 하는 것이 중요하다.

둘째, 골프장 건설과정에서 산림분야 전문가는 거의 관여하지 못하는 허술한 법률과 기술여건을 개선할 필요성이 있다. 골프장 개발에는 산지가 70% 이상 포함되지만 실제 산림분야 기술용역업과 시행업은 거의 참여하지 못한다. 타 분야에서 주도권을 가지고 개발한다. 입목축적조사 정도만 산

집중호우에 의한 사면 붕괴와 허술한 복구

산림분야 기술로 붕괴지 복구사업을 진행중인 골프장 전경

림분야 협회에서 시행하고, 골프장 시공이 거의 완료된 후에 민간업체에서 감리용역만을 하고 있는 실정으로 안타깝다.

명품 골프장이 되기 위한 산림분야의 참여는 골프장 부지 선정 때부터 시작이다. 부지 선정을 개략적으로 확정하는 과정에서부터 산림분야가 우선

역할을 해야 한다. 사업시행자가 부지 전부를 매입하고 사업을 시작하는 경우는 거의 드물다. 또한 문화재, 환경평가, 주민 동의 과정에서 부지의 변경이 불가피하기도 한다. 부지를 확정하기 위해서는 산림분야에서 사전 검토해야 할 정보들을 제공하여 부지선정에 효율성을 높이는데 도움을 주어야 한다. 부지를 선정함에 있어 골프장 산지전용기준의 충족 조건들의 검토도 중요한 사안이다. 산지대상지의 표고, 경사, 우량목, 산사태우려지, 보전임지 비율, 보호림, 경영기반 존치여부 등이 검토되어야 한다. 전국에서 개발 중인 골프장이 이러한 산지허가조건들을 즉시 분석하고 반영하지 않아 개발 사업이 지연되거나 민원이 발생하는 사례가 발생하지 않도록 산림분야에서 역할을 해야 한다.

마지막으로 명품 골프장의 건설에서는 임업적 가치를 살려야 하는 명분이 존재해야 한다. 골프장이 개발되어도 산림의 공익적 기능들이 상실되면 안 되기 때문이다. 현재의 골프장 시설기준을 정한 체육시설 설치 · 이용법에는 임업적 요소를 반영하는 기준이 거의 없다. 산지관리법에도 존치구역에 대한 숲가꾸기, 골프코스 주변의 식생도입과 천이, 러프지역의 경관식재 등에 대한 직접적인 기준이 없다. 또한 최근 강릉 산불발생 시 골프장이 큰 피해를 입은 사례가 있지만 산불예방이 대한 언급도 없다. 또한 골프장 개발에서 산림병해충에 대한 관리는 중요하다. 골프장 주변의 경관적 핵심은 소나무 숲이다. 최근 소나무재선충병이 전국적으로 확산되고 있으나 골프장은 방제기술과 전문인력이 없어 소나무가 죽어가고 있다. 재선충병에 감염된 골프장 주변 산림은 확산거점으로 변한 곳이 많다. 소나무재선충병이 극심한 지역의 골프장은 자체적으로 고사목을 베어내고 새로운 나무를 식재하고 있다. 골프장 산림의 유지관리기준이 있다면 많은 예산과 노력을 줄

'23 소나무재선충병이 확산된 골프장의 소나무숲

일 수 있을 것이다.

명품 골프장이 되기 위해서는 넓은 페어웨이와 양질의 잔디만 중요한 요소가 아니다. 친환경적이고 생태적인 계곡을 만들고 카트도로변의 산림경관과 재해예방을 위해 산림을 정비해야 한다. 그것으로 인해 산림 내부에 빛이 들어와 다양한 꽃들이 피고, 새가 울고, 산림재해에도 강한 아름다운 숲이 된다면 골퍼들은 얼마나 감동할까.

명품 골프장 기준의 패러다임은 변할 것이다. 기후온난화로 골프장이 입

산림경관이 살아있는 골프장 전경

지하고 있는 산림의 환경이 급격히 변하고 있기 때문이다. 이에 대응을 잘 하는 골프장이 명품 골프장이 될 것이다. 또한 명품 골프장은 주변 산림관리를 통해 유지관리비를 절감해야 하며 산림재해에 대응해야 하는 시대가 도래한 것이다. 명품 골프장을 만들고 유지하기 위해서 산림분야의 관심과 골프장개발의 이해를 통한 참여가 절실한 때이다.

9. 경북 영주 산사태 현장의 시사점

(취약지구 지정과 대피체계의 변화를 요구한다.)

경북 영주지방에는 2023년 6월 29일부터 30일 아침까지 최대강우량 245mm 이상의 비가 내렸다. 상망동 일대의 산지와 접한 지역의 주민들 대부분이 대피하는 사태가 발생했다. 안타깝게도 인명피해도 있었으며 배수관이 막혀 길과 농경지에 많은 토사가 유입되었다. 7월 4일 오전 영주시의 산사태 및 토사붕괴 현장을 언론, 환경단체와 동행하여 둘러보았다. 먼저 상망동 일대 산자락에 위치한 민가의 피해지를 보았다. 중장비를 동원한 응급복구가 진행되고 있었다. 그러나 몇 군데는 또다시 집중호우가 내릴 시 추가 붕괴 등 2차 피해가 우려되는 주택이 있었다. 이와 같은 주택 피해는 현재의 산사태취약지역 지정의 문제점과 위험성 해소의 한계를 실감하게 했다.

영주시 상망동 일원의 산사태 및 토사붕괴 피해가 심한 현장은 3개소 정도이다. 그 중 상망동 (A)피해지는 산지에 묘지와 관리도로의 물관리가 되지 않아 붕괴 된 것으로 보인다. 피해는 하부의 축사를 덮쳐 파괴했다. 축사 뒤에는 흘러내리는 토사를 막을 최소한의 구조물도 보이지 않았다. 묘지부지에서 모인 물이 피해지를 따라 흐르면서 피해를 가중했다.

또 다른 상망동 (B)피해지는 집 뒤 붕괴된 토사를 소형장비가 끌어내고 있었다. 다행히 주택의 훼손은 거의 없는 듯 보였으나 추가 붕괴의 여지는

영주 상망동 (A) 피해지

영주 상망동 (B) 피해지 전경

있었다. 토양은 점질성이 거의 없고 마사토가 많이 혼합된 토질이다. 사면의 기울기도 붕괴에 취약한 35도 정도이다. 특히 토사가 흘러내린 흔적부는 언제라도 좌우 산각이 무너질 위험성이 있다. 추가적인 강우가 내리면 당장 대피하라고 부탁드렸다. 이집 할머니는 6월 29일 밤에 아무에게서도 대피 연락을 받지 못했다고 한다.

상망동 (C)피해지는 중학교 앞 할머니집이다. 큰 나무가 밀려와 벽을 뚫고 거실까지 들어와 있었다. 피해응급복구를 위해 피해지는 방수포로 덮여져 있었다. 방수포로 인하여 피해원인을 찾기 어려워 피해지의 위쪽의 산에 올라가 보았다. 피해지 위쪽은 평지로 된 옛날 집터였고, 물을 좋아하는 식물의 군락까지 발견되어 추가 붕괴가 우려되어 긴장했다. 옛날 집터에 물이 고여 집터에 심어둔 큰 산벚나무가 연속강우로 연약해진 지반을 견디지 못하고, 피해지로 밀려간 것으로 판단되어 진다. 그런데 이 곳은 응급 처방이 잘못된 것으로 보인다. 방수포를 덮을 것이 아니라 옛날집터에 물이 고이지 않게 수로를 내는 것이 중요하다. 할머니에게 밤에 비가 오면 집에 머물지 않도록 당부드렸다. 이 할머니도 서울 아들의 전화를 받고 피신했다고 한다. 관공서에서 대피 문자를 받지 못했다고 한다. 안타까운 일이다.

7월 4일 돌아본 영주시 외곽지역에는 많은 가구들이 산자락 밑에 위치하고 있어 산지재해의 위험 속에서 생활하고 있다. 그러나 대부분이 사유림이고 산사태취약지역으로 지정받지 못한 지역이다. 물론 유역이 소규모이고 높지 않은 사면으로 취약지역으로 지정받기는 어려웠을 것이다. 그러나 산지 바로 아래 건축한 주택과 그 주택 뒤에는 옹벽과 같은 흙막이시설이 없어 위험한 지역임에는 틀림없다. 또한 피해지 상부에는 묘지, 농경지, 길, 집터 등 과거 또는 현재 인위적 훼손이 있었던 지역이다. 법률상으로는 산사

상망동 (C) 피해지 응급복구 전경

태가 아닐 수 있다. 그러나 산사태 발생 요건은 항상 존재하고 있었다.

이런 지역의 재해 위험요소는 조사가 어렵고 힘들다. 그러나 전수 실태조사가 반드시 필요해 보인다. 조사는 재해요소를 세밀하게 찾을 수 있는 경험 많은 전문가가 해야한다. 그리고 기존의 산사태발생 우려지 및 취약지역을 찾기 위한 방법을 달리해야 한다. 지금의 위험지 조사는 산림청이 협회에 위탁하여 시행하고 있다. 조사는 야장에 의한 정량적 방법이 핵심이다. 대규모의 위험지와 각종 위험인자 DB가 구축되어 있는 대상지는 그 방법이 정확할 것이다. 그러나 세부적인 위험요소를 제거하는 것은 지역의 상황을 잘 인지하고 있지 않으면 어렵다. 지금의 취약지역 지정 시스템으로는 어렵다는 것이다. 이러한 곳은 지자체가 나서야 효율적이다. 지자체장이 책임지고 산지 재해위험지를 찾고 대응하는 계획을 수립하는 것이 효율적이다. 그래야 정밀하게 조사하고 대응하여 한집도 빠짐없이 대피명령을할 수 있다. 그 집에 누가 사는지, 집 뒤에 농경지와 길이 있는지, 집 뒤에 옹벽과 수로가 있는지 잘 아는 사람은 지역의 주민과 공무원, 기술자 등이기 때문이다.

앞으로 발생하는 산사태와 산지붕괴 사고는 이번에 영주에서 발생한 유형에 집중할 필요성이 있다. 특히 중소도시가 더 취약할 수 있다. 서울, 부산과 같이 많은 산림재해를 겪어 보지 못했기 때문에 대비가 불충분하다. 대도시와 대규모 유역의 산사태와 토석류는 산림청이 시행한 실태조사와 사방사업으로 위험성이 많이 해소되었지만, 중소도시는 그렇지 않기 때문이다. 그래서 이제는 지자체가 나서야 하는 때이다.

산사태 위험지를 선정하고 위험요소를 해소하기 위해서는 유연한 사방사업비의 투입이 필요하다. 영주에서 둘러본 현장은 거의 장비가 진입하지 못하는 곳이다. 자재를 운반할 통로의 확보도 어렵다. 대부분의 대상지가 옹벽과 같은 흙막이시설이 필요하다. 또한 전문 인력시공에 의한 세밀한 시공이 필요하다. 입지조건 때문에 일반 대상지에 비해 사업비가 많이 소요된다. 이런 대상지 유역면적은 0.1ha 정도로 현재의 산지사방 사업단비로는 시공이 불가능하다. 이런 이유 때문에 위험지 선정에서 누락되고 있는지 모른다. 이와 같은 지역은 위험지 조사와 동시에 대응공법과 사업비를 함께 산출해서 예산을 신청하는 유연한 예산시스템의 운영이 요구된다. 대응공법과 예산을 효율적으로 사용할 수 있도록 전문인력 양성과 사방사업을 위한 시공법과 기계 개발에 산림청이 나서야 하지 않을까 생각한다.

4장

기후위기시대 산림기술

1. 산림기술의 타당성조사와 평가제도의 문제점

(기본에 충실하고 공정한 산림사업이 필요하다.)

전국의 산림기술자들은 일주일에 하루 이틀은 사업평가에 사업현장토론회, 자문회의, 심의위원 등에 참여한다. 그 중에서도 사업대상지 선정과 사업실행을 위한 사전 타당성조사 및 평가에 많은 기술자들이 참여한다. 기술자들은 사방사업지, 임도, 복원 등의 사업지로 직접 현장을 다니면서 대상지의 적합성, 위치선정, 공법결정, 사업의 용이성 등에 대한 기술을 조사하고 평가한다. 그것 뿐 아니다. 그 지역에서 오랫동안 근무하였으니 촌동네 구석구석 대상지를 찾아다니는 일도 하며 점심 먹을 맛집도 수배한다. 그러나 마치고 들어오는 길은 항상 허전하다. 허전하지 못해 공허하다. 타당성평가와 조사의 주체는 기술자단체들이 아니기 때문이다. 주체는 행정기관이거나 협회, 타 분야 평가 업체이기에 더욱 그렇다.

이러한 문제점을 보완하기 위하여 2017년 산림기술진흥법 제2조에 '산림기술의 타당성 검토에 관한 사항'을 산림기술의 범주에 넣었다. 그러나 법에 명시된 '타당성 검토'에 대한 세부적인 운영범위와 방법의 연구도, 법령 보완 작업도 없었다. 산림사업 중에서 임도설치, 사방사업, 휴양림지정, 숲길계획, 산지전용, 벌채, 산림복원사업 등에서 타당성조사와 평가를 하고 있다. 임도와 사방사업의 타당성평가는 규모가 타 분야에 비해 소규모이고 복잡한 사업이 아니어도 실시한다. 그러나 반드시 필요한 절차로 보인다. 환경단체, 지역주민 등의 의견을 반영하고, 최적의 노선 배치와 산림재해를 예방하기 위한 조치이다. 사방사업 타당성평가 제도의 도입은 우면산 산사태 이후 토석류의 피해의 중요성이 인식되면서 사방댐의 위치선정, 생태적요소 등을 고려하기 위함이다. 휴양림과 숲길은 사업을 확정하기 위한 기본계획의 사전 계획단계의 절차로 타당성평가를 실시하고 있다. 행정적 절차로 보인다.

산림분야의 '타당성검토' 용역시장 중 가장 규모가 큰 분야가 산지전용타당성조사이다. 산지전용타당성조사는 사업대상지타당성과 사업계획타당성을 기준으로 입목축척조사, 보호식물 존치여부, 평균경사도, 산지경관, 재해 예방 등의 지표를 다루는 종합산림기술 분야이다. 벌채사업은 산림청의 2050 탄소흡수원 시책으로 30억 그루 나무심기 사업을 발표한 후 2021년 홍천 지역의 대규모 벌채지에 환경단체의 문제 제기로 타당성평가 제도의 도입을 검토하고 있는 것으로 안다. 산지전용지와 벌채지의 경우 산지 소유자가 중심이되어 개발하고 벌채한다. 결국 타당성평가를 산주가 전문업체에 맡겨서 실행해야 한다. 그리고 업체의 선정의 결정권도 가지고 있어야 하나 법에 명시한 업체에 한정하여 용역을 발주할 수 밖에 없다. 다양한 창의적 기술의 반영이 어려운 구조이다. 산림복원사업의 타당성 평가는 2019년 산림자원법에서 산림복원의 개념을 법제화하고 사업의 시급성, 효과성, 기본계획과의 연계성, 대상지의 훼손 원인 등의 종합적 평가를 위한 제도로 시행하고 있다.

그런데 이러한 산림사업의 '타당성검토' 제도는 여러 곳에서 문제점들이 나오고 있다. 먼저 충분한 자격과 기술이 있어도 참여가 자유롭지 못하다는 것이다. 또한 누가 할 것인지 어떠한 자격자가 해야 하는지 불분명하다. 정확이 말하면 기술분야의 업체는 거의 하지 못한다. 또한 평가의 시점과 결과에 대한 책임의 소재 또한 불분명하다. 타당성평가에 대한 자체적인 대가기준이 없고 엔지니어링대가 기준을 준용하고 있는 실정이다. 이에 '타당성검토' 분야의 발전을 위해서는 어떠한 문제점이 있는지 타 분야의 사례를 분석하고, 보완책이 무엇인지 반드시 알아볼 필요가 있다.

건설분야의 타당성평가는 건설기술진흥법의 기술범위에 타당성검토 제도를 두고 있다. 또한 체계적으로 타당성평가를 받아야 하는 공사도 명시해 두고 있다. 적용대상 공사는 도로공사, 철도공사, 하천공사, 댐공사, 수도공사, 거의 모든 토목공사, 건축공사, 산업설비공사, 조경공사 등이다. 건설분야 타당성평가의 주체는 국가, 지방정부 등에서 실시하고 전문용역업체에 위탁할 수 있도록 하였으며, 용역업체는 기술사를 비롯한 일정 기술자격기준을 정하고 업체를 등록하도록 하고 있다. 또한 타당성평가는 사업 기본설계를 하기 전에 실시하도록 명시하고 있어 체계적이다. 용역업체는 ① 타당성평가 ② 기본설계 ③ 실시설계로 체계가 명확하다. 우리 산림사업은 기본설계도 의무화되어 있지 않고 기본계획 용역도 거의 실시하지 않는 것과 다르다.

엔지니어링분야의 타당성 평가업무는 엔지니어링진흥법에서 엔지니어링 활동에 타당성조사를 포함하고 있다. 법 시행령에서는 타당성조사를 엔지니어링사업자가 해야 한다고 규정하고 있다. 산림분야와 달리 타당성평가 및 조사 업무가 엔지니어링 용역업의 업무범위에 있다는 것이다. 우리 산림기술법이 제정될 때 건설기술진흥법과 엔지니어링진흥법을 참고하여 만들어졌다. 그러나 타당성평가 및 조사에 대한 세부적인 사항을 명시하지 못했다.

그런데 「지방재정법」의 타당성 조사와 「기술진흥법」의 타당성조사를 같은 개념으로 생각하는 기술자들이 많다. 사실 전혀 다른 개념이다. 「지방재정법」은 예산에 관련한 법령으로 타당성 조사의 목적과 내용이 상이하여 「기술진흥법」의 타당성 조사와 별도로 의뢰하고 진행해야 하는 것이다. 원칙적으로 순서는 「지방재정법」에 따른 타당성 조사 수행 이후 투자심사를

산림사업의 타당성평가제도

관련법률	명칭	주요항목	실행주체	비고
산지관리법	산지전용타당성조사 생태적산지전용지구 타당성조사	입목축척, 임령 등 산림조사, 재해 등	산지전문기관 (산지보전협회, 한국치산기술협회)	
산림자원의 조성 및 관리에 관한 법률	산림기반시설의 타당성평가	예정노선선정, 재해, 공법, 생태적 등	실행기관 (위원위촉)	임도
산림자원의 조성 및 관리에 관한 법률	산림복원사업 타당성평가	복원시급성, 경제성, 훼손원인 등	산림복원지원센터(한국수목원관리원, 한국산지보전협회)	
산림문화· 휴양에 관한 법률	자연휴양림지정 타당성평가	경관, 위치, 수계, 개발여건 등	산림조합, 한국산림복지진흥원, 한국산지보전협회, 산림사업법인중 휴양림시공 사업자	
	숲길조성계획 타당성평가	노선선정, 조성계획적절성, 생태계 등	트레킹지원센터, 산림조합, 산림사업시공법인, 종합업 또는 산림휴양전문업산림기술용역업자	
산림복지진흥에 관한 법률	산림복지단지조성 계획의 타당성조사	지형여건, 조사규모, 경제적 타당성 등	한국산림복지진흥원, 한국산지보전협회	
사방사업법	사방사업의 타당성평가	사방사업대상지, 경관과 환경, 주민의견 수렴, 주변식생, 장비등	사방협회 위탁업무	

거쳐 사업추진이 확정된 이후에 건설기술진흥법에 따른 타당성 조사를 수행하여야 하나, 기타 사유로 인하여 「기술진흥법」에 따른 타당성 조사를 먼저 수행한 경우 해당 비용자료를 검토하여 「지방재정법」 타당성 조사에 활용할 수 있도록 한 것이다.

산림사업에서의 타당성평가 및 조사는 각 개별법에서 각기 정하고 있고 실행방법도 다르다. 정비가 필요하다 하겠다.

먼저 산지관리법 제18조의 산지전용타당성조사는 아무런 예외 없이 산지전문기관에서만 수행하도록 명기하고 있다. 또한 산지관리법 시행령에서는 타당성조사의 절차 및 기준에서 타당성조사 기관을 한국산지보전협회 또는 한국치산기술협회에서만 하도록 되어 있다. 타당성조사 제도도입관련 연구 자료를 찾아보니, 2011년 산림과학원에서 산지전용타당성 조사제도 도입방안 연구가 제도도입의 근거로 보인다. 그런데 연구보고서에는 타 분야의 사례분석도 없었다. 타당성조사 업무가 기술산업에 막대한 영향이 있는 것을 감안하지 않았다. 산림기술업체가 먼저 산지전용업무에서 주인이 되지 못하고 일반 토목, 도시계획업체에서 수행할 수 있는 첫 단추를 제공한 것이다. 산지전용업무의 시작, 중간, 마무리의 연결성이 없어진 것이다. 또한 타당성조사에 대한 개념의 정리도 명확하지 않았다. 또한 타당성조사 주체를 아무런 근거 없이 산지전용타당성조사 대상 및 방법으로 한국산지보전협회로 한다고 되어있다. 이해하기 어려운 연구 방법과 결과로 보인다.

산지관리법 제46조에는 한국산지보전협회의 설립목적을 명시하였다. 타당성조사와 평가에 대한 사업목적이 없다. 주로 정책과 제도, 교육, 홍보, 자문, 감시활동 등이다. 뭐가 잘못된 것 같다. 왜 타 분야에서 용역업으로 기술자들이 해야 할 업무를 한국산지보전협회, 한국치산기술협회에서만 하도록 한 것인지 근거가 부족해 보이기 때문이다. 산림기술산업의 확장성을 없애 버렸다. 타당성조사는 입목축적, 임령 등에 대한 산림조사 · 분석, 및 평균경사도 등 조사 · 분석, 경관 및 재해방지 등을 조사 분석한다. 분명 기술용역의 업무이다. 지금이라도 산림기술법에 등록된 용역업체의 참여가 보장되어야 할 부분으로 보인다. 용역업체들이 장비, 기술이 부족하고 신뢰성이 없으면 지원하고 교육을 해서라도 참여를 보장해야 할 것이다.

산림자원의 조성 및 관리에 관한 법률에는 임도와 산림복원 사업을 위한 타당성평가를 하도록 되어 있다. 세부적으로는 산림기반시설 설치의 타당성평가로서 평가위원에 대한 자격만 명시하고 있다. 산림기술자들이 위촉받은 위원으로서 활동을 하고 있는 평가제도이다. 산림경영시대에 기반시설의 설치는 중요하고, 사업량은 지속적으로 늘어날 것이다. 이에 대비를 위해서라도 타당성평가를 전문용역업체에 위탁할 수 있는 근거의 마련이 필요한 실정이다.

산림복원사업의 타당성평가는 산림복원지원센터에서 하도록 되어 있으며, 한국수목원관리원과 한국산지보전협회가 지정토록 되어 있다. 두 개 협회를 그냥 지정하면 될 텐데 왜 산림복원지원센터라는 또 다른 기관을 명시한지 도저히 이해가 안 된다. 그런데 산림자원법 제42조 산림복원지원센터의 역할은 산림복원 정책개발과 지원, 훼손지조사, 복원기술의 표준화, 컨설팅과 모니터링 등이다. 사업의 타당성평가를할 수 있는 근거는 명시하지 못했다. 산림복원사업에서도 기술용역업체의 참여가 보장되어야 할 부분이다.

산림문화 · 휴양에 관한 법률에는 자연휴양림의 지정과 숲길조성계획의 타당성평가를 하도록 정하고 있다. 자연휴양림의 지정 타당성평가는 산림조합, 한국산림복지진흥원, 한국산지보전협회, 산림사업법인 중 휴양림시공 사업자가 하도록 되어 있다. 그런데 타당성평가는 엔지니어링 용역업체가 참여하는 것이 타 분야 사례와 업무내용으로 보아 타당한데 참여할 수 없고, 시공업체가 참여토록 되어 있어 무명무실한 제도로 보인다. 그러나 실제 기술자 집단이 아닌 산림청 산하 특수법인들은 다할 수 있도록 되어 있다. 정작 기술자의 집단인 용역전문업체와 산림기술인회는 빠져 있다. 조속한 정비가 필요한 분야이다.

숲길조성계획의 타당성평가 또한 트레킹지원센터, 산림조합, 산림사업시공법인, 종합업 또는 산림휴양 전문업 산림기술용역업자가할 수 있도록 되어 있다. 숲길의 경우 산림기술법의 용역업체의 참여 문호를 개방해둔 유일한 사업이다. 그러나 용역으로 발주하는 사례는 거의 없다. 발주처가 직접 실행하기 때문이다.

산림복지진흥에 관한 법률에는 산림복지단지조성계획의 타당성조사를 한국산림복지진흥원, 한국산지보전협회에서 하도록 되어 있다. 석재산업진흥에 관한 법률에서는 석재산업진흥지구의지정 타당성조사를 농림부장관의 권한으로 두고 있다.

사방사업법에는 사방사업의 타당성평가를 사방협회에 위탁가능하도록 되어 있다. 아직 법에는 한국치산기술협회가 아닌 사방협회로 되어 있다. 사방협회는 전국에 지회를 두고 지회 거주 산림기술자를 위원으로 위촉하여 타당성평가 업무를 시행하고 있다. 사방사업의 타당성평가는 내용이나 절차상 사방사업의 기본설계에 준하는 방식이다. 타당성평가 대가지급 기준도 엔지니어링 대가기준을 따르고 있다. 용역비도 기본설계에 준하여 예산이 책정되고 있는 것으로 안다. 결국 기본설계를 하는 용역비를 타당성평가에 사용하고 있어 직접적으로 기술용역업체의 권익에 막대한 영향을 미치고 있는 것이다.

결론적으로 산림사업의 타당성평가와 조사는 타 분야의 사례를 보면 잘못 운영되고 있는 것이다. 기술자의 고유 업역으로 돌려주어야 한다는 것이다. 기존 협회에서 하는 것을 못하게 하자는 것이 아니라, 기술자 업체들도 참여할 수 있도록 조치를 해야 한다는 것이다. 그래야 기술산업과 업체의 경쟁력을 확보한다. 또한 산림기술법에 명시한 '산림기술타당성 검토'를 사업별로 세부적 기준을 만들고 통합하여 시행할 필요성이 있다는 것이다. 사업을 시행하기 전 타당성평가는 용역업의 시작이다. 그래서 산림기술시장의 활성화와 부가적 2차 기술시장의 확대를 기대하고 타 분야 기술업체와의 경쟁에서 대등한 지위를 유지할 수 있는 기반이 되는 것이다. 또한 외부에서 산림분야의 평가기술을 인정할 것이다. 지금의 제도하에서는 산사태가 발생하는 원인조사를 해도 국민들이 신뢰하지 않을 것이다.

2. 산림사업의 환경관리기술

(탄소중립과 작업안전은 이 시대의 숙명이다.)

최근 우리나라는 미세먼지와의 전쟁을 하고 있다. 국민들은 대기오염물질과 맑은물에 민감한 반응을 보이고 대통령직속 국가기후환경회의에서도 미세먼지 저감 및 방지대책에 초점을 맞춘 정책을 내고 있다. 산림분야에서도 미세먼지와 도시의 온도 저감을 위하여 바람길사업, 도시숲 조성의 정책을 내놓고 시범사업을 하고 있는 실정이다. 그런데 실상 산림에서 이루어지는 산림사업인 수확벌채로 시작하여 조림, 숲가꾸기, 병해충방제 등 산림조성 관리사업과 이 사업을 하기 위한 기반시설인 임도, 사방 등의 각종 토목사업과 숲을 이용하는 치유, 휴양 등의 사업에서는 미세먼지, 오염물질, 흙탕물 등의 관리에 아직은 능동적으로 대처하지 못하고 미흡하며 기준 또한 없는 실정이다.

지금까지는 이러한 사업을 하면서 기계톱의 윤활유가 임지에 떨어져 예쁜 야생화에 묻어도, 송이버섯 생산지에 산주의 민원이 발생하여도, 별다른 대응을 하지 못했다. 임도사업에서 토목, 벌목 장비의 매연, 분진, 많은 소음과 진동같은 것을 작업자는 불편해했지만 관리한 적이 없다. 또한 사방사업을 하고 일시적으로 나타나는 해캄, 흙탕물 등의 저감 및 관리도 없었다. 겨우 하천에서 사용하는 오탁방지막 정도를 계곡에 설치했을 뿐이다. 복원사업지의 장비 바퀴에 외래식물 씨앗이 묻어와도 장비의 바퀴에 식생이 밟혀 죽어도 조심해서 작업을 할 뿐, 세부대응 기술이나 설계에 반영은 없다. 그래서 환경단체와 주민들의 민원도 그냥 시공자에게 해결을 요구하고, 원인 해결을 하지 못하므로 사업을 중단하기도 하면서 어렵게 산림사업을 하였다.

최근 저자는 2019년 산림기술진흥계획을 수립하면서 산림사업의 환경관리에 대하여 언급하였다. 다른 산업에서는 이미 환경관리가 의무화되어 시행하고 있고, 우리 산림분야도 가장 시급한 사업현장에서부터 기준을 만들고 시범사업이 반드시 필요하다고 생각했기 때문이다. 환경관리 관련법률을 보면 대기환경보전법의 비산먼지 및 대기오염 배출 저감대책, 소음 · 진동규제법의 장비 작업 및 이동, 발파 등에 따른 소음 및 진동 제어 등이다. 폐기물관리법의 건설폐기물 발생의 최소화 및 적법 처리, 지하수법의 지하수개발에 따른 지하수 오염방지 및 현장용수의 유출 관리를 요구하고 있다. 환경영향평가법에서는 공사 착공 전 환경영향평가로 환경오염 피해를 최소화하고 있다.

언급된 환경 관련법은 환경관리통합관리법에 정하는 업종에는 산림사업은 세부적으로는 포함되지 않는다. 그러나 산림사업 현장과 연관성이 없다고 볼 수 없다. 지금은 기후위기에 따른 이산화탄소 와 미세먼지 저감의 시대이고 이미 규모가 큰 산림사업 현장에서는 일부 적용받고 있기 때문이다. 산림사업은 깊은 산속에서 이루어지고 규모가 적어 관련법의 사각지대에 있을 뿐이다. 산림사업의 공종 중 규모가 크고 일반 토목사업에 준하는 임도 및 사방사업에서 굴착, 발파, 계곡부의 암거설치 등의 공종은 관련성이 분명히 있어 보인다.

먼저 선제적으로 환경친화적 산림사업을 하기 위한 추진계획의 수립이 필요하다. 산림사업별 관리대상 공정과 규모를 정해야 한다. 그리고 환경관리 사업을할 수 있는 기술개발 계획과 당장할 수 있는 사업을 발굴하여 시범사업을 선정해야 할 것이다. 이 산림분야의 환경관리사업은 산림사업의 신뢰성 회복 및 기술의 고도화를 통한 새로운 일자리와 시장을 여는 계기가 될 것이며 탄소중립시대에 살고 있는 우리의 의무라 할 것이다.

둘째로 산림에 투입되는 건설기계 및 임업기계의 환경저해요소 실태조사가 필요하다. 임업기계는 여러 건설현장에서 폐기한 기계의 엔진 등을 재활용하는 경우가 많으므로, 더욱 시급한 실태조사가 필요한 것이다. 특히 노후화된 기계를 어떻게 관리하고 처리할 것인가에 대한 고민이 필요하다.

셋째로 폐기물처리에 대한 세부실태조사와 처리방안이 필요하다. 사방사업에서 노후화되고 안정성에 문제가 있는 콘크리트, 강제사방댐의 철거시 많은 폐기물이 발생할 것이다. 임도와 산사태 현장에서 콘크리트포장 철거, 게비온옹벽, 녹화마대 등의 재료의 회수비용도 만만치 않을 것이다. 임도사업에서 발생하는 지장목과 병해충방제에서 사용된 타포린과 약병 등도 해당될 것이다.

임도사업에서는 당장 문제가 발생하고 있다. 지장목과 폐뿌리도 임산물이므로 폐기물 처리를 하지 않아도 된다고 생각하고 지금까지 일했다. 그런데 이젠 쉽지 않다. 지장목을 적극적으로 활용하는 기술이 개발되지 않으면

지장목 처리

폐뿌리

미이용 바이오매스

폐기물 처리를 반드시 해야 한다. 이에 대한 방안으로 임도 성토부 밑막이 정도의 공법만 개발되어 있는 실정으로 적극적인 소동물 서식처조성법, 흙막이재료, 녹화공법이 활용될 수 있도록 하고, 미이용 바이오매스로 활용 등에 시범사업을 시행해야 할 것이다. 이것들이 산림자원을 이용한 작은 탄소중립 실천 방안이다.

넷째로 사방사업에서는 물과 관련있는 계곡부를 사업대상으로 하기에 더 환경요소가 많다. 사방댐과 계류보전사업은 산림 내 계곡에 설치하기 때문이다. 최근 사방사업지에 환경단체와 주민들은 해캄 발생이 사방사업의 원인이라고 민원을 제기하고 있는 실정이다. 계곡에 장비로 터파기를 할 때에는 계곡의 수목을 제거해야 하고, 표토를 교란하므로 발생하는 일시적인 현상이다. 계곡에 빛이 많이 들어오니 표토층의 유기물이 일시에 계곡부로 유입되어 더 악화되기 때문이다. 이에 대한 연구는 없다. 시급한 연구과제 선정을 통하여 대응해야 할것이다. 그리고 시범사업을 시작해야 한다. 어떠한 상황에서 해캄이 발생하는지? 계곡부 공사 후 식재사업을 어떻게 해야 하는지? 발생시 대책공법이 뭔지? 주변 식생 존치방안이 무엇인지? 등에 대한 사항들이다. 이 시범사업을 통하여 사방사업에 대한 허용범위 기준과 사

해캄피해

숲 조성으로 인한 해캄피해 최소화

업실행 기준을 만들어야 한다는 것이다. 또 사방댐사업에서는 대규모의 메스콘트리트를 사용한다. 일시적으로 계곡의 수질의 변화를 가져올 것이고, 이에 대한 대응 기술도 필요하다. 물론 어류, 파충류 등의 피해저감을 위한 공법개발도 필요하다 할 것이다.

마지막으로 산림사업은 규모가 적고 사업비도 일반 건설, 토목공사에 비해 상대적으로 적다. 험한 산지에서 고생을 하지만 국민들은 당연하다고 생각하고 조금만 경관, 환경에 적합하지 못하면 질타를 한다. 그리고 환경관련법에서는 정당한 산림경영에 대해서도 쉽게 인정하지 않는 분위기이다. 최근 산불지복구, 벌채논란 등이 그렇다. 대단지 산지전용에서도 환경이 주체이고 산림기술과 제도는 보조이다. 이에 국민의 신뢰를 얻고 지속적인 산림관리를 위해서는 선제적으로 산림사업의 환경관리사업에 관심과 정책수립이 요구된다.

3. 소나무재선충병 방제의 방향 전환

(산림청의 임업적방제방법 도입을 기대하면서….)

산림청은 '23년 소나무재선충병의 방제 정책의 목표로 '소나무재선충병 피해확산저지를 위한 총력방제'을 세웠다. 목표를 수행하기 위해서 과학적 예찰과 세밀한 방제전략을 내세웠다. 재선충병의 피해본수는 지속적으로 증가하고 있고 발생지역도 줄지 않고 있다. 그런데 드론, 유전자진단키트, 예찰스마트화 등의 방법으로 방제의 성과를 제고하겠다는 것이다. 그러나 소나무재선충병의 발생과 방제이력, 기술 등의 메카니즘과 실태를 아는 사람이면 누구나 의문을 제기한다. 이렇게 확산된 재선충병에 과연 이러한 방법이 효과가 있는지? 정책당국이 방제 방향성을 잘못 잡은 것인지 걱정이 앞선다. 이러한 방법으로 소나무재선충병을 극복한 나라가 있는지? 최소한 한국에서 이러한 방제방법으로 관리가능한 수준의 방제를 성공한 지역이 있는지? 성공사례로 제주도의 방제성과를 겨우 이야기할 수 있을 것이다. 그러나 제주도도 아직 미완성이다. 방심하면 다시 확산될 수 있을 것이다.

필자는 재선충병 방제의 방향성은 정확한 실태파악과 시대의 여건을 반영하여 결정되어야 한다고 생각한다. '13년 이후 재선충병의 번성기에 산림청의 방제정책 방향은 ① 방제방법의 전환기(훈증→수집) ② 현장의 부실방제 방지 점검 ③ 제규정과 매뉴얼의 개발 ④ 방제전략의 수립 ⑤ 방제인력의 전문교육 ⑥ 방제주체의 협력 등일 것이다. '13년부터 '19년에는 관리가능한 수준의 방제를 위하여 방제정책방향은 ① 전국의 국가방제전략 ② 방제평가 제도의 도입 ③ 예산절감을 위한 방제지역의 타당성평가제도 ④ 본수위주의 방제실적 평가에서 면적을 감안하는 제도도입 ⑤ 관리가능한 수준의 개념정리 등이 있을 것이다. 그러나 산림청은 코로나가 오면서 이것들을 준비하지 못했다. 결국 예산의 부족과 국민들의 관심에서 멀어짐에 따라 지금의 확산을 가져온 것이다. 많은 전문가들은 예상했다. 분명 한국도 소나무재선충병을 제어하지 못할 것이라고, 재선충병은 우리가 조금만 허술해지면 다시 번성하고, 관심을 가지면 줄어들고 하는 아주 고약한 놈이라고 말이다. 주변의 일본의 경우만 보아도 알 수 있었다. 일본의 서해안을 따라 니이가타시, 아카타시, 아오모리시로 확산되면서 소나무숲이 소멸하는 것을 보았다. 년도별 확산 도표를 보면 우리나라 확산 도표와 너무나 흡사했다.

우리는 확산을 막는데 모든 정책의 1순위로 두어야 했었다. 선단지의 관리가 그렇게 중요했다. 일본의 탄탄한 재선충병의 연구결과를 바탕으로 총력을 다했음에도 불구하고 확산되었다. 특히 아오모리 일본 국가선단지는 속수무책으로 무너졌다. 이러한 사례만 보더라도 한국은 더 철저히 긴장감 있게 일본에서 실패한 사례를 감안하여 필자가 제시한 사안들을 준비했으면 지금 어떠한 상태일까 궁금하다. 방제 주체 모두가 그냥 코로나 시기에 재선충병을 책상에서 쉽게 제어하려고 했다. 현장은 선목기준을 예산에 맞추어 변경하기를 반복했고, 실적을 위한 방제를 했고, 피해목에 따라가는 소극적 단목방제만 했다. 선제적 방제는 거의 없었다. 새로운 현장기술을 바탕으로 한 방제방법의 개발도 없었다. '18년 1차 전국방제전략에서는 피해목을 따라가는 방제에서 사전예방하고 임업활동을 적극적으로 하자는 방안으로 소나무집중관리지역을 선정하고 임업적방제를 하자고 제안한 적이 있

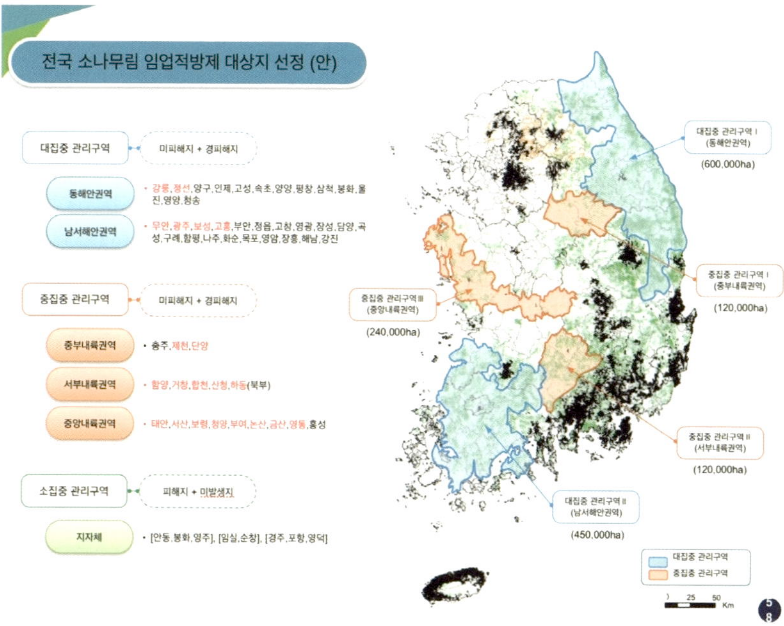

'17년 소나무재선충병 방제 품질 및 효과성 강화연구 (국회사무처)

다. 물론 국가가 관리하는 선단지도 제시하였다. 그러나 시행하지 못했다.

'13년부터 '22년까지 우리는 방제 성과도 보았고 실패도 겪었다. 방제성과는 열정적인 산림청과 지방정부의 관심과 노력, 현장기술자의 자발적 책임감, 언론과 국민의 질타와 칭찬 등이 요인이었다. 방제실패의 원인은 재선충병을 너무 쉽게 보고 예산이 없으니 대충해도 되겠지 하는 안일한 생각이 주요 요인이다. 방제 방향을 코로나 대응으로 타 분야에 편승하여 재선충병에 IT기술도입, QR코드 도입으로 기술자의 자긍심을 추락시켰다. 또한 드론예찰, 스마트 방제 등에만 관심을 가지고 현장기술과 노동력 확보에는 우선하지 않았다. 기본에 충실했어야 했고 현장에서 답을 찾아야 했었다. 그러나 그렇게 할 여건도 어려웠고 하지 못했다. 필자는 개인적으로 코로나 시기에 다음과 같은 방제방향을 결정하고 추진했으면 하는 아쉬움이 계속 남는다.

1) 2차전국의 국가방제전략수립

2) 방제평가 제도의 도입

3) 방제지역의 타당성평가제도

4) 본수위주의 방제실적 평가에서 면적을 감안하는 제도

5) 관리가능한 수준의 개념정리 지자체 방제목표 설정

6) 임업적방제방법 도입

7) 지역방제협의체의 지속발전

8) 방제전략수립전문가 양성 등

무엇보다 실패의 원인은 산림청, 지방정부, 시민단체, 언론, 지역주민 등의 무관심이였을 것이다. 어렵게 산림청이 만들어 둔 지역방제협의체가 유명무실해졌다. 방제 주체별 소통과 이해의 폭이 없어졌다. 특히 현장의 산림기술자들의 방제 의욕이 사라졌다. 그들이 신바람나게 방제할 구심점이 없어졌다. 현장의 모든 선목기술, 작업장 개발기술, 산물 수집기술, 산물 이용기술이 거의 사장되고 있는 것이 현실이기 때문이다. 산림청에서 차분히 지속적으로 이러한 문제들을 해결해야 한다.

'23년 산림병해충과 책임자의 산림시책교육에서 필자는 가능성을 봤다. 소나무재선충병의 방제 정책에는 이제 대외적 이슈를 반영하는 방제방향을 설정해야 한다. 먼저 기후위기, 탄소중립, 산불발생, 미이용 바이오매스, 소나무림의 소득가치, 도시림의 관리 등이다. 또한 임업경영시대를 맞이한 산주의 경영의지와 직불금 지급 등이다. 이제 단목방제를 하고 훈증무더기를 방치하며 죽은 나무만 골라 제거하는 시대가 분명 아닌 것이다. 다행히 '23년

산림청은 소나무재선충병을 재난에 포함하는 과감한 정책을 펴고 있다. 아주 고무적이고 적극적 정책에 찬성한다. 또한 별도의 조직을 만들어 집중관리하겠다는 의지로 보인다. 소나무재선충병이 재난으로 관리되어야 충분한 예산이 동반될 것이기 때문이다.

또한 산림청은 산림시책에서 소나무재선충병 방제방법으로 임업적방제방법을 연중 시범 적용하려는 노력을 하고 있어 정말 다행으로 생각한다. 소나무생육환경개선사업이다. 우리가 아는 위생간벌사업으로 보인다. 과거에 소나무재선충병 방제 선단지 앞에서 위생간벌을 한 적이 있다. 실패한 정책으로 치부되어 중단되었다. 그 당시는 재선충병의 확산 메커니즘이 연구단계에 있었고, 방제 시행에 앞서 연구실에 연구가 우선시 되는 시절이기 때문이기도 했다. 또한 그 때는 감염목, 피해목, 선단지 등의 정확한 개념을 제시하지 못한 시절이었고, 방제규정이 완벽하지 못했으며, 방제매뉴얼도 세부적이지 못했고, 피해목을 수집하는 방제방법은 거의 없었다. 또한 감염목을 검경하는 일이 어려운 시절이었다. 한번 더 필자는 '23년 시책에서 소나무생육환경개선사업에 대한 시책을 환영하면서도 걱정이 앞선다. 시책에서 상세한 세부실행 방법을 제시하지는 못했기 때문이다.

최근 필자는 산림청의 시책을 보고 소유산지의 재선충병 임업적방제 방법을 해당 시 · 군에 제안을 했다. 이미 재선충병이 몇 년간 지속되었고, 상수도보호구역으로 거의 숲가꾸기를 못했으며 겨우 참나무 위주의 시업만 하다 보니 재선충병의 확산 근거지가 되고 있는 산지이다. 물론 산림경영계획에 위생간벌의 숲가꾸기사업을 반영하여 인가를 득한 임지였다. 임내 여러 곳에서 고사목은 방치되고, 베어진 피해목은 훈증조차 못하는 실정이었다. 벌목, 조재, 임내집재만 예산에 반영하면 파쇄, 운반비는 자부담을 하겠

'23 대구 동구 소나무재선충병 피해지 임업적방제 대상지

다고 해도 관할구청에서는 사업을할 수 없다고 한다. 이러한 사례를 찾기 어렵다고 한다. 산주가 적극적으로 임업적방제를 하겠다고 해도 일선 공무원은 정책을 수행하기 어렵다. 세부적인 대상지 선정과 방법론이 시책에 없기 때문이다. 임업적방제를 위한 운재로의 개설과 집재장, 파쇄장 등의 위치선정도 어렵기 때문이다. 특히 생태, 환경, 주민이해, 선목 등의 기술적 한계도 분명 있어 임업적방제는 더더욱 어렵다. 물론 도시지역의 시업을 위해서는 타 부서에 협의를 해야 하니 일손이 부족한 행정부서는 정말 사업시행을 어려워할 것이다. 그러나 그것을 극복하지 못한다면 이 방제 방법은 현장 적용이 정말 어려울 것이다. 소나무재선충병으로 한국에서는 더이상 임업경영은 없는 것이다. 또한 산림의 공익적 기능도 상실될 것이다.

먼저 임업적방제는 분명 산란처 제거, 숲의 건전성 확보, 산물의 이용, 비수기작업으로 방제인력 확보용이, 산주의 이익, 미이용 바이오매스의 확보 등 많은 효과를 가질 것이다. 임업적방제는 산주가 살고, 산림기술업체 및 목재수집 및 유통, 전력, 제지산업 등 관련 산업이 활기를 찾을 것이다. 또한 임업적방제는 반출금지구역을 최소화하고 정상적 임업 경영활동을 하자는 것이다. 피해지 외곽에서 10월부터 1월 정도에 벌목작업을 한다면 산물의 수집이 어려운 지역은 방제효과가 떨어지겠지만 임내지피를 가능하게 하는 것은 물론 피해목 수집 활용이 우선되어야 하는 것이 기본이다. 결단이 필요하다. 물론 매개충의 유인조건이 소나무가 죽어갈 때의 냄새로 유인되고 유인물질은 60일 정도 지속된다고 보면 가능한 작업방법인 것이다. 매개충의 비산란기 사업이 가능한 것이다. 과거 '11년 임업적방제 전략을 분석하

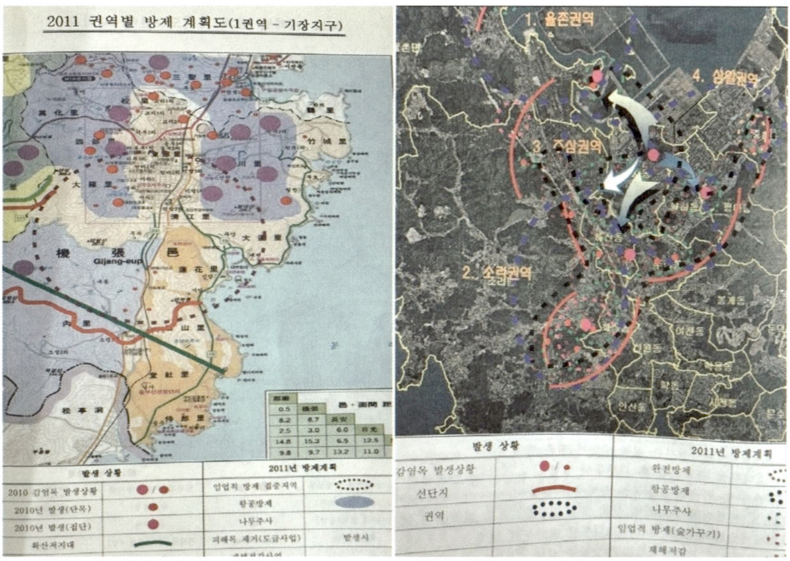

'11 부산, 전남 임업적방제 전략도

면 감염목, 발생지역에 인접하거나 중복하여 대상지를 설정했다. 이번에는 이러한 과오를 범하지 않으면 가능한 사업이다.

이러한 임업적방제사업을 하려면 선제 해결 조건이 몇 가지 있어야 할 것 같다. 산림청이 개략적으로 임업적 시업구역을 명시해줘야 한다. 국가방제전략을 통하여 전국적인 피해실태 및 방제실적, 피해예측을 통하여 시업구역 설정을 하면 좋을 듯하다. 더 세부적인 것은 반출금지구역 등을 감안하여 시 · 군지자체에서 최종 구역을 확정하면 어떨까 싶다. 산림청은 시업구역을 고시하고 산주들에게 설명하여 자발적 시업을 유도해야 한다는 것이다. 물론 산주가 원하면 임업적방제를 위한 산림경영계획을 작성 및 변경할 수 있도록 기술과 경비를 지원해야 한다. 그것은 탄소 상쇄제도의 도입과도 밀접한 관계가 있으니 산주는 반대하지 않을 것이다. 또한 사업에서 발생한

'20 홍천지역 잣나무 피해목 생산후 판매 대기 판재

산물은 타 지역의 수집처로 이동이 가능해야 하며, 산림청은 수집산물의 이용 활성화를 위하여 계획수집 물량을 집계하여 바이오매스 이용처, 원목이용처 등에 정보를 제공하고 판매전략을 수립해야 한다.

그리고 대형 원목의 이용촉진을 위하여 수피로부터 3cm 정도 깊이의 외피를 제거하면 원목으로 이용을 인증하는 규정도 만들어져야 한다. 임업인이 너무나 기다리고 있는 사안이다. 필자의 견해로는 매개충이 3cm이상의 깊이로 월동하는 경우는 아주 드물 것이기 때문이다. 물론 확률적으로 매개충이 원목의 내부로 깊이 들어가 월동을 한다 하더라도 매개충이 성충으로 우화되어 나오는 확률은 적을 것이다. 이러한 규정의 도입은 산림과학원의 의견이 중요하다. 과학원에선 최소한의 두께로 수피를 제거하고 피해목을 사용하는 방법을 반드시 마련해주어야 한다. 정말 어렵고 위험하다면 수피에서 5cm, 7cm 까지라도 검토해 주길 바란다. 지금 규정의 판재 두께 2.5cm로는 피해목 이용이 아주 제한적이다. 심지어 등산로, 집 정원의 계단, 데크, 건축용 루바재 등으로 사용도 불가하다. '20년 홍천지역의 잣나무 피해목을 2.5cm이하 판재로 가공했으나 수요처를 찾지 못하는 것을 보았다. 피해목을 목재로 사용할 수 있는 방법을 극대화해야 한다. 특히 북부지방의 잣나무 피해지역의 산주에게는 너무나 중요한 사안이기도 하다.

다음으로 임업적방제방법의 계획과 실적의 평가 방법이다. 임업적방제 대상지는 '18, '19년도 방제전략 연구에 따르면 ha당 2본 이하의 감염목이 있는 선단지나 선단지 전방 구역이 될 것이다. 지금의 방제 예산으로는 2본의 방제 예산만 반영될 것이다. 이것으로 임업적방제 방법을 도입할 수 없다. 반드시 방제계획에 ha당 단비표를 만들어 어렵지만 지속적인 예산 요구를 해야할 것이다. 물론 이러한 정책은 지금 현재 많은 예산이 있는 숲가꾸기사업의 예산을 비로소 떳떳하게 사용할 수 있는 근거가 될 것이다. 그래서 시범사업이 필요하다. 시범사업을 통하여 임업적방제의 개념을 정리하고 공종을 확정하며 공정량을 명확히 해야할 것이다. 분명 대상지는 거의 1, 2차 간벌이 없는 소나무 밀집지역이며 시업을 제한받은 산주 미동의지역, 공익용산지, 보호림, 도시림, 개발제한구역 등이 대부분일 것이기 때문이다. 이러한 어려운 문제를 해결하는 방안으로 산주의 동의와 사업의 필요성과 장래이익을 설명하고 설득하는 절차가 필요하다. 산주의 눈높이에 맞게 정책을 설명할 수 있어야 한다. 전문가에 의한 기본설계가 작성되어야 비로소 가능한 것이 임업적방제인 것이다. 가까운 일본에서도 선단구역 전방의 모두베기 정책을 시행하고 있다. 그러나 산주의 설득과 작업대상지의 규모화가 어려워 시행에 애로를 겪고 있다.

필자가 제시하는 방법은 과학적인 이론이 근거 되어야 한다. 또한 2011년도 시행한 임업적방제의 실패 원인 분석도 필요하다. 그러나 지금은 소나무재선충병이 제어가 가능한 수준이 아니고 예산도 인력도 부족한 비상사태이다. 결론적으로 단목방제와 기존 방제방법을 기본으로 방제하고 임업적방제도 하나의 방제방법으로 적극적으로 추진하자는 것이다. 또한 피해목 단목방제에서 피해임분방제로 전환할 수 밖에 없는 상황으로 여건이 변했다는 것에 모두가 인식을 같이해야 한다. 그래서 지금은 산림과학원의 이론적 배경과 산림청의 정책적 방안이 잘 조화를 이루어야 임업적방제 방법의 도입과 성공이 가능할 것이다.

2023년의 봄 전국 산림의 경영대상지는 거의 없다. 경영가능한 지역은 거의 재선충 반출금지구역이기 때문이다. 아무리 산림르네상스를 꿈꾸어도 소나무재선충병을 극복하지 못하면 어려운 것이 현실이다. 산림분야 탄소흡수원 목표는 요원하며, 국산 목재가격이 높고 미이용 바이오매스 수요량이 증가하여도 우리 임업의 산업화를 통한 연관산업으로 발전은 어렵다. 부디 산림청 소나무재선충병 방제방법의 대전환을 통한 임업경영이 가능하고 산주의 권익이 보전되면서 재선충병의 제어도 가능하도록 모두가 힘을 모아 주길 바란다.

4. 소나무재선충병 방제 정책과 기술

(이제 정상적 임업으로 소나무재선충병을 관리하자.)

최근 주요 일간지와 뉴스방송에서 전국의 소나무재선충병이 2014년 확산 상태보다 더 심각하다고 보도하고 있다. 소나무재선충병 확산을 민감하게 보는 필자와 전문가들은 최근의 확산 상태를 진단하고 '결국에 한국도 안 되는구나'라고 생각하고 있는 중이었다. 2019년 만해도 한국의 소나무재선충병을 극복한 유일한 나라가 될 것으로 생각했기 때문이다.

영남동해안권은 부산, 울산, 경주, 포항, 영덕까지 해안 벨트로 확장하고 있고, 대구를 거점으로 영천, 경주, 포항 내륙도 재선충병방제를 시작한 후 처음으로 연결되었다. 대구의 남쪽과 서쪽은 달성, 청도, 밀양, 창녕, 합천, 고령으로 연결되었다. 처음 보는 확산 광경이다. 춘천을 거점으로 양평, 가평, 홍천의 강원권은 방제에 더욱 손을 쓰지 못하는 실정이다. 겨우 제주도만 2013년부터 체계적 방제를 하고 있어 거의 안정기에 들었으나 아직 미흡한 상태이다. 서귀포지역에서 지속적으로 발생하고 있기 때문이다.

2000년에 들어와서 기후변화가 심화됨에 따라 소나무재선충병으로 소나무류들이 크게 위협받고 있다. 최근 재선충병은 전국의 거의 모든 소나무와 잣나무 산림에 확산되었다고 봐도 된다. 높은 산을 제외하고 산림을 경영할 수 있는 지역에 모두 분포한다. 2005년도 확산되어 겨우 방제를 성공하

'23 통영 도서지역의 집단 피해지

였으나 완전히 피해지를 관리하지 못했다. 소나무재선충병은 우리의 노력과 기술을 무력화시켰다. 아니 우리가 너무 쉽게 생각하고 안이했다. 2005년도에는 강원도 동해, 강릉까지 확산되었다. 2013년 전국적인 고온 건조현상이 제주도를 비롯한 남부지방에 지속됨에 따라 확산되어 강원도 춘천, 양평, 충북, 안동 등까지 확산되어 2019년까지 반출금지구역이 3백만ha를 넘어 전체 산림면적의 50%를 소나무재선충병 지역이 되었다. 모두가 최선을 다한 방제를 실시하였으나 예산과 노력이 부족했다. 2022년 현재 전국적으로 2014년도보다 많은 피해본수와 피해면적이 산출될 것으로 여러 전문가들은 예측한다.

소나무재선충병은 일본에서 우리나라 부산으로 유입되었지만, 아직 일본도 재선충병과의 싸움을 지속하고 있다. 일본은 사실 보전목 및 임분을 제외하면 거의 방제를 하지 못하는 실정이다. 아마 일본에서 많은 삼나무와 편백나무가 있고 우리나라보다 소나무의 중요성에 대해 인식하지 못하는 결과로 볼 수 있다. 그러나 일본의 방제 성공사례는 많은 것 같다. 니지노마츠바라(시가현) 해안숲, 면적이 좁고 떨어져 있는 섬인 오키노에라부 시마(시가현), 엔주가하마(와카야먀현)의 해안숲 등은 방제의 성공사례로 널리 알려져 있다. 일본은 반드시 소나무 숲이 경관적, 기능적으로 중요하면 철저히 방제한다는 실례일 것이다. 우리나라 동해안과 남해안 그리고 도서지방의 국립공원이 속수무책으로 소나무재선충병에 당하고 있는 것과는 대조적이다. 일본의 선단구역에서는 적극적인 위생간벌 사업을 통한 임업적 활동과 벌채수확으로 방제대를 만드는 것이 이제는 부럽기만 하다. 우리는 아무것도 못하고 그냥 단목방제에 함몰되어 소나무를 버리고 있는 것이 안타까울 뿐이다.

중국 또한 명승지로 유명한 유네스코 세계자연유산과 세계문화유산인 황산의 소나무를 살리기 위해 무송벨트를 만들었다. 중국은 황산풍경구 70km까지 재선충병이 들어오자 재선충 격리대를 만들기 위해 4km이내의 소나무를 전부 잘라 버린 것이다. 360만 그루나 되는 엄청난 방제사업이었다. 처음에는 너무 과한 처방이 아닌가 싶었다. 그러나 지키겠다는 의지가 분명한 사례였다. 우리는 경주문화유적도시의 소나무가 아무 대책 없이 죽어가는 현실을 보고 있다.

외국의 사례를 보면 우리나라에 현재 급속도로 번지고 있는 소나무재선충병의 방제의 전략에 좋은 사례로 방제정책에 반영해야 할 것 같은 생각이 든다.

우리나라는 제주도, 부산, 거제도, 김해, 포항, 경주 등에서 대면적으로 발생하고 있는 바 우리가 어떻게 해야 하는지 분명해지는 것 같다.

제주도는 유네스코 3관왕, 세계 7대 자연경관의 도시이며 해안을 많이 가졌고 많은 문화재가 소나무 속에 있으며 부산, 김해는 우리나라 최대 해양관광지이고 관문이며, 경주는 우리나라 최대 통일신라시대의 유물과 유적을 가진 지역이다. 포항은 소나무에서 주는 가장 큰 혜택인 송이버섯 주산지의 영덕, 울진, 영양, 청송입구에 있어 너무나 중요하다 하겠다. 강원과 경기의 직경이 50cm 되는 잣나무는 아마 최근 목재 가격을 감안하면 ha당 7천만원의 가치가 있음에도 수확을 못하고 있다. 뭔가 말도 안 되는 일들이 벌어지고 있는 것이다. 그래서 소나무재선충병의 방제를 포기할 수 없는 이유인 것이다. 대충 해서 될 일이 아닌 것이다. 이 지역들의 방제가 실패한다면 어떻게 될까 상상도 하기 싫다.

요즘 필자한테 많은 분들이 질문하는 게 있다. "우리나라의 재선충병방제는 실패인가? 아님 아직 방제의 가능성이 있는가?"라고 묻는다. 난 가능성이 있다고 자신있게 말한다. 단 정말 지자체장과 현장 기술자의 방제 의지가 있으면 이라고 단서를 단다. 사실 재선충병은 많은 예산과 인력을 투입해도 방제의 어려움이 있다. 방제시기가 짧고, 전염의 경로 또한 솔수염하늘소라는 매개충이 병을 옮기기 때문이다. 웬만큼 정성을 들이지 못하면 성과를 내지 못한다.

최근 지자체의 재선충병방제 현장을 점검하는 기회가 있었다. 거의 모든 지자체의 담당자는 신규직원이다. 자체적으로 작성한 방제계획을 보면 허술하기 짝이 없다. 피해 현황의 집계도, 발생특성도, 방제 방법도 없는 계획

'23 밀양지역의 극심한 피해 전경

인 것이다. 방제계획이 부실한데 무슨 방제를 할 것인지 도저히 모르겠다. 설계도서를 보면 방제기술도 옛날같은 열정이 없어 보인다. 어렵게 소나무재선충병방제를 복합임업기술을 이용한 종합임산업으로 발전시키고자 한 여러 현장의 전문가, 행정가, 필자의 노력이 무색해졌다. 잘못된 지침의 이해로 설계자, 감리자에게 용역비를 부족하게 지급하고, 잘못된 선목으로 시공자는 방제 현장에 들어가기 싫을 것이다. 주변에 반드시 제거목으로 선목해야 할 것을 두고 현장을 내려오는 기분이 어떨지 상상이나 해보았는가? QR코드의 도입으로 기술자의 자긍심은 바닥이 되어버린 것이다. 예산은 부족하여 감염목만 작업하고 피해목, 잠재감염목도 선목하지 못하는 실정이다. 그냥 사업실적을 위해 본수를 무작정 줄이는 데만 모두가 올인하고 있는 느낌이다.

또한 재선충의 방제의 어려운 점은 얼마만큼의 면적에 얼마의 본수가 피해를 입었는지의 정확한 고사목 조사가 안 되기 때문이다. 오늘 주요 방송에서도 전국적으로 얼마의 면적에 얼마의 본수가 피해를 입은 지 발표하지 못하고 있다. 지자체에서 피해면적과 본수를 조사하는 인력과 기술이 부족하고 예산도 없기 때문이다. 산림청도 전국의 데이터 집계가 쉬워보이지는 않을 것이다. 전년도 고사한 피해목도 제거하지 못하였고 낙엽이 떨어져 고사목의 본수도 조사가 어렵기 때문이다. 소나무재선충병 방제도 전쟁과 같다. 전략이 필요하다는 것이다. 방제를 위한 전쟁에서 정보가 없어 적군의 숫자와 적군이 어디까지 몇 명이 침투했는지 알아야 정확한 전략을 수립하고 전략에 의거 군사와 장비를 이동시킬 수 있을 것이다.

2014년 서부지방산림청에서 시작한 방제전략계획은 전국의 피해실태와 선단지의 구획, 피해별 방제방법의 개발을 통한 현장 방제에 많은 역할을 했다. 그러나 산림청은 2019년 국가방제전략을 한번 수립하고 그 방제 계획에 의한 방제를 하지 못했다. 처음으로 전국의 피해면적을 산출하는 기법이 개발되었고 피해본수를 산출했다. 기존의 본수 위주의 사업평가와 예산편성 구조에 피해면적을 감안하는 계획을 수립하고 실행할 수 있는 계획이었다. 국가방제전략은 산림청이, 광역단위의 방제전략은 광역단위에서 하도록 하는 방안이었다. 고사목을 따라가는 방제 방식을 벗어나 피해지 면적을 줄이고, 소나무 임분을 전체적으로 관리하고 임업적 활동을 하도록 하는 계획이었다. 소나무재선충병을 국가 재난에 준하는 방식으로 국가 선단지는 산림청이 직접 관리하도록 했다. 그러나 산림청은 정치권과 환경부, 기재부 등을 설득하지 못했다. 기존의 방식을 바꾸기는 어려웠을 것이다.

현 시점에서 소나무재선충병의 방제를 위한 몇가지의 제언을 한다면 다음과 같다.

첫째, 방제를 위한 기본에 충실하고 방제의 주체들이 협력해야 한다.

산림청과 산림과학원은 소나무재선충 예찰과 방제매뉴얼을 현 시점에서 피해실태와 정도, 현장 상황을 고려한 지속적인 개정이 필요하다. 방제품셈도 마찬가지다. 지금 시점은 적은 예산과 인력으로 확산된 지역을 일단 안정시키는 것이 중요한 시기이다. 또한 이번 확대된 피해지 방제가 끝날 때까지라도 경험이 있는 공무원의 배치와 전보를 최대한 제한해야겠다. 현장 기술자에게도 형식적인 교육이 아닌 방제전략과 방제기술의 지속적인 교육을 통한 전문성, 책임성을 부여해야 한다.

이제 국민은 소나무재선충병의 재발생에 따른 책임을 반드시 물을 것이다. 예산 지원도 하지 않을 것이다. 또한 가장 심각한 문제를 해결해 주어야 한다. 소나무재선충병으로 제한된 임업적 활동을할 수 있도록 해주어야 한다. 왜 산주들의 경영단체는 소나무재선충병에 의한 경영제한에 따른 손실보상을 요구하지 않는 것인지 모르겠다. 공식적으로 산림청에 반출금지구역의 축소와 소나무재선충병의 완전방제를 요구하는 목소리가 들리지 않는다. 거의 모든 산림경영지가 반출금지구역임을 감안하면 더 세밀하게 지정하고 선단지 관리를 철저히 하여 벌채, 조림, 간벌 등의 경영활동을할 수 있도록 해야 한다. 또한 원활한 피해목의 수집이용을 위하여 피해목이 타 지역의 이동을할 수 있도록 해야 한다. 그래야 피해목과 산란대상목을 임업기계를 이용하여 벌채할 수 있어 작업효율이 높아지고 방제효과도 높아지기 때문이다. 인력에 의한 단목방제는 현실적으로 불가능하다. 그러한 기능 인력도 없고 작업의 품질도 보장받지 못한다. 특히 산록의 피해지에서 이제는 산복, 산정으로 피해가 확산되어 인력만으로는 방제가 어렵기 때문이다. 지

'19 선단지 앞쪽의 강도 간벌, 일본

금 한국은 탄소중립을 선언하고 발전소에서는 미이용 바이오매스가 부족하여 수입으로 충당하고 국내산 목재가격은 과거에 볼 수 없었던 높은 가격이다. 산에서 목재가 내려오지 못하고 있기 때문이다. 지금이 소나무재선충병 임업적방제의 적기인 것이다. 산주에게 조금이라도 수익이 돌아갈 수 있는 방안이 가능해진 시장상황이 된 것이다.

둘째, 지금은 국가가 통합방제 시스템을 가동할 때이다. 그래야 시 · 군간 유기적인 협조체계와 통합방제전략의 공유가 가능해질 것이다. 또한 방제 이력 등의 정보공유와 숨김없는 현황정보를 서로 공유하고, 같이 방제 업무를 진행하는 유기적인 협력 체계가 필요하다는 것이다. 최근처럼 확산되는 시기에는 산림청에서 직접 방제계획의 수립과 방제방법, 방제확인을 하는 통합적인 방제 시스템을 가동하는 것이 방제에 효과적일 수 있다는 것이다. 지자체는 방제의 기술이 부족하고 인력동원능력과 통합방제에 취약하기 때

'20 연동의 피해목 활용을 위한 수집 전경, 제주

문이며 예산의 집행 또한 상대적으로 어려울 것이다. 이 시점에서 재선충모니터링센터의 역할이 중요한 대목이다. 피해실태와 대책 중심으로 역할이 수행되어야 한다. 방제를 위한 세부적인 사안인 QR코드와 드론에 의한 고사목의 위치 추적에서 벗어나 어떠한 방법으로 방제할 것인지에 대한 폭 넓은 시야가 필요한 시점인 것이다. 또한 모니터링센터는 지자체의 어려움을 듣고 해결해주는 방제 컨트롤타워가 되어주어야 할 것이다.

셋째, 고사목의 이용에 관한 사항이다. 고사목은 어렵게 가꾸어온 임업의 자산이다. 훈증, 소각 위주의 방제 방법에서 차후 목재와 연료로 사용하는 방안을 모색해야 할 것이다. 그렇게 하기 위해서는 피해목의 수집을 위한 기계화가 필요하다. 대단위 피해지는 고성능 임업기계의 투입도 고려해야 한다. 전국에 그러한 방제 대상지가 이제 많다. 방제시기가 동일하고 다른 임업적 사업과 겹쳐 있는 것을 감안하면 과감히 임업기계를 이용한 수집

'21 피해지역의 어려운 작업 환경의 기능인들, 창녕

과 파쇄기를 이용하는 방안이 도입되지 않으면 방제는 어렵다. 기계투입에 따른 규정 개정도 필요하다. 오늘 제주 일간지에는 제주도에도 많은 훈증더미와 피해목 그물망이 도처에 깔려 있어 문제라고 보도되었다. 당장 방제하기에는 수월하나 언제 누가 어떠한 예산으로 치울 것인가에 대한 예측이 부족한 탓이다. 경기도 잣나무 피해지의 대경재는 임내 가공을 적극 모색하고 이에 필요한 기계도입, 판로개척, 2.5cm보다 두꺼운 판재로 사용할 수 있도록 규정 완화를 시행해야 한다. 아니 수피에서 2.5cm만 잘라 방제하고 나머지 원목은 사용할 수 있도록 과감히 규정을 바꾸어야 한다. 상식적으로 솔수염하늘소 유충이 그렇게 깊게 들어갈 수 없으며 만약 1%라도 깊숙이 들어가 월동한다는 위험요소가 있더라도 극복해야 하는 과제이다. 재선충병의 번성기에는 어쩔 수 없는 것이다. 다른 방법을 강구하여 방제해야 하고 국산재 생산과 공급이 어려운 현시점에서 적극적으로 피해목을 이용해야 한다.

마지막으로 정밀예찰을 위한 장비와 인력의 확보가 중요하며 시민들의 민원에 못이겨 보이는 곳 위주의 방제는 없어야 한다. 방제 예산이 부족한 상황에서는 중요한 방제 1순위는 확산되는 선단지에 있기 때문이다. 또한 시민, 환경단체, 언론들도 방제전략에 의거 열심히 하는 방제기관을 믿고 기다려 주는 여유가 필요하다. 한국에서는 3번째 소나무가 죽어가는 것을 막기 위한 전쟁을 해야하기 때문이다. 전쟁은 자금과 인력, 기술의 삼박자가 잘 맞아야 한다. 방제의 우선순위를 결정하고 반드시 살려야 할 소나무는 미리 예방책을 세워야 할 것이다. 국가방제전략을 수립하고 지킬 지역을 먼저 방어하고, 한국의 소나무집중지역인 동해안, 경북 내륙, 남해안, 서해안, 지리산권으로 위생간벌을 활성화해야 한다. 본수 위주의 방제계획과 실적으로 다시는 재발생을 반복하지 말아야 한다. 우리나라는 제주도 현장에서 기술자가 연구한 많은 방제 방법이 있다. 세계적으로 없는 상세한 방제전략과 피해도를 만들 수 있다. 이제는 실패하면 안된다. 소나무재선충병과의 전쟁에서 이기는 날을 생각하고 훗날 좋은 소나무 살리기의 역사를 세웠으면 한다.

5. 육상풍력단지개발사업과 산림기술분야의 역할

(우수한 산지복구 기술의 발전이 중요하다.)

'21년 통계자료에 의하면 전국의 풍력단지의 발전기는 738대 정도이다. 산지에 설치하는 육상풍력은 686개로 93%를 차지하고 나머지는 해상풍력이다. 가장 많이 설치된 지역은 강원도 횡성군, 경북 영양군 석보면, 영덕군, 제주도 등이다. 높은 산 국유림의 산줄기에는 거의 풍력 발전기가 돌아 간다해도 과언이 아니다. 산지관리법에서 풍력단지의 재해예방과 복구의 조항은 인허가 서류 제출시 산지복구계획서와 현장 점검을 통하여 재해와 복구수준을 감안하여 중간복구를 명할 수 있는 정도이다. 또한 인허가 서류 제출시 선택적으로 재해위험성검토의견서를 제출토록 하고 있으나, 의견서의 기준이 명확하지 않아 실효성의 문제가 제기되고 있는 실정이다. 결국 산지재해 예방을 위한 복구의 제도가 미흡하고, 산림기술전문가의 개입 없이 이루어지고 있는 것이 현실이다. 풍력단지의 입장에서는 산지일시전용지로서 공사과정이나 공사완료 시점이 되어도 재해예방 및 복구에 예산을 많이 투입할 수 없는 산업구조인 것이다. 또한 개발행위의 준공 시에도 산지관리법의 복구기준을 중요시하지 않는 풍토는 여전하다. 풍력단지의 일정규모 이하는 개발행위에 의한 단지개발 실시설계를 인가받고 전문건설회사에서 시공을 한다. 개발행위 실시설계에 산지복구계획서와 재해위험성검토 의견서의 내용은 거의 반영되지 못하고 있는 것도 문제이다. 아니 반영하는 시스템과 제도가 부실하며 흔한 매뉴얼조차 없는 실정이다.

정부의 2030년까지 재생에너지 발전량 비중을 20%까지 높이겠다는 목표로 추진하고 있다. 재생에너지는 폐기물, 바이오, 수력, 풍력, 태양광 등이다. 이 중에서 태양광을 63%, 풍력 34% 충당하겠다는 목표이다. 그러나 2020년부터 태양광은 산지의 훼손과 산사태의 발생원인으로 인식되고, 차후 산지전용의 혜택이 없어지면서 사실 산지에 설치는 것은 거의 중단된 상태이다. 또한 육상풍력은 단지 진입로 해결이 어렵고, 산능선에 설치로 인한 환경과 재해발생우려지로 인식되고 있으며, 잦은 마을주민과 환경단체의 갈등으로 지속적인 사업단지를 확대할 수 없는 실정이다. 부득이 육상풍력단지를 해야 한다면 산림분야의 기술자들이 적극적 참여할 수 있도록 제도와 교육을 통하여 종합적인 설계, 시공기술의 습득이 요구된다 하겠다. 육상풍력개발 업체도 사업의 경제성을 확보하기위해 산림종합기술을 습득한 기술자와 업체의 참여를 기다리고 있을 것이다. 결국 산에서 시작해서 산에서 끝나는 사업이므로 사업추진의 효율성을 높이고 기후위기로 인한 재해에 안전하며 시간을 단축할 수 있는 해결방안을 산림기술분야에서 모색하고 있는 것이다.

육상풍력의 추진 절차는 복잡하고 검토되고 협의할 것이 많다. 대략 추진과정은 ① 입지검토 ② 풍량자원조사 ③ 사업타당성검토 ④ 발전사업허가 ⑤ 계통연계시설신청 ⑥ 발전단지설계 ⑦ 인허가의 신청 ⑧ 발전단지건설과 준공 ⑨운전개시 등이다.

1) 입지검토는 풍황자원 및 기상조건을 검토하고 환경, 산림, 문화재, 주민수용성, 변전소위치와 용량, 송전선로 등을 검토하는 단계이다. 산림분야에서는 할 일이 많다. 먼저 개략 발전기 위치와 송전선로에 따른 산림의 소

유자, 임도현황, 관리도로개설 가능성, 발전기 위치선정 등에 따른 임황, 지황에 대한 분석을 해주어야 한다. 이 단계에서 산림분야 노련한 기술자의 참여가 개발업체의 향후 사업추진에 큰 영향을 줄 수 있어 신중한 분석 자료와 계획을 제시해야 한다. 여기에 참여하는 기술자는 산림생태, 경영, 임도, 작업장계획, 산림재해 등에 전문가이여야 하며, 특히 산림관련 법규에도 능통하여야 한다.

2) 풍량자원조사에는 풍량계측기 설치를 위한 산지 일시전용업무를 담당하여 실행하고, 설치를 위한 운재 및 작업자 이동 동선도 계획하여 주어야 한다. 또한 계측기 설치 후 해체작업을 위한 복구설계승인도 받을 준비를 해야 한다. 계측기는 규모는 적지만 전국에 많은 지역에서 신청되고 있어 설치와 해체작업에서 산지 2차 피해를 조심해야 한다.

3) 사업타당성평가 과정에서는 벌목, 임도의 확충, 구조개량, 신설도로, 발전소부지, 송전선로 등에 대한 각종 기반시설의 사업비를 산출과 산지복구의 사업비를 정밀하게 추산하여 반영하여야 한다. 산림공학적 기본설계와 측량 및 실시설계 기술이 요구된다.

4) 발전사업허가 단계에서는 사업계획 확정 및 기본설계, 주민 수용성을 협의하여야 한다. 기본설계에는 산지의 이용과 방법을 명시하고 복구의 기본개념을 담아야 한다. 물론 기본설계에서 단지실시설계 용역사와의 협력을 통한 산지부분의 절토, 성토, 사토이동, 식생도입, 생태계관련 공법을 제시 하여 실시설계에 준비를 해야 한다.

'23 A사에서 시공된 풍력단지의 부실한 복구현장, 경남

5) 송전용 전기설비이용신청 및 계약단계로서 송전선로는 산지 통과 부분에 대한 기술적 검토 자료를 점검하고 계약에 임하도록 해야 한다.

6) 발전단지 설계단계에서는 진입로의 측량을 통한 운송차량, 블레이드 크기를 감안한 종단경사, 곡반경 등의 조사를 통한 현장측량이 필요하다. 신규 진입로 및 관리도로는 환경, 재해 쪽의 협의 내용을 참조하여 노선을 배

치하고 중심선 측량을 통한 도면을 작성해야 한다. 각종 대형장비의 이용에 따른 노체의 하중을 감안하고, 산림분야 행정관서 인허가를 위한 임도설치 규정을 감안하도록 해야 한다. 특히 경계부지의 표시를 통한 절토, 성토의 길이를 계획하고 경계 침범이 우려되는 지역에는 흙막이 시설을 계획하여야 한다. 또한 동물이동 통로와 주요 동 · 식물의 서식처의 보호를 위한 공법의 반영과 현장위치를 선정하여 설계도서에 담아야 한다.

풍력단지는 한번 훼손되면 산림을 복구하기 어려운 조건의 고산지대에 설치된다. 고산지대의 식생이식을 위한 표토채취와 저장할 장소의 지정과 향후 사용처를 명시하는 것도 중요한 사항이다. 그리고 진입로, 단지개발로 인한 산사태위험인자를 찾아 대응공법을 실시설계에 담아야 한다. 예를 들어 사방댐, 골막이, 목책, 씨뿌리기 등이다. 물론 단지 외곽 하류까지 감안한 방어 시설도 실시설계에 반영해야 하며 또한 중요한 것은 복구용 재료의 선정이다. 인공구조물 설치를 최소화하고 돌의 규격을 적게 하여 인력과 장비 조합 시공으로 유도하고 외래종자를 최소화해야 한다.

7) 인허가 단계이다. 산지복구계획서를 구체화하여 공사 도중 복구를 감안한 사업이 이루어지도록 하고, 시공사에서 복구의 기준이 되도록 정밀하게 작성해야 한다. 인허가시 산지재해위험성검토 의견서를 첨부하도록 되어 있어 재해위험요소를 현장조사를 통하여 돌출하고 위험요소를 하나씩 해결하는 방안을 명시하고, 최종 인허가 설계에 반영하도록 발주자와 협의해야 한다. 재해위험검토서 작성시 타 법에 의한 재해영향평가에서 제시된 사항을 포함한 산지특성을 감안한 상류 ,하류의 피해인자에 집중하고, 세부적으로 실천가능한 공법을 제시하여야 한다. 또한 국유림을 사용할 경우 협의에 보충설명하고 사유림의 경우 편입면적에 따른 임목의 가치평가, 사후

'23 산 능선의 풍력단지 개발 현장, 경북 봉화

관리 등에 대한 보고서를 작성하여, 산주 면담설명자료로 활용할 수 있도록 하여야 한다.

8) 발전단지 건설단계로서 공사 중 집중호우에 의한 피해예방과 각종 재료의 선택, 표토와 근주의 관리를 위하여 현장감리를 즉시 선임하는 것이 중요하다. 공사완료 단계에서 복구 준공검사를 위한 형식적인 감리의 선임은 아무런 의미가 없다. 또한 육상풍력단지의 경우 산지일시전용으로 따로 중간복구설계준공절차가 생략될 수 있으며 개발행위 준공에 맞추어 갈 확율이 높아 산지재해와 생태적 복구는 먼나라의 이야기가 된다는 것이다.

이와 같이 육상풍력단지의 계획에서부터 발전기의 운전개시까지 산림분야 전문가의 역할이 중요하고 필수적이다. 이를 위한 산지관리법의 개정도 필요한 실정이다. 육상풍력개발에 산지를 내주어도 최소한의 훼손과 가치의 보전을 위하여 추후 산림경영을 위한 산지로 돌려 받기 위해서는 반드시 산림기술분야의 적극적 참여가 필요하다 할 것이다.

6. 기후위기 대형산불의 대응 기술

(산림의 관리를 통한 산불피해는 최소화할 수 있다.)

산불의 발생은 2000년 이후 건수와 더불어 피해면적도 증가하고 있는 추세이다. 최근 10년 동안 산불발생 건은 연간 474건과 피해면적은 1,119ha 정도이다. 지역으로는 경기, 경북, 강원 순으로 많았지만 피해면적은 경북, 강원지역의 동해안에서 많이 발생하였고, 발생규모도 대형산불이다. 피해면적 기준으로 역대 대형산불 1위는 2000년 4월에 발생한 동해안 산불로서 8일간 23,794ha를 태웠다. 2019년에는 고성, 강릉, 인제산불로 피해면적 2,872ha, 이재민만 1,289명에 달했다. 2022년도는 산불로 최악의 한해를 보내고 있다. 울진산불로 송이생산지 및 산림보호구역을 18,463ha, 영덕산불로 400ha의 주요 송이생산지를 태웠다. 소나무재선충병지역의 밀양에서도 752ha를 태웠다. 올해 발생한 산불의 모든 대상지가 산림소득과 산림병해충, 산림보호지역 등 산림의 관리와 산주소득과 밀접한 관계가 있는 것이 특징이다.

산불이 발생하면 피해면적의 조사, 재해예방사업, 조림대상지 선정 등 아주 복잡한 기술적 요구사항이 많아진다. 탄탄한 산불발생지 복구계획의 수립이 중요한 이유이다. 산림보호법 제4장은 산불의 방지 및 복구로 산불방지대책, 산불의 예방과 진화, 산불피해지의 복구 등으로 구성되어 있다. 법 제43조에 산불피해지의 복구 조항에는 산림복구, 산림복원계획을 세워 시행하도록 되어 있으나 시행규칙에 토사유출방지 등 피해가 없도록 응급조치를 하여 항구적 복구를 시행하고, 입목이 고사한 지역은 경영목적, 산림기능을 고려하여 복구, 복원 하라고 명시되어 있다. 그러나 산불은 사방공학, 조림, 경관, 생태, 주민수용성, 산주 의향, 임지특성 등 많은 것들이 고려되어야 하는 산림종합기술이 필요하다. 그런데 산림보호법에는 산림복원계획을 누가 언제, 어떻게 하는지에 대한 상세한 언급이 없는 실정이다.

저자는 2019년 4월에 발생한 강릉, 고성, 속초, 인제군의 산불발생 후 기본계획을 수립하고, 2022년 울진산불 복원계획을 자문하면서 수집한 자료를 바탕으로 대형산불 발생지의 복구 · 복원계획에 필요한 항목과 수행방법에 대하여 다음과 같이 언급하고자 한다.

1) 복구의 목적을 명시해야 한다.

먼저 산림소실에 따른 산사태, 토석류 발생 등 2차 피해를 예방하고 산불 피해지를 생태 · 경관 · 경제적으로 가치가 높은 숲으로 조속히 복원한다. 또한 지역주민의 생활안정에 기여할 수 있는 방향이어야 할 것이다. 또한 항구적인 복구방안 수립을 전제한다면 산림 피해지의 기후, 토양 등 자연환경과 산림의 기능을 종합적으로 조사하여야 한다. 피해목 벌채, 복구조림, 사방복구 등 종합복구계획을 수립하고, 특히 사유림의 경우 산주 의사의 수렴절차와 소득사업의 아이디어도 제공해야 할 것이다. 최근 발생한 밀양과 영덕의 경우 소나무재선충병의 피해지가 중첩되어 재선충병 방제방법 또한 포함되어야 할 것이다. 산불피해지의 병해충 대응책은 중요한 사안이다.

2) 복구계획수립을 위한 관련법률의 검토가 필요하다.

산림보호법, 재선충병특별법, 산림자원법, 산림기술법, 임촉법, 국유림관리법 등과 건설, 환경, 폐기물, 수도, 문화재 등의 관련법도 검토하여 사업의 수행가능성을 검토해야 한다. 특히 산림기본계획과 지역산림경영계획, 산주의 산림경영계획의 인가여부도 검토되어야 한다. 또한 사례가 많지 않지만 산불지역의 생태계 정밀조사 연구 등 기초 및 사전 연구자료도 분석되어야 한다. 여러 여건이 상이하지만 외국의 복구 사례도 조사 분석하여 규모화되어 가는 산불복구에 대응해야 한다.

3) 복구를 감안한 산불피해지의 확정이 중요하다.

먼저 지형자료, 지적자료, FGIS자료, 피해현황자료의 분석이 필요하다. 지형자료는 수치지형도(1/5,000)를 국토정보 플랫폼에서 취득하고 지적자료는 국가공간정보 포털이나 해당 지자체 지적과의 협조를 얻어 준비한다. 산지의 지번별, 소유자별로 피해규모와 복구의 조서가 작성되어야 하므로 반드시 필요한 사항이다. 산림공간정보는 산림청, '다드림'에서 제공받고 위성영상(아리랑 3호)자료와 드론 영상자료는 산림청과 산림과학원에서 받으면 된다. 조림수종 결정을 위한 수치임상도, 산림입지토양도, 맞춤형조림지도, 임지생산능력급수도, 산림기능구분도 등을 활용하고, 현장조건을 고려하여 분석을 철저히 해야 한다. 복구 기본계획 수립을 위한 행정기관의 자료요청은 피해 상황도, 진화에 활용한 드론 영상, 응급피해복구지, 산주의사 전달기록, 관내 양묘장의 실태, 기능인력 동원가능 인원수 등이며, 추가로 필요한 사항이 있을시 즉시 수령하도록 조치해야 한다.

피해면적의 산출은 산불피해 시기, 수종 등을 고려하여 차후 고사할 것을 예측하여 산출해야 한다. 산불 발생 후 고사하지 않은 소나무 등의 침엽수는 추후 산불발생지의 인접한 구역에서 적게는 10m, 많게는 50m까지 피해지가 확대될 수 있기 때문이다. 피해면적은 산불의 위성사진, 산불피해도, 조사자의 드론사진 등을 중첩하여 1차 피해도를 작성하고 연구자의 현장조

[그림 1] 산불피해지 경계 구획

사를 통하여 수정 피해도를 작성하여 완료한다.

[그림 1]과 같이 중첩된 도면을 이용하여 피해지에 대한 경계구획을 개략적으로 구획하고 항공사진을 비교하여 도로, 하천, 타용도전용지, 경작지, 묘지 등 조림이 불가한 지역은 제외하고 지적도 경계와 정밀임상도의 경계를 활용하여 피해지 경계를 확정하여야 한다.

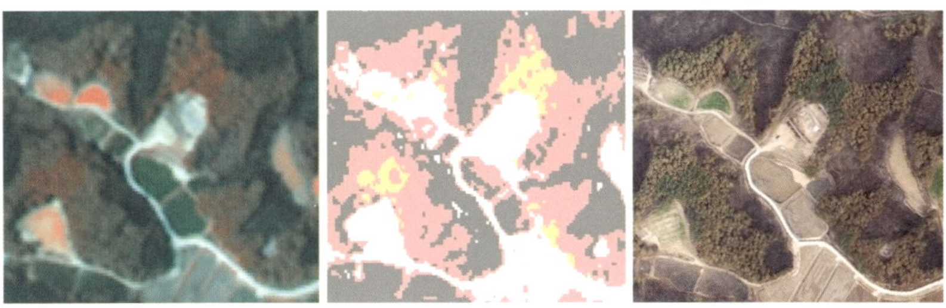
위성영상, 산불피해도(국립산림과학원), 드론영상

피해등급 구분		색상식별 (번호)		비고
대분류	세분류			
피해 심	수관전소	● (검정)	5	수관화(100% 고사)
	수관열해	● (빨강)	4	수관열해(60% > 고사)
피해 중	피해 중	● (주황)	3	수관화+지표화 (30~60% 생존)
피해 경	피해 경	● (노랑)	2	지표화지역(61%> 생존)
미피해지	미피해지	● (초록)	1	

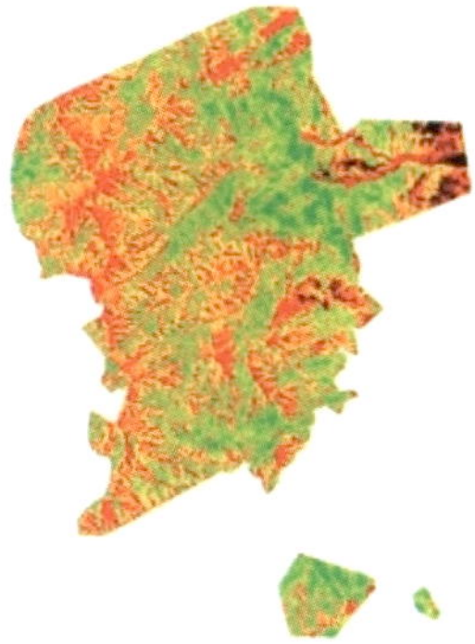

국립산림과학원에서 작성한 2022년 울진지역 산불피해등급기준

4) 산불 피해등급의 분류는 복구 · 복원의 중요한 인자이다.

산불의 대면적 피해지로 산불 피해 전과 (2020~2021년), 개엽 전(3월), 후(5월, 7~8월) 회복정도 확인을 위해 위성영상을 통한 피해등급 분류가 가능한 지수 도출하는 방법이 보편적이다. 산림과학원의 협조를 얻어 Landsat 위성영상을 활용하여 규탄화지수(Normalized Burn Ration, NBR)와 정규식생지수(Normalized Difference Vegetation Index, NDVI)를 활용하여 피해등급 분류를 하는 방법이 사용된다. 또 한가지 방법으로는 정규탄화지수를 활용하여 산불피해지역 및 피해강도 분류를 하는 방안이다. 해당 두 가지 방법이 산불피해등급 분석에 가장 일반적으로 활용되는 방법이다. 피해정도는 복구방법 중 자연존치, 인공갱신을 결정하는 인자이며 산림재해예방 시설을 계획하는 인자에 활용할 수 있으며, 산주의 동의 절차를 구하는데 기초 자료로 활용할 수 있다.

5) 현장의 조사는 산불대상지의 피해규모, 정도, 재해위험성, 복구난이도, 장비의 진입여건, 경관성, 토질, 수계, 주민동의 등의 절차에 필요하다.

응급복구지를 선정하고 복구공법을 결정하며 주변의 임상과 벌채유무를 판단해야 하므로 산불지의 현장조사는 중요한 사안이다. 또한 동물의 서식처, 식물의 군락 등의 방해와 훼손정도를 판단해야 하며 당장 주민들의 피해를 예측해야 한다. 야장은 산불로 인한 재해예측야장과 긴급 큰나무 조림대상지야장, 항구복구 조림야장으로 구분하여 조사하고 반드시 산불피해지

산불피해지 복구대상지로 추가한 사례, 고성군

산불피해지 복구면적 소반을 감안한 면적 산출사례 (동해시)

복구에 경험이 많은 고급기술자 이상이 팀장이 되어 진행함이 유리하다. 경영구, 임반, 소반단위로 조사하고 소반은 피해유형이 비슷한 지역을 묶어 복구사업종이 실시설계에 반영될 수 있도록 해야 한다. 현장조사 시 복구면적을 확정하는 것은 소반의 면적을 합한 면적으로 하는 것이 원칙이며 당초 사전 분석을 통하여 제작한 피해도를 수정하여 피해 면적을 확정하는 절차도 수행해야 한다. 현장조사 시 당초 분석을 통한 피해정도 등급기준도 조정하여 확정해야 한다.

6) 재해위험지의 관리는 응급재해예방의 범위를 결정하는 것이 중요하다.

물론 산사태위험도에 산불지의 대상지 데이터를 중첩하면 개략적인 위험지역은 결정할 수 있을 것이다. 그러나 산불지의 인접한 마을과 유역의 연관성은 쉽게 찾을 수 없다. 그래서 산불발생지에는 정밀한 유역을 규모별로 분류하고 대유역은 산불피해지가 속해 있는 모든 유역으로 1,000ha 이상,

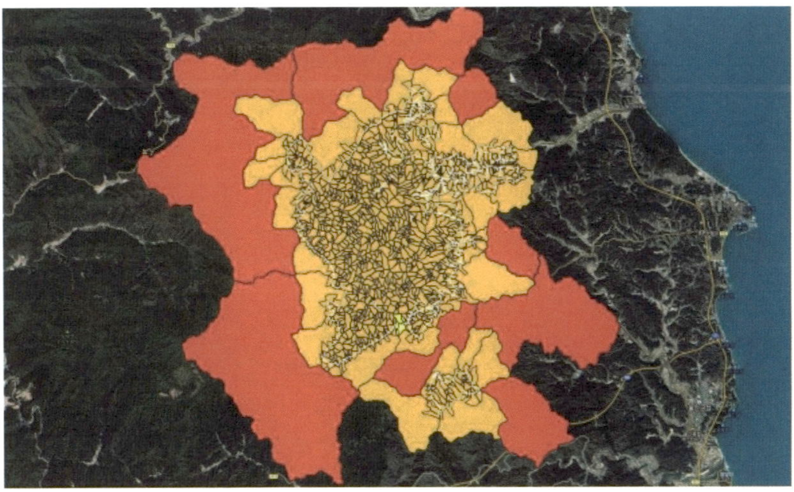

울진산불지 집수유역 세분화 결과(대, 중, 소)

중유역은 보호대상(가옥,축사 등)으로부터 1km 범위 내에 인접한 지역으로 선정하고 30ha이상으로 하며, 소유역은 보호대상이 인접하고 토석류의 발생이 위험한 구역으로 30ha 미만으로 한다. 2022년 울진산불지의 소유역 분석한 결과를 보면 앞의 그림과 같다.

재해위험 등급의 판정은 상, 중, 하로 구분하고 인명 및 재산피해 우려 시설로부터 1km 이내에 속한 유역에 산불의 피해비율이 80%이상, 중, 50~80%, 하 50% 미만으로 기준하였다.

7) 복구조림수종의 선정은 긴급 큰나무조림, 항구조림, 내화수림대 조림 등에 적합한 수종을 선정해야 한다.

먼저 큰나무 조림수종으로서 내화수림대는 산불발생 시 피해가 우려되는 가옥, 시설물 주변 임연부로부터 30m 구간으로 식재하고, 화목류 식재는 도

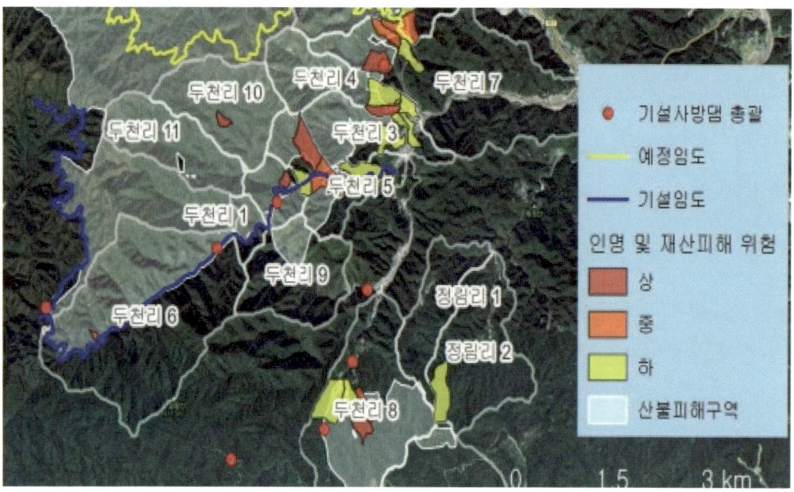

울진산불지 소유역 위험지로 예방시설계획지

로에서 가시권, 생활권 주변 임연부로부터 50m 구간(경관지역), 방화수 식재지역과 화목류 식재 구역이 겹칠 경우 두 구역을 합하여 50m, 단 50m 이내 구간이라도 비가시권은 제외함을 원칙으로 하며, 능선부까지 화목류 식재가 가능한 지역은 식재하여도 타당할 것이다. 긴급 큰나무 조림용 묘목의 규격은 수고 2.5m 내외의 분뜨기묘를 적용한다. 단, H/D 값이 100(수고 2.5m 일 때 직경 2.5㎝=100)이 넘지 않도록 근원경이나 흉고직경도 고려해야 한다. 큰나무조림은 ha당 식재본수 350본을 기준으로 하고 묘목의 규격에 따라 ha당 실 식재본수를 조정하여 시행하도록 계획해야 한다.

항구복구 조림수종은 토심이 깊고 비옥한 산록 부분에는 밤나무를 식재하여 주민 소득 향상에 기여하는 한편 내화수림대 역할을 하도록 한다. 토심이 어느 정도 있고 토양수분 조건이 아주 나쁘지 않은 산복부에는 굴참나무를 식재하여 활엽수림으로 유도하고, 토심이 '중 · 상부'의 하층식생이 빈약한 척박지에는 소나무를 식재하는 것을 검토해야 한다. 또한 유실수 식재는 경관지역이 아니면서 토양이 비옥한 지역과 임도, 작업로 등이 있어 장비 진입이 가능하고 사후관리가 가능한 지역에 선택 가능하다. 또한 평탄지이며, 산주가 유실수 식재를 원하는 경우 산주에게 경제성을 감안한 수종을 권유하고 동의 절차를 거쳐야 한다.

8) 내화수림대 조성은 기존 산불의 사례조사를 통하여 방향과 폭을 결정하고 산불의 비산거리를 감안하여 조성 폭을 결정해야 한다.

산불의 확산 방지를 위하여 주풍방향은 가능한 넓게 하고 굴참나무, 은행나무 등 지역 특성을 감안한 식재수종이 되어야 할 것이다. 도로변 가옥 주변에도 30m 정도의 내화수림대를 조성하는 방안도 반영되어야 한다.

'19 동해안산불 식재유형별 큰나무 추천 수종

식재유형	추천수종	비고
내 화 수	굴참, 물푸레, 밤, 은행, 팥배,	
화 목 류	산벚, 이팝, 산수유, 자귀, 모감주, 산딸, 산사, 복자기	
유 실 수	감, 밤, 호두, 대추, 산수유, 은행	
경 제 수	소나무, 아까시, 참나무류, 물푸레, 들메, 피나무, 느릅나무	
해안경관림	해송	

9) 긴급벌채지는 긴급 큰나무 조림대상지로서 피해목 산물의 50% 이상 이용재로 사용할 수 있는 지역으로 접근성이 양호하고 도로가시권 등 생활권 위주로 계획하고, 산물의 수집과 파쇄장의 선정도 반영해야 한다.

그 외 묘목의 수급계획, 조림 후 사후관리계획, 사방사업계획, 임도 설치계획, 임업기계활용계획, 설계발주계획 등도 기본계획에 반영되어야 한다. 물론 사업계획은 예산을 감안하여 연차별로 수립하고 사업량과 예산을 확정해야 한다.

산불은 발생과 복구까지 많은 절차와 사회적 합의가 필요한 사업이다. 그러나 아직 복구 기본계획의 수립 주체와 절차가 구체화되어 있지 않고 전문교육 프로그램도 없는 실정으로 빠른 시일에 보완될 수 있는 정책의 수립이 필요하다 할 것이다.

기후위기시대의 대형산불은 전세계적으로 이슈이다. 발생 후 복구보다는 대응에 집중하는 정책이 우선이며, 특히 인명피해가 없도록 하는 방안이 중요하다. 그 대응방안으로 적극적 이격거리 확보와 연소물질을 제거하는 숲가꾸기 사업을 확대하는 방안이 검토되어야 한다.

6. 기후위기시대 위험에 처한 산촌마을

(경북의 산촌에서 더 큰 산사태 발생을 우려한다.)

산림청에 따르면 '23년 6월 현재 경상북도의 지역별 산사태 취약지역은 4,935개소, 취약지역 내 거주민은 9,977명으로 전국 광역시 · 도 중 가장 많다고 한다. 지역별 피해 현황도 경북의 피해 건수는 2,156건(피해복구액 760억400만원)으로 역시 전국에서 가장 많았다. 한마디로 경북은 장마철의 집중호우와 태풍에서 동반한 강우에는 가장 위험한 지역이다. 그 위험한 지역이 '23년 7월의 집중호우에 엄청난 피해를 입었다. 집중호우로 인한 산사태는 백두대간 자락의 문경, 예천, 영주, 봉화의 10개 마을에 사망 · 실종의 사고가 발생했다.

이번 집중호우로 재난본부의 집계는 사망자는 25명, 2명은 실종 상태다. 주민 6,600여 명이 대피했고 이 가운데 940여 명이 아직 임시 주거시설에서 생활하고 있다. 농경지 피해는 3,700여ha, 주택은 400여 채, 가축은 11만 8000여 마리가 폐사했다. 지역별 사망자는 예천 15명, 영주 4명, 봉화 4명, 문경 2명이며 실종자 2명은 모두 예천 주민이다. 이번 집중호우로 인한 인명피해는 대부분 산사태와 토석류 등이 원인으로 보인다고 했다.

얼마전 행정안전부에서 실시하는 경북지역의 산사태로 인한 재난원인 조사반에 민간전문가로 참여한 적이 있다. 여기서 기초 자료로 제시한 산사태의 주요인자는 강우와 토양함수지수이다. 강우는 3일간(7.13~7.15) 295.5mm~483.0mm 정도이다. 또한 토양지수는 3일간 대부분 '주의' 구역이 80~100%로 자연상태에서 산사태의 발생 조건이 충족되었다. 피해 원인으로는 산악지역이 많은 경북 북부지역에 장시간 내린 호우로 인해 토층이 포화하여 지지력이 상실되어 다량의 흙이 토석류로 발달하여 하류로 흘러내렸다. 그리고 피해지는 수지상(나무가지형상) 유역의 수계로 여러 계곡이 한 곳으로 집중되는 지형적 특성이 있다. 추가적인 요인으로 인위적 산지의 개발로 임도, 도로, 농경지 등을 적시했다.

경북의 산사태가 발생하고 인명피해가 많아 환경단체와 모 대학신문사에서는 경북지역의 마을의 위성사진과 마을 내부 사진을 찍어 얼마나 위험한지에 대한 조언을 요청한 적이 있다. 물론 이번 산사태 발생 마을과 비슷한 조건을 나름대로 찾아 조사하고 조언을 요청한 것이었다. 그러나 비전문가인 환경단체와 학생기자의 눈은 매섭고 정확했다. 조사한 모든 곳에서 위험성을 찾을 수 있었다. 그들의 질문은 명확했다. '왜 이러한 곳에는 대응책이 아직 없는지요?', '대피소가 적정한지요?', '이러한 것을 해결하기 위해 저희가 어떻게 해야 하는지요?' 등이었다. 그런데 문제는 사망사고가 많은 것에 무엇이 문제인지요? 답하기가 곤란했다. 현장을 다 모르고 비가 와도 너무 많이 왔기 때문이라는 답변 외는할 수 없었다.

경북의 산사태는 4개 시군에 20개 마을 정도가 피해를 보았다. 그런데 영주시 풍기읍 삼가리 외 19개의 마을은 산사태 취약지구로 지정되지 않았다고 한다. 취약지구 지정의 문제와 대피의 체계를 정밀하게 갖추지 못한 결과가 인명피해와 밀접해 보인다는 의견이 많다. 학생기자가 제시한 여러 조사지 중 산사태 발생의 위험 요소와 대책을 이야기하기에 표준이 될 것 같은 두 개 마을을 선정하여 어떠한 위험 요소가 있는지 얼마나 위험한지에 대하여 분석해보기로 했다.

두개 마을은 이번 집중호우에 산사태가 발생하지 않은 경북 예천 오암마을과 안동의 병산마을이다. 두 마을의 위성사진과 현장조사 사진으로 위험 요소가 무엇인지에 대해 분석해보고 대안을 찾아보기로 했다. 이 마을들은 여러 조사지 중에서 경북 산간 지역의 대표적인 산사태가 발생할 수 있는 인자들을 가진 마을로 판단되며, 예방사방사업이 없는 마을이다. 예천 오암마을의 위험 요소가 있는 대상유역은 35ha 정도이고, 긴계곡의 유역이지만 복잡한 세부유역이 발달 되어 있다. 특히 마을 뒷산의 항공사진에는 인위적인 개발행위로 임도와 농경지, 묘지 등이 위치한다.

안동 병산마을은 두 개의 큰 주수계와 지류가 발달하였고, 유역의 면적은 45ha 정도이다. 보편적으로 산사태의 인자인 산지경사, 토양, 임상, 영급, 산지방향 등은 고려하지 않았다. 기후위기의 시대에서의 혹독한 강우와 인위적 산지개발지는 그러한 보편적 인자보다 더 위험하기 때문이다. 특히 주안점은 만약 산사태가 발생했을 때, 대피의 시간이 없고 발생시 인명피해가 많을 대상지로 정했다. 안동 병산마을은 유역의 출구 부분에서 가옥과 생활

예천 오암마을, 안동 병산마을의 유역과 수계

권이 길게 입지하고 있어 사진만 보아도 대피할 곳도 없고 산사태에 취약해 보인다.

먼저 예천 오암마을은 좌측 사면은 거의 소나무임지이고 우측은 혼효림으로 보인다. 좌측 소나무 임지는 숲가꾸기사업을 하지 않아 입목의 밀도가 높고 과거 벌채사업을 한 것으로 보인다. 계곡부의 비옥도가 높은 곳에는 활엽수와 조림목이 왕성하게 생육하고 있다. 이것들도 산사태 발생 인자와 무관하지는 않아 보였다. 문제는 산복부에 임도가 관통하고 있다. 임도는 항공사진으로 절 · 성토부가 크게 드러나 있어 완벽한 사면피복이 안 된 상태이다. 특별히 그림의 좌에서 우로 향하는 임도노선은 하향으로 배치되어 있고, 일부 구간의 노선은 종단구배가 거의 없어 보인다. 절토부의 조그만 붕괴에도 옆도랑을 메우고 노체를 파손하며 성토부를 가해할 것이다. 그것이 산사태로 이어지는 구조이다. 또한 선형의 종단구배가 완만하여 노체 및 옆도랑의 물 빠짐이 좋지 않을 것이고, 이것은 노체의 붕괴로 이어질 것이다. 임도 하류 뒷골 상부에는 대단위 농경지를 개간한 흔적이 있다. 또한 마을 뒤쪽으로는 크고 작은 개간지와 새로 만든 묘지 등도 있다. 이 또한 산지에서 흐르는 물의 교란을 가져올 수 있으며 이것이 작은 시초가 되어 붕괴로 이어지며 마을을 관통하는 수로를 막을 것이다. 계곡부의 큰 나무들은 홍수위가 올라가면 넘어져 계곡을 메울 것이다. 산에서 내려오는 물은 농경지를 지나 마을로 들어오면서 콘크리트 작은 수로를 만나 넘칠 것이다. 자연수로와 콘크리트 수로를 연결하는 지점에는 토석류를 방지하는 작은 시설도 없고 침사지 조차도 없다. 그래서 토석류와 물의 속도는 빨라져 마을로 덮칠 것이다. 콘그리트 수로는 마을 중앙을 통과하면서 복개되어 도로화되었다. 그 옆에 마을 회관이 있고 산사태 발생에 대비한 대피소가 표시되어 있다.

오암리 복개된 도로와 대피소 안내판

오암리 마을 도로 확장으로 좁아진 콘크리트 수로

마을을 관통하는 도로로 인한 좁아진 콘크리트 수로

대피소의 위치가 너무 잘못되어 있다. 만약의 토석류가 발생하면 일차적으로 피해를 보는 곳이 된다.

이 마을은 위험하다고 기자 둘에게 이야기해주었다. 마을 위쪽으로 임도와 각종 개발지가 있다. 마을 입구의 접속 수로는 안전장치가 없고 콘크리트 오픈 수로 이거나 암거로 덮어 마을을 지나간다. 또한 주 계곡뿐 아니라 좌 · 우 마을 뒷산의 계곡에도 위험인자가 존재한다. 논밭의 개간과 묘지이다. 어느 하나의 인자에서 산사태가 시작된다면 큰 토석류가 마을을 덮치는 구조이다. 사실 대피할 곳도 마을에서는 거의 없어 보인다. 집중호우가 내린다면 마을 전체가 안전한 곳까지 차량으로 이동해야 할판이다.

이 마을은 비가 오지 않을 때 점검 사항과 비가 시작될 때 점검 사항을 체크해야 한다. 임도의 절성토부, 배수로, 성토부 석축 등이다. 마을 뒤 자연수로에서 흙탕물이 내려오는지? 계곡에 유목이 있는지? 산밑 개간지의 물이 한곳으로 집중해서 흐르는지 등이다. 그리고 이른 시일에 예방사방을 해야 한다. 마을 길과 시설들은 허물지 못할 것이므로 마을 위쪽의 임도 보수와 사방댐사업, 계류보전사업을 실시해야 한다. 계통적 사방이 여기서 나오는 말이다. 이 사업을 위해서는 마을의 토지소유자 동의와 협조가 필수적이다. 급하게 사업을 계획하고 시공에 급급할 것이 아니라 체계적인 사업 절차가 필요할 것이다. 마을 주민들에게 위험요소를 알리고 비가 많이 오면 대피할 수 있도록 훈련과 교육을 실시하면서 사업의 타당성을 알려야 할 것이다. 그럼 주민 들은 무조건 사업을 해달라고 할 것이 분명하기 때문이다.

다음은 안동 병산마을로 예천마을과 달리 마을 상부 산지에 개발행위는 보이지 않는다. 잘 보전된 산지이다. 그러나 집중호우가 내리면 안전해 보이지 않는다. 마을 위쪽은 산지가 병풍처럼 넓지만, 마을로 내려오면서 수계는 하나이고 좁다. 마을의 하천을 따라 좌 · 우로 발달하여 만약의 산사태가 발생할 시 마을 전체가 피해 구역이다. 마을 상부 오른쪽에 길게 늘어진 대규모 농경지는 위쪽의 작은 수계를 두 개나 가로막고 있어, 배수통로를 확인할 필요성이 있다. 위험인자에 해당한다. 특히 마을 우측 산지 경사는 산사태가 발생하기 좋은 조건이다. 대피할 시간을 주지 않을 정도로 사면의 길이가 짧다. 마을이 시작하는 지점부터 계곡은 거의 복개하거나 단구간 개방된 수로가 되어 마을을 빠져나간다. 그런데 마을 위쪽 큰 두 개의 계곡에서 하나로 합쳐지는 지점이 마을과 너무 가깝다. 피해가 어느 계곡에서 발생하든 피해는 가중되어 마을로 덮치는 구조이다. 한쪽 계곡에서 산사태가 일어나더라도 합류되는 지점의 계곡 침식과 토석류로 다른 한쪽의 계곡에도 영향을 주어 연쇄적으로 산사태가 발생하는 것이다. 토석류의 출구 또한 너무 좁아 토석류의 속도는 빠를 것이다. 그래서 이 마을은 대피할 곳이 전혀 없어 보인다. 무조건 비가 많이 오면 마을사람들을 당분간 차량으로 대피시켜야 한다. 지금까지의 강우강도와 누적강우량에는 아무 문제가 없었지만, 지금부터 기후위기의 집중호우는 견딜 수 없는 구조이다.

대비책으로는 예천마을과 거의 유사하다. 시급하게 마을 위 두 개 계곡이 합치는 지점에 대규모 토석류 방지시설이 필요하다. 또한 마을 콘크리트 수

마을 길 확장으로 좁아진 계곡

마을 뒷산의 관리되지 않은 숲

로에 연결하는 유속 감속 장치인 야계사방도 필요하다. 대피소는 마을 초입 우측의 건물이면 그래도 안전해 보인다. 그리고 마을 위쪽의 산림에 대한 숲가꾸기 사업은 꼭 필요해 보인다.

예천과 안동의 두 마을에서 산사태 피해 요인을 간략하게 분석하고 대책에 대하여 언급했다. 그러나 부족해 보인다. 더 철저한 현장 조사와 정밀 분석, 주민들의 목소리를 들어야 하기 때문이다. 이러한 곳은 경북을 넘어 전국에 산재한다. 지금까지 별문제 없으니 괜찮을 것이라는 생각을 버려야 한다. 지금부터 산사태의 발생은 시작이라고 생각해야 한다. 산림청은 예산과 인력만 탓하고 있을 것이 아니다. 산사태에 대한 지금까지의 정책의 핵심을 바꾸는 노력이 필요해 보인다. 산림청의 산사태 대응은 전 정부차원의 권한과 의무를 가져야 한다. 행정안전부, 산업통상자원부, 농림축산식품부 등 산사태와 관련 있는 중앙부서를 청 단위의 행정조직으로 감당하고 협력하겠다는 힘과 용기를 가져야 한다. 또한 전국의 지방청을 산림재해전담으로 새로운 역할을 부여하고 산림경영은 관리소로 모든 것을 이관하는 방안도 지금쯤 검토되어야 한다.

그래야 산림청이 산림재해로 인하여 국민의 안전을 책임지는 전담부서가 될 것이다. 그것을 국민은 바라고 있을 것이다. 지금은 모든 산지를 취약지구로 지정하지도 위험요소를 해소하는 사방사업도 하지 못한다. 급한 대로 전문가와 지역주민의 협조로 위험지를 찾고 대비책을 세우면서 장기적으로 취약지구 지정과 해소방안을 계획해야 한다. 산림청은 오래전부터 기후위기를 대비했어야 했다. 위험 요소를 다 해결하지 못했으면 예상이라도 해서 대피시켜야 했다. 산림보호법으로 부족하면 타부처와 역할분담을 했어야 했다. 사실 산림청의 산사태 대피소는 법적 근거가 없어보인다. 산사태가 지금부터 시작이라면 달라진 산림청과 관련 부처의 적극적인 대응을 기대해 본다.

부록

탄소흡수원 사업계획

■ 사업계획서는 숲산사에서 경영하는 산림을 대상으로 저자와 정용성부장이 조사하고 작성한 예시자료입니다.

■ 산림탄소상쇄운영 표준양식을 기준으로 작성하고 탄소상쇄사업에 관심이 있는 산주와 업체에 도움을 주기위한 자료입니다.

사회공헌형 산림탄소상쇄 사업계획서

(거래형) 산림경영 사업

2023년 5월 12일

정 규 원

목　차

1 사업 개요 ········ 234

2 사업적합성 ········ 236

3 이산화탄소 순흡수량 산정 ········ 248

4 사업추진 계획 ········ 267

5 비영속성 관리 ········ 269

6 모니터링 계획 ········ 275

7 환경 · 사회 · 경제적 영향 평가 ········ 283

1. 사업 개요

<table>
<tr><td rowspan="4">사업자</td><td>사 업 자</td><td>정 규 원</td></tr>
<tr><td>실무담당자</td><td></td></tr>
<tr><td>실무담당자 연락처(Tel)</td><td></td></tr>
<tr><td>e-mail</td><td></td></tr>
<tr><td colspan="2">사업유형</td><td>산림경영 (벌기령 연장)</td></tr>
<tr><td colspan="2">참여유형</td><td>사회공헌형 (거래형)</td></tr>
<tr><td colspan="2">사업기간</td><td>2023.2.1. ~ 2053.1.31.(30년간)</td></tr>
<tr><td colspan="2">사업대상지 위치 및 면적</td><td>경상남도 통영시 욕지면 두미리 산 60-1, 산 57-3, 226, 총 면적 2.4ha</td></tr>
<tr><td colspan="2">사업내용</td><td>• 유형 : 산림경영(벌기령 연장)
• 내용 : 탄소흡수원 유지 및 증진을 위해 벌기령 도달 임분에 대해 지속적인 보존 및 관리</td></tr>
<tr><td colspan="2">이산화탄소 순흡수량(예상)</td><td>365 tCO_2-eq (연간 12tCO_2-eq)</td></tr>
<tr><td colspan="2">산림탄소흡수량 배분 비율</td><td>100 : 0 (사업자:토지소유자, 사업자와 토지소유자 동일)</td></tr>
<tr><td colspan="2">사업의 중복성 확인</td><td>본 사업은 사업 이전 국내의 타 제도에 등록되지 않은 최초의 산림탄소상쇄사업이며, 국내의 타 제도에 대하여 중복 등록 여부의 확인 결과는 아래와 같음
<table>
<tr><th>구분</th><th>타 제도</th><th>확인 결과</th><th>중복여부</th></tr>
<tr><td rowspan="4">국내</td><td>KVER</td><td>본 사업은 산업통상자원부의 "온실가스 배출감축사업"에 등록된 바 없음을 확인함</td><td>중복 아님</td></tr>
<tr><td>외부사업</td><td>본 사업은 환경부의 "외부사업"에 등록된 바 없음을 확인함</td><td>중복 아님</td></tr>
<tr><td>산림산소상쇄</td><td>본 사업은 산림청의 "산림탄소상쇄제도"에 등록된 바 없음을 확인함</td><td>중복 아님</td></tr>
<tr><td>RPS</td><td>본 사업은 목재펠릿보일러를 활용한 전력생산사업이 아니므로, RPS 제도와 관련이 없음</td><td>중복 아님</td></tr>
<tr><td rowspan="2">국외</td><td>CDM</td><td>본 사업은 UNFCCC의 "청정개발체제"사업으로 등록된 바 없음을 확인함</td><td>중복 아님</td></tr>
<tr><td>VCS</td><td>본 사업은 VCS 제도의 사업으로 등록된 바 없음을 확인함</td><td>중복 아님</td></tr>
</table></td></tr>
<tr><td colspan="2">사업의 디번들링 평가 (소규모 산림탄소상쇄 사업의 경우)</td><td>본 사업은 연간 예상 온실가스 감축량이 3,000tCO_2-eq 이하의 소규모 산림탄소상쇄업으로 유사사업의 승인 여부에 대하여 디번들링 평가를 아래와 같이 수행하였음. 수행 결과 본 사업은 사업자가 자체적으로 수행하는 개별 사업으로, 최초 등록사업이므로 디번들링 사업이 아님</td></tr>
</table>

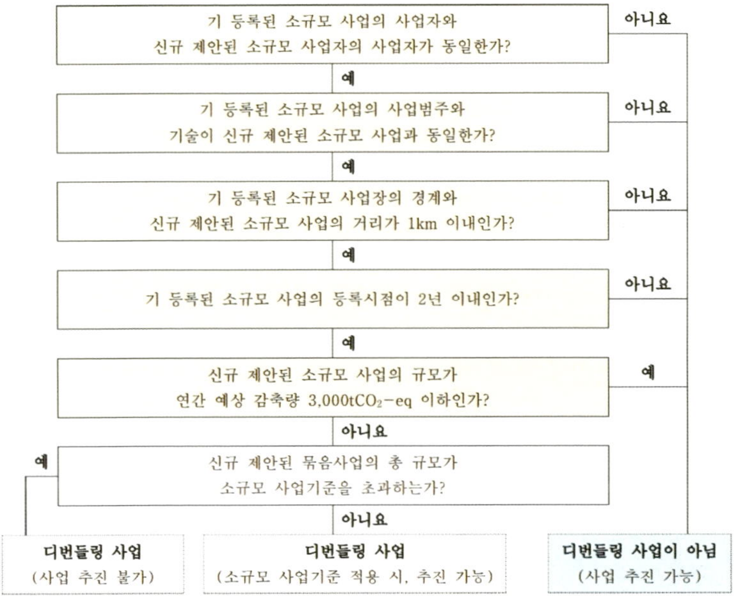

[사회공헌형 산림탄소상쇄사업 디번들링 평가 절차(예)]

본 사업계획서는 '사회공헌형 산림탄소상쇄 방법론' 중,
「벌기령 연장을 통한 산림경영 사업 방법론」(Ver2.0) 준용

2. 사업적합성

2.1 일반현황 분석

2.1.1 사업대상지 위치 및 접근성

- 사업대상지는 경상남도 통영시 욕지면 두미리 산 60-1 외 2필지(이하 '사업대상지')로 사업자 개인소유지이며, 사회공헌형 산림탄소상쇄사업의 유형 중 산림경영(벌기령 연장_Ver2.0)에 의한 방법론을 적용코자 하는 사업임

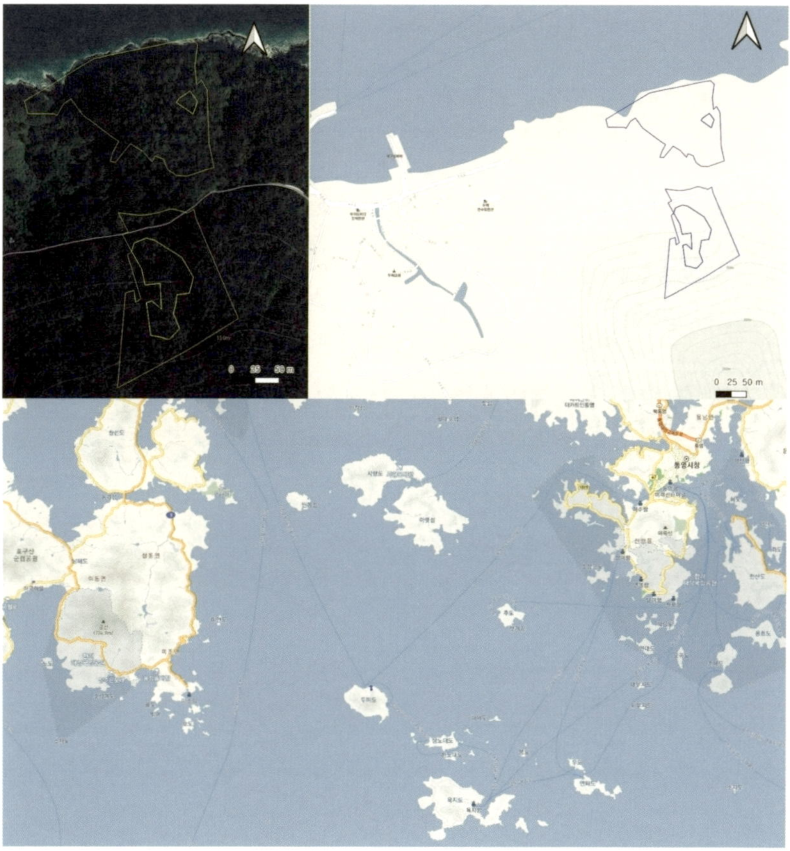

※ 자료 : kakao map

- 사업대상지는 표고 5~160m에 분포하며, 방위는 북, 북서이고 경사도는 10도 미만~40도의 분포를 보이고 있음
- 사업대상지를 관통하는 간선임도가 접근성은 양호하며, 두미북구항만 접안 시설과 인접하고, 두미북구마을과 두미남구마을의 연결임도, 두미도 둘레길이 사업대상지를 통과하고 있어 관광객 및 지역주민에 대한 사업홍보효과가 기대됨

2.1.2 사업대상지 특성 및 자연현황

- 사업대상지 : 24,000㎡(2.4ha)

구분	지적면적 (㎡)	제외면적 (㎡)	사업대상지 면적 (㎡)	구성비 (%)
두미리 산 60-1임	15,372	4,173	11,199	46.58
두미리 산 57-3임	9,719	262	9,457	39.34
두미리 226전	3,385	-	3,385	14.08
합계	28,476	4,435	24,041	-

  - 지목 : 임야 2필지(85.92%), 전 1필지(14.08%), 임야대장 및 토지대장 첨부, 모든 필지 산림경영계획 기 인가(2020.9. 총 10필지 3.5ha, 단기소득 임산물 재배구역 및 죽림, 임도 등 1.1ha는 본 사업에서 제외함)
  - 유형 : 거래형 산림경영(벌기령 연장) 100%

- 사업대상지 영급 및 경급 분포
  - 영급분포 : Ⅱ영급 ~ Ⅴ영급(평균 영급 1구획 Ⅴ영급, 2구획 Ⅳ영급)
  - 경급분포 : 6 ~ 50cm
- 사업대상지 임상 및 주요수종
  - 1구획
    - 〉〉 해송우점 침엽수림(재적대비 84.12% 우점, 침엽수 84% : 활엽수 16%)
    - 〉〉 주요분포 수종 : 해송, 서어나무, 기타활엽수(산벚, 푸조, 산검양옻나무 등)
  - 2구획
    - 〉〉 오리나무우점 활엽수림(재적대비 70.06% 우점, 활엽수 100%)
    - 〉〉 주요분포 수종 : 오리나무, 서어나무, 동백나무, 기타활엽수(산벚, 산검양옻나무, 밤나무 등)

- 사업대상지 임황 · 지황
  - 임황조사 및 분석
    - 》 산림조사결과 침엽수림과 활엽수림의 구획화가 필요한 것으로 사료되며, 1구획은 침엽수 천연림, 2구역은 활엽수 천연림으로 분류됨
    - 》 수종별 평균경급분포는 해송 22/8~36, 오리나무 28/8~50, 서어나무 14/6~28, 기타활엽수 12/6~26로 나타남
    - 》 수종별 평균수고 분포는 해송 12/7~17, 오리나무 12/7~17, 서어나무 10/5~15, 기타활엽수 7/4~15로 나타남

  - 지황조사 및 분석결과 표고는 5~155m, 방위는 북(N), 북서(NW)등이 주로 분포하며, 경사도 분석결과 험~절에 해당하는 구역은 일부 사업대상지에 제외
    - 》 경사도 분석

구분	비율 (%)	비고
계	100.0	평균경사도 : 23.5
10도 미만	8.8	
10 ~ 15도	1.6	
15 ~ 20도	9.1	
20 ~ 25도	28.7	
25 ~ 30도	42.0	
30 ~ 35도	9.5	
35 ~ 40도	0.3	
40도 이상	-	

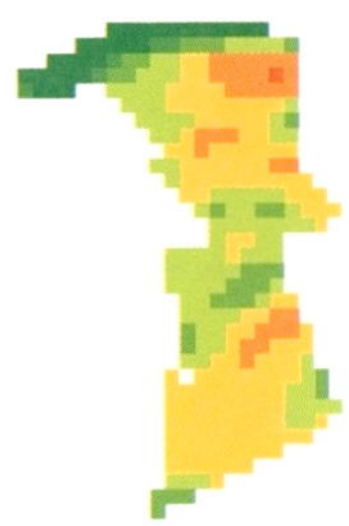

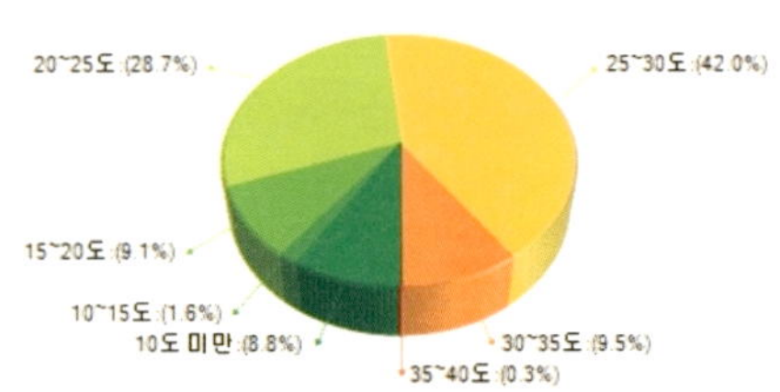

〉〉 표고 분석

구분	비율 (%)	비고
계	100.0 %	
0 ~ 100m	71.3	
100 ~ 200m	28.7	
200m 이상	-	

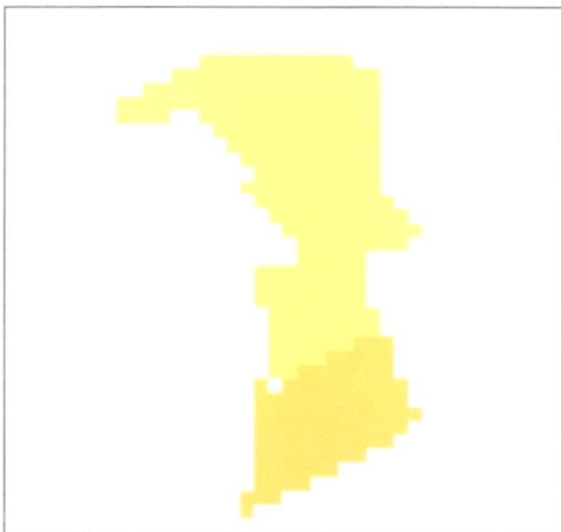

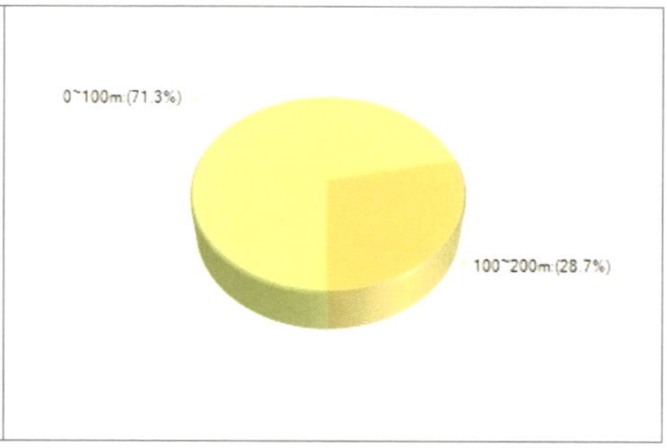

〉〉 방위 분석

구분	비율 (%)	비고
계	**100.0**	
평지	3.2	
북	60.3	
북동	0.6	
동	0.3	
남동	-	
남	-	
남서	-	
서	0.3	
북서	35.3	

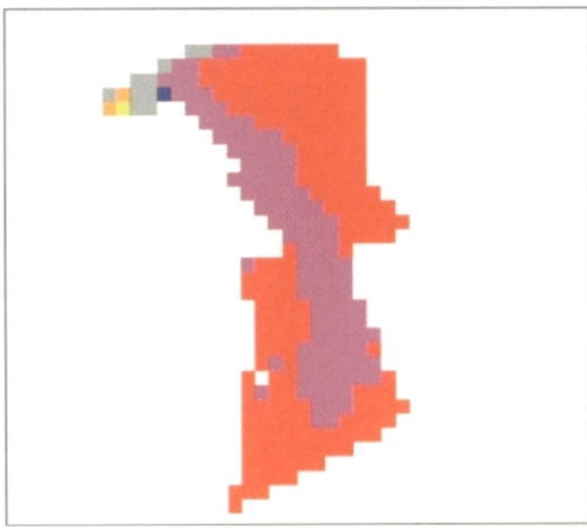	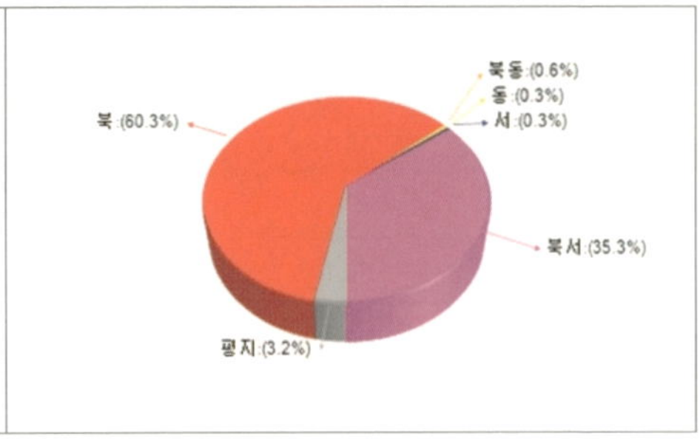

- 사업대상지 임지 생산 능력 : II 급지(상)
  - 수고 : 평균수고 10m, 상층수목 평균 12m 수준
  - 토성 : 사양토 (약간 건조)
  - 토심 : 30~61cm 수준(전국평균 52cm)

사업대상지 사진	

1구획 원경	1구획 근경(2023년 4월 26일)

2구획 원경	2구획 근경(2023년 4월 26일)

대상지 도면
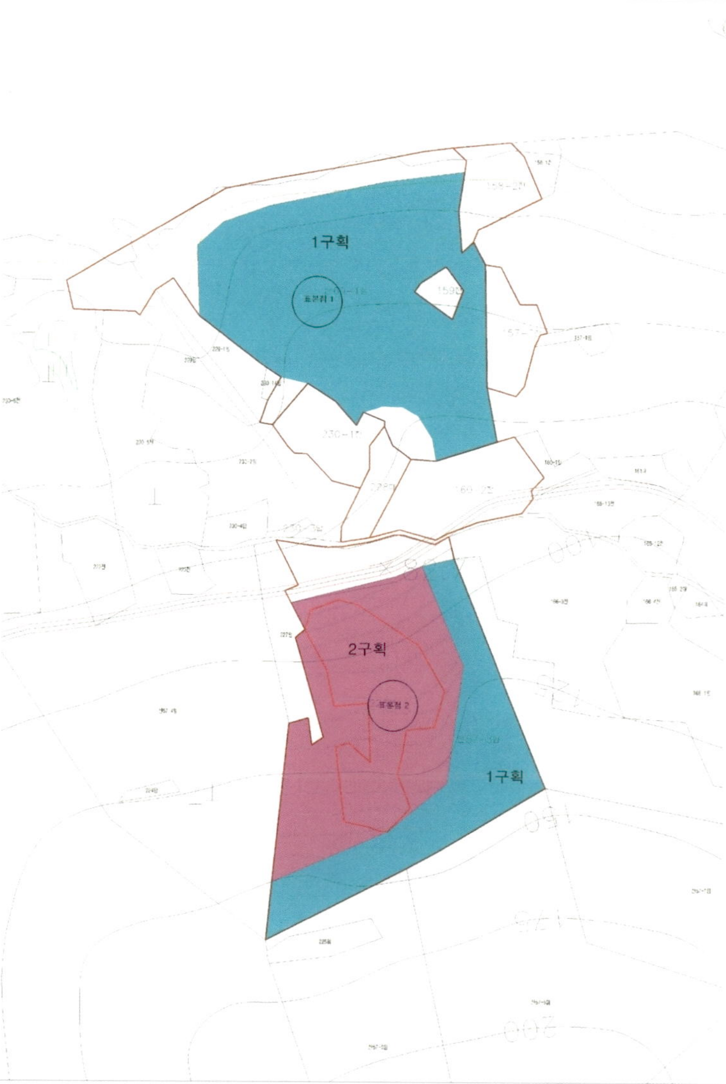

- 사업대상 필지에 포함되어 있는 임도 포장 및 절개사면, 해안선 암석노출지, 대나무 분포구역은 사업대상에서 제외함

2.1.3 사업대상지의 적합성

- 「사회공헌형 산림탄소상쇄 운영표준」(산림청 고시 제2016-2호) (이하 '운영표준') 만족 여부

<table>
<tr><th colspan="2">구분</th><th>적용조건</th><th>적용성(평가)</th></tr>
<tr><td rowspan="3">벌기령 연장</td><td>1</td><td>산림의 요건을 만족
• 면적 0.5ha(5,000㎡) 이상
• 수관울폐도 10% 이상
• 입목 평균 수고 5m 이상</td><td>적용 가능<table><tr><th>구분</th><th>수준</th><th>만족여부</th></tr><tr><td>면적</td><td>2.40ha</td><td>만족</td></tr><tr><td>수관울폐도</td><td>51%이상</td><td>만족</td></tr><tr><td>평균수고</td><td>10m 이상</td><td>만족</td></tr></table>• 수관울폐도는 현장조사결과와 '임업정보 다드림'필지 분석 자료(2023년 4월 기준) 중 최소값을 적용
• 평균수고는 산림조사 결과 참조</td></tr>
<tr><td>2</td><td>산림경영계획 수립 · 인가
• 사업시작일 전 「산림자원의 조성 및 관리에 관한 법률」 제13조(산림경영계획의 수립 및 인가)에 의해 산림경영계획이 수립되어 인가된 산림</td><td>적용 가능
• 산림경영계획 수립 · 인가 완료, '20.09.
(정규원 일반 경영계획구,
인가번호 2020-일반-5, 통영시장)</td></tr>
<tr><td>3</td><td>베이스라인(BL) · 프로젝트라인(PL) 시나리오 설정
• BL : 목재수확을 통한 수익을 목적으로 경영하는 산림(사업기간 중 사업대상지 내 모두베기 · 골라베기 등 목재수확을 위한 기술을 포함하지 아니함)
• PL : 탄소흡수원 유지 및 증진을 위한 사업 활동(사업기간 산림경영 활동에 따른 대상지에서 이루어지는 잠재적 변화가 실제적임)</td><td>적용 가능
• 제약사항 모두 준수</td></tr>
</table>

2.1.4 토지이용규제 현황

- 사업대상지 토지이용계획, 규제사항 확인

<table>
<tr><th>구분</th><th colspan="3">토지정보</th></tr>
<tr><td>소재지</td><td colspan="3">경상남도 통영시 욕지면 두미리 산60-1</td></tr>
<tr><td>지목</td><td>임야</td><td>면적</td><td>15,372㎡</td></tr>
<tr><td rowspan="2">지역지구 등 지정여부</td><td>「국토의 계획 및 이용에 관한 법률」에 따른 지역 · 지구 등</td><td colspan="2">보전관리지역</td></tr>
<tr><td>다른 법령 등에 따른 지역 · 지구 등</td><td colspan="2">가축사육제한구역(주거밀집지역에서 500m이내)〈가축분뇨의 관리 및 이용에 관한 법률〉, 준보전산지〈산지관리법〉</td></tr>
<tr><td>「토지이용규제 기본법 시행령」 제9조 제4항 각 호에 해당되는 사항</td><td colspan="3">-</td></tr>
</table>

<table>
<tr><th>구분</th><th colspan="3">토지정보</th></tr>
<tr><td>소재지</td><td colspan="3">경상남도 통영시 욕지면 두미리 산57-3</td></tr>
<tr><td>지목</td><td>임야</td><td>면적</td><td>9,719㎡</td></tr>
<tr><td rowspan="2">지역지구 등 지정여부</td><td>「국토의 계획 및 이용에 관한 법률」에 따른 지역 · 지구 등</td><td colspan="2">농림지역, 보전관리지역</td></tr>
<tr><td>다른 법령 등에 따른 지역 · 지구 등</td><td colspan="2">가축사육제한구역(주거밀집지역에서 500m이내)〈가축분뇨의 관리 및 이용에 관한 법률〉, 임업용산지〈산지관리법〉</td></tr>
<tr><td>「토지이용규제 기본법 시행령」 제9조 제4항 각 호에 해당되는 사항</td><td colspan="3">-</td></tr>
</table>

<table>
<tr><th>구분</th><th colspan="3">토지정보</th></tr>
<tr><td>소재지</td><td colspan="3">경상남도 통영시 욕지면 두미리 226</td></tr>
<tr><td>지목</td><td>임야</td><td>면적</td><td>3,385㎡</td></tr>
<tr><td rowspan="2">지역지구 등 지정여부</td><td>「국토의 계획 및 이용에 관한 법률」에 따른 지역 · 지구 등</td><td colspan="2">보전관리지역</td></tr>
<tr><td>다른 법령 등에 따른 지역 · 지구 등</td><td colspan="2">가축사육제한구역(주거밀집지역에서 500m이내)〈가축분뇨의 관리 및 이용에 관한 법률〉</td></tr>
<tr><td>「토지이용규제 기본법 시행령」 제9조 제4항 각 호에 해당되는 사항</td><td colspan="3">영농조건불리농지</td></tr>
</table>

- 토지이용규제 및 행위제한 관련 법령 검토 결과, 산림경영 활동의 제한 등 사업 추진과 관련된 제한 사항은 없는 것으로 조사되어, 사업 추진 가능

2.1.5 생태 · 자연도 등 기타 현황

- 환경공간정보서비스를 통한 환경부 생태 · 자연도 평과결과 확인결과 대상 필지는 모두 2등급 권역에 해당함
- 임업정보 다드림을 통해 산림청정도 분석결과 대상지는 V등급(보통)에 해당하며, 권장조림수종은 편백나무로 나타남
- 산림청 '전국 소나무류 반출금지구역 현황'(2023년 4월 30일 기준)확인 결과 통영시 욕지면 두미리는 반출금지구역으로 지정되지 않음을 확인함

2.1.6 사업시작일

- 운영표준에서 규정한 2010년 4월 14일(저탄소 녹색성장 기본법 시행일) 이후 추진된 사업
- 사업시작일 설정 기준

기준	검토결과
1. 사업실행과 관련된 계약일	2023년 2월 1일
2. 사업을 위한 작업 실행 또는 장치 등의 설치 시작일	해당없음
3. 사업실행과 관련된 최초 지출일	해당없음

2.2 추가성 평가

2.2.1 추가성 평가 개요

- 운영표준에 따라, 다음 분석을 통해 본 사업의 추가성을 평가
  - 법적 · 제도적 추가성

구분	내용
정의	추진하고자 하는 사업이 현행 법 · 제도에 의해 제한을 받지 않아야 하며, 사업 내용이 현행 법 · 제도에 의무사업으로 규정되어 있지 않아야 함 또한, 다음 사항이 고려됨 • 사업으로 인하여 발생하는 부정적 환경 영향이 법적 규제 수준을 초과해서는 아니됨 • 사업으로 인하여 지역사회에 부정적 영향을 끼치지 아니하여야 함
	※ 예외사항 중앙부처 혹은 지방자치단체 등의 기관에서 온실가스 감축(흡수)에 필요하여 정책적으로 권장하는 사업은 의무사항이 아닌 자발적 참여에 의한 활동으로서 법적 추가성을 만족하는 것으로 간주할 수 있음
추가성 입증/ 평가방법	1단계 (현행 법과 규제를 만족하는 사업의 대안 확인) : 다음 세부 단계에 따라 시나리오가 될 수 있는 현실적이고 신뢰성 있는 대안 정의 ① 1a 단계 (사업 활동에 대한 대안 정의) * 사업자 또는 유사한 사업 개발자들이 적용 가능한 현실적 · 신뢰성 있는 대안을 확인 → 상쇄사업으로 승인되지 않고 수행되는 사업 활동 → 제안된 상쇄사업에 해당하는 수준의 생산활동이 가능한 다른 현실적이고 신뢰성 있는 제안 → 만약 적용가능하다면, 현재의 상황이 지속되는 경우 ② 1b 단계 (법과 규제와의 일관성) * 대안은 온실가스 감축목적과 직접적인 관련 없는 법(또는 규제)를 포함한, 모든 적용 가능한 법과 규제의 요구사항을 만족하여야 함 * 만약 대안 시나리오가 모든 법과 규제를 따르지 않는 경우, 이러한 법과 규제가 체계적으로 시행되지 않고 있으며, 그러한 요구조건을 충족하지 않는 것이 일반적임을 입증하여야 함 (이를 입증하지 못한다면 그 대안은 추가 검토 대상에서 제외) * 만약 제안된 상쇄사업이 사업자에 의해 고려되는 대안들 중, 유일하게 법과 규제를 준수하는 대안이라면, 제안된 상쇄사업은 추가성이 없음

  - 경제적 추가성 : 생략 (연간 이산화탄소 순흡수량 60,000tCO_2 이하 사업)

〉〉 「외부사업 타당성 평가 및 감축량 인증에 관한 지침」 [별표 5]에 따라, 연간 이산화탄소 순흡수량 60,000tCO_2 이하인 일반사업 및 소규모 사업은 경제적 추가성 평가를 생략할 수 있음

2.2.2 추가성 평가

- 법적 · 제도적 추가성

추진하려는 사업이 법규나 제도에 따라 의무적으로 추진되는 사업인가?	아니요

- 산림탄소상쇄 사업활동 추진 관련 법적의무 여부 : 해당 없음
  - 》 사업대상지는 「산림자원의 조성 및 관리에 관한 법률」 상 산림경영이 가능한 지역으로 산림경영계획 기 인가지역이며, 본 사업에 대해 산림 관계법령 등에 따른 법적의무 없음
- 산림탄소상쇄 사업활동의 자발적 추진 근거
  - 》 사업대상지는 사유림으로 사업대상지는 2020년 9월 숲가꾸기(솎아베기, 풀베기, 덩굴제거 등)와 소득사업을 주로 하는 산림경영계획의 인가를 받았으며, 산림경영계획에 따라 산주의 자부담으로 산림을 지속적으로 관리해 나갈 예정임

> ※ 추가성 입증 및 평가
>
> · 1a 단계 (사업 활동에 대한 대안 정의) : 사업에 관한 대안은 다음을 포함할 수 있음
> (대안1) 산림경영(벌기령 연장)을 하지 않고, 입목수확 벌채
>
> · 1b 단계 (법과 규제의 일관성) : 제시된 대안(대안1)은 온실가스 감축 목적과 직접적인 관련이 없는 법, 규제를 포함한 모든 적용 가능한 법과 규제의 요구사항을 만족함
>
> → '법, 규제의 의무사항 여부'에서 법적 · 제도적 추가성을 검토한 것과 같이, 대안1의 경우 모든 적용 가능한 법과 규제의 요구사항을 만족함
>
> → 본 사업이 사업 참여자에 의해 고려되는 대안들 중 유일하게 법과 규제를 준수하는 대안이 아니므로, 본 사업은 추가성이 있음

- 경제적 추가성 평가 생략

2.2.3 장애요인 분석

사업을 추진하는데 장애가 되는 경제적 요인이 있는가?	아니요

- 사업 추진과 관련한 경제적 장애 요인은 없는 것으로 나타남
- 본 사업은 연간 예상 이산화탄소 순흡수량이 60,000tCO_2 이하이므로, 방법론에 따라 경제적 장애요인 분석을 생략 가능함

2.2.4 사업의 중복성 확인

- 본 사업은 사업 이전 국내의 타 제도에 등록되지 않은 최초의 산림탄소상쇄사업이며, 국내의 타 제도에 대하여 중복 등록 여부의 확인 결과는 아래와 같음

구분	타 제도	확인 결과	중복 여부
국내	KVER	본 사업은 산업통상자원부의 '온실가스 배출감축사업'에 등록된 바 없음을 확인함	중복 아님
	외부사업	본 사업은 환경부의 '외부사업'에 등록된 바 없음을 확인함	중복 아님
	산림산소상쇄	본 사업은 산림청의 '산림탄소상쇄제도'에 등록된 바 없음을 확인함	중복 아님
	RPS	본 사업은 목재펠릿보일러를 활용한 전력생산사업이 아니므로, RPS 제도와 관련이 없음	중복 아님
국외	CDM	본 사업은 UNFCCC의 '청정개발체제'사업으로 등록된 바 없음을 확인함	중복 아님
	VCS	본 사업은 VCS 제도의 사업으로 등록된 바 없음을 확인함	중복 아님

3. 이산화탄소 순흡수량 산정

3.1 이산화탄소 순흡수량 총괄표 요약

구분	기호	내용	수치	단위
A	Bt	사업에 따른 이산화탄소 흡수량	324	tCO_2
B	Rt	베이스라인 탄소흡수량	(63)	tCO_2
C	PEt	사업 배출량	16.22	tCO_2
D	LEt	누출량	6.49	tCO_2
E	BSt	이산화탄소 순흡수량 (E = A-B-C-D)	365	tCO_2
Info	t	사업 기간	30	year
	-	사업 면적	2.40	ha
Cal	-	1년간 이산화탄소 순흡수량	12	tCO_2
	-	ha 당 1년간 이산화탄소 순흡수량	5.07	tCO_2

3.2 대상지 구획화

3.2.1 대상지 구획화 개요

- 사업대상지 구획화 기준 : 임상별 수종
  - 미립목지, 제지 등은 제외지로 설정
- 사업대상지 구획화 실시
  - 수치지적도, 수치지형도, 수치임상도, 항공사진 등을 활용함
    - 》 사업대상지는 도서지역의 특수성으로 인하여, 지적이 불부합한 특성이 있어, 과거 현지 측량 성과도를 기준으로 지적도를 보정하였음
    - 》 임상정보 확인결과 임상도와 현지의 상층수관 형성 실태가 상이하여 현지 답사 결과를 기반으로 현장조사를 위한 층화추출 기준 임상을 재설정하였음
  - GIS를 이용하여 현황분석 및 구획화 실시
  - 내업에서 분석 가능한 자료에 기초하여 1차 구획화 후 현장조사를 통해 미립

목지, 제지 등을 재확인하여 실질적으로 산림경영 활동이 추진 가능한 면적 결정

- 사업대상지 표준지 설정
  - 「지속가능한 산림자원 관리지침」(산림청 훈령 제1244호)에서 정한 표준지 조사비율로, 사업대상지 면적의 1% 이상을 표준지로 선정(현 3.33%)하여 고정표본점 설치
- 사업대상지 표준점 배치
  - 층화추출법, 계통추출법을 병행하여 표준지 배치
    - 〉〉 사업대상지 임상도/지형도 기준으로 수종 · 표고 등을 고려하여 표본점을 구축하여, 이를 기준으로 계통추출법에 따라 격자모양의 일정한 간격으로 배치해 교차점마다 표준지를 배치함
  - 모든 표준점에 대해 원형표준지(r = 11.3m, 0.04ha) 채택
  - 현장 조사결과 대표성 결여, 급경사지 등 표준지 배치가 불가능할 경우 전방위 30m 범위 내에서 다소 이동이 있음
- 사업대상지 표준지 개수 및 좌표체계
  - 표준지 개수는 2개(0.08ha)로 사업대상지 면적(2.40ha)의 3.33%
  - qGIS는 Korea2010(GRS80) 동부원점(EPSG:5187)으로 표준점 세부작업
  - GPS 좌표체계(GCS; Geographic Coordinate System)는 GARMIN GPS에서 지원하는 WGS 84 기준으로 표기

3.2.2 대상지 구획화 결과

사업대상지 구획화 및 표준지 위치도

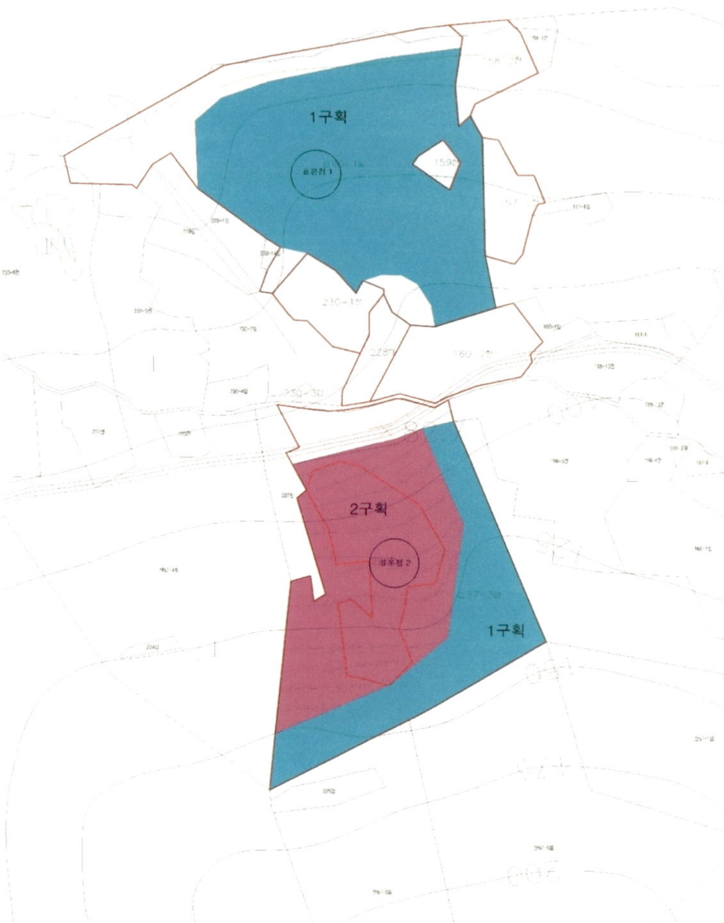

구획	번호	임상	GPS 좌표(WGS84, 동부원점, 도서)	
			X	Y
1구획	1	침엽수(해송)	125,657.18	235,235.49
2구획	2	활엽수(오리나무)	125,692.52	235,055.62

3.2.3 대상지 구획별 분석

- 구획별 개요

구획	면적(ha)	재적(㎥/ha)	임령(년)	지위지수	혼효율
1구획	1.40	178.00	45(해송)	12	84%
2구획	0.80	164.50	32(오리-상수리적용)	16	100%

- 혼효율은 주수종의 구성비이며, 침엽수 활엽수를 재적비율로 나타냄
- 지위지수의 산정은 주요수종 우세목의 수고를 기준으로 2021년 임분수확표를 토대로 산출함
- 각 구획의 수종별 혼효율은 다음과 같음

》 1구획

임종	임상	수종	혼효율(%)	
			재적대비	본수대비
천	침	해송	84.13%	55.32%
		서어나무(신갈적용)	5.62%	23.40%
		기타활엽수(신갈적용)	10.25%	21.28%

》 2구획

임종	임상	수종	혼효율(%)	
			재적대비	본수대비
천	활	오리나무(상수리적용)	70.06%	37.04%
		서어나무(신갈적용)	19.00%	14.81%
		기타활엽수(신갈적용)	10.94%	48.15%

- 주요 수종분포
  - 1구획은 재적기준 해송이 우점하고 있으며, 2구획은 대적기준 오리나무가 우점하고 있음
- 평균 임령
  - 생장추를 활용한 1구획 임령측정 결과 적용 임령은 45년으로 산출됨

수종	현장조사 경급분포		표준목 측정		임령환산	
	범위	본수(a)	흉고직경	수령(b)	연륜합 (aXb)	임령(연륜합/본수합)
해송	8~14	8	8	39	312	45.38
	15~18	4	4	57	228	
	19~22	4	4	32	128	
	23~28	6	6	52	312	
	29~36	4	4	50	200	
합계		26			1,180	

  - 생장추를 활용한 2구획 임령측정 결과 적용 임령은 32년으로 산출됨

수종	현장조사 경급분포		표준목 측정		임령환산	
	범위	본수(a)	흉고직경	수령(b)	연륜합 (aXb)	임령(연륜합/본수합)
기타(동백)	6~10	12	10	21	252	32.22
오리나무	11~16	3	16	34	102	
기타(서어)	17~24	3	20	37	111	
오리나무	25~34	5	26	45	225	
오리나무	35~50	4	38	45	180	
합계		27			870	

- 임분의 지위지수
  - 1구획 해송 45년생 임분의 우세목 수고 17m를 적용할 경우 지위지수는 12로 산출됨
  - 2구획 오리나무(상수리나무 적용) 32년생 임분의 우세목 수고 17m를 적용할 경우, 지위지수 16에 최 근접하므로 16으로 산정함

3.2 베이스라인 시나리오

- 베이스라인 시나리오는 관행기반 설정방식 채택
  - 베이스라인 시나리오 적용성 분석은 다음과 같음

구분	적용성 분석	결과
이력기반 설정방식	• 필요조건 - 사업대상지에 대한 과거 사업이력이 존재할 경우, 이를 고려하여 베이스라인 시나리오 설정 • 가능성 검토 - 과거 산림경영 이력 없음	부적합
법률기반 설정방식	• 필요조건 - 사업대상지의 산림이용 및 관리를 제약하는 법률이나 규정이 있는 경우, 이를 고려하여 베이스라인 시나리오 설정 • 가능성 검토 - 본 사업을 제약하는 관계 법률 및 규정은 없으며, 환경영향평가법에 따라 산지개발 행위는 제한하고 있으나, 벌채 등 산림시업의 경우 환경영향평가 대상에서 제외됨으로서 환경관련 법률에 따라 산림경영활동을 제한하는 요소는 없음	부적합
관행기반 설정방식	• 필요조건 - 사업대상지 인접지역에서 일상적으로 행해지는 사업 활동을 기반으로 베이스라인 시나리오 설정 • 가능성 검토 - '임업통계연보'를 활용하였으며 경상남도에서 관행적으로 이루어지고 있는 입목벌채허가실적 및 조림실적을 검토한 결과, 최대 조림 수종은 '편백나무'로 확인되었으며, 사업대상지 조림권장수종 역시 편백나무로 확인됨	적합 (적용)

  - 베이스라인 흡수량(배출량)은 본 탄소상쇄사업이 시행되지 아니할 경우, 현재의 관리체계가 유지되는 전제 하 사업대상지 이산화탄소 흡수량(배출량) 변화를 예측한 것임
  - 운영표준은 이력기반, 법률기반, 관행기반 설정방식 중 선택하여 베이스라인 시나리오를 설정하도록 규정
    - 》 관행기반 설정방식 채택에 따라, 베이스라인 시나리오는 법정 벌기령에 도달한 임분은 벌채를 실시하고, 사업대상지의 적정 조림수종인 편백나무를 식재하는 것으로 설정

- 사업대상지 주요 임분의 법정벌기령 기준과 분석결과는 다음과 같음
  - 법정벌기령의 적용기준은 「산림자원의 조성 및 관리에 관한 법률 시행규칙」 준용

구획	수종 및 영급	법정벌기령(사유림)	현재 임령	벌기령 도달여부
1	침엽수림(해송) 5영급	40년 (해송_기타 침엽수 적용)	45년	벌기령 초과
2	활엽수림(오리나무) 4영급	40년 (오리나무_기타 활엽수 적용)	32년	사업기간내 벌기령 도달

- 경상남도 임목벌채 허가실적 및 조림실적(2021년 기준, 2022년 임업통계연보)
  - 벌채허가실적

구분	합계	주벌	수익솎아베기
허가면적(ha)	1,520	570	950

  - 조림실적

구 분	소 나 무	낙 엽 송	편 백	고로쇠	벚나무	상수리	자작나무	기 타
면적(ha)	2	210	774	51	5	78	23	378
그루(만본)	5	627	1,565	129	7	232	63	629

3.3 이산화탄소 흡수량 산정

3.3.1 흡수량 산정 개요

- 운영표준에서는 사업유형별 방법론에 따라 탄소저장고별 이산화탄소 흡수량을 산정하고, 흡수량 산정에 이용된 자료, 수식, 탄소배출계수 등을 명확하게 제시하고 관련 자료를 제출토록 규정함
- 이산화탄소흡수량 산정방법은 지상부 산림바이오매스와 지하부 산림바이오매스의 탄소흡수량을 구하고, 여기에 사업 활동에 따른 배출량 및 누출량을 차감하여 이산화탄소 순흡수량을 산정함
- 산림바이오매스 총 탄소흡수량 산정식의 근거는 벌기령 연장을 통한 산림경영사업 방법론(Ver2.0)에 있음
- 고사유기물 및 산림토양의 탄소저장 변화량은 산림탄소상쇄사업에 의해 조성된 산림은 지속가능한 산림자원 관리를 통해 안정된 상태를 유지한다는 전제하에서 고사유기물 및 토양의 탄소축적 변화량을 '0'으로 가정하였음

사업유형	저장고 및 배출원	구분	포함	주요 흡수원
산림경영	지상부 바이오매스	필수	예	줄기, 가지, 잎 등 지상부의 산림바이오매스
	지하부 바이오매스	필수	예	뿌리 등 지하부의 산림바이오매스
	고사유기물 및 토양탄소	선택	아니오	낙엽, Litter, 토양탄소 등 지표층 및 토양 내 유기물

3.3.2 흡수량 산정방법

① 베이스라인 이산화탄소 흡수량(R_t)

- 본 방법론은 법률에서 정한 기준 벌기령에 따라 벌채가 이루어지는 것을 베이스라인 시나리오로 설정하여, 100년간 예상되는 지상부와 지하부 산림바이오매스의 평균 탄소흡수량을 구하여 이산화탄소 흡수량으로 산정한다. 베이스라인 이산화탄소 흡수량은 다음의 수식에 따라 산정함

$$R_t = \sum_{i=1}^{I} \Delta C_{BSL,i,100} \times 3.664 \quad (1)$$

$$C_{BSL,i,100} = \frac{\sum_{y=1}^{t}(CV_{BSL,i,y} - CV_{BSL,i,y-1})}{100} \times t \quad (2)$$

* $CV_{BSL,i,0} \neq 0$

$$CV_{BSL,i,y} = V_{BSL,i,y} \times BEF \times (1+RR) \times WD \times CF \quad (3)$$

$$V_{BSL,i,y} = V_i/ha \times A_i \quad (4)$$

※ '표준지 내 단위면적당 줄기재적(V_i/ha)'은 '표준지 내 줄기재적을 1ha 단위로 환산한 재적값'으로 '표준지 내 줄기재적'은 표준지 내 수목의 흉고직경(DBH) 및 수고(H) 측정값을 임분수확표(II. 입목수간재적표)'에 적용한 재적으로 산정

기호	정의	단위
R_t	t기간의 베이스라인 이산화탄수 흡수량	tCO_2-eq
$C_{BSL,i,100}$	100년간 i구획 임분 지상 · 지하부 베이스라인 탄소축적 변화량의 합	tC
$CV_{BSL,i,y}$	y년도 i구획 임분 지상 · 지하부 베이스라인 탄소축적	tC
$V_{BSL,i,y}$	y년도 i구획 임분 줄기 바이오매스 재적	㎥
V_i/ha	i구획 표준지 내 단위면적 당 줄기재적	㎥/ha
A_i	구획 i의 구역 면적	ha
BEF	바이오매스 확장계수	-
RR	뿌리 함량비	-
WD	목재기본밀도	tdm/㎥
CF	탄소 함량비	tC/tdm
i	대상지 구획(1, 2, 3, ⋯, I) / · I = 전체 구획 수	-
t	사업 기간	-
y	사업 연도	-
3.664	이산화탄소(CO_2)와 탄소(C)의 질량비	-

- 줄기 바이오매스의 재적은 임목생장 추정식을 이용하거나, 임분수확표를 이용하여 예측하고 생장추정식을 이용하는 경우에는 이용된 추정식에 대한 설명을 포함해야 함

② 사업에 따른 이산화탄소 흡수량(B_t)

- 사업에 따른 이산화탄소 흡수량 산정은 벌기령 연장에 따른 지상부와 지하부 산림바이오매스의 이산화탄소 흡수량을 산정한다. 사업에 따른 이산화탄소 흡수량은 다음의 수식에 따라 산정함

$$B_t = \sum_{i=1}^{I} \Delta C_{i,t} \times 3.664 \quad (5)$$

$$\Delta C_{i,t} = \sum_{y=1}^{t} \left(CV_{i,y} - CV_{i,y-1} \right) \qquad * \ CV_{i,0} \neq 0 \quad (6)$$

$$CV_{i,y} = V_{i,y} \times BEF \times (1 + RR) \times WD \times CF \quad (7)$$

$$V_{i,y} = V_i/ha \times A_i \quad (8)$$

기호	정의	단위
R_t	t기간의 베이스라인 이산화탄수 흡수량	tCO_2-eq
$C_{BSL,i,100}$	100년간 i구획 임분 지상 · 지하부 베이스라인 탄소축적 변화량의 합	tC
$CV_{BSL,i,y}$	y년도 i구획 임분 지상 · 지하부 베이스라인 탄소축적	tC
$V_{BSL,i,y}$	y년도 i구획 임분 줄기 바이오매스 재적	㎥
V_i/ha	i구획 표준지 내 단위면적 당 줄기재적	㎥/ha
A_i	구획 i의 구역 면적	ha
BEF	바이오매스 확장계수	-
RR	뿌리 함량비	-
WD	목재기본밀도	tdm/㎥
CF	탄소 함량비	tC/tdm
i	대상지 구획(1, 2, 3, …, I) / · I = 전체 구획 수	-
t	사업 기간	-
y	사업 연도	-
3.664	이산화탄소(CO_2)와 탄소(C)의 질량비	-

• 배출 · 흡수계수는 국가 온실가스 배출 · 흡수계수를 참고하고 산림바이오매스 총탄소흡수량 산정식의 근거는 벌기령 연장을 통한 산림경영사업 방법론(Ver2.0)에 나와 있는 자료를 참조함

▣ 온실가스 배출 · 흡수계수 (t d.m./m3)

구분		수 종	목재기본밀도 (WD)	바이오매스 확장계수(BEF)	뿌리함량비 (R) (+1)	탄소함량비 (CF)	WD×BEF ×(1+R)×Cf
임분수확표O	1	강원지방소나무	0.42	1.48	0.26	0.5	0.3916
	2	중부지방소나무	0.47	1.41	0.25	0.5	0.4142
	3	잣 나 무	0.41	1.74	0.28	0.5	0.4566
	4	낙 엽 송	0.45	1.34	0.29	0.5	0.3889
	5	리기다소나무	0.50	1.33	0.36	0.5	0.4522
	6	편 백	0.43	1.35	0.20	0.5	0.3483
	7	굴 참 나 무	0.72	1.34	0.32	0.5	0.6368
	8	상수리나무	0.72	1.45	0.31	0.5	0.6838
	9	신 갈 나 무	0.66	1.60	0.39	0.5	0.7339
	10	자작나무	0.55	1.30	0.29	0.5	0.4612
	11	백합나무	0.46	1.24	0.23	0.5	0.3508
임분수확표X	12	기타 활엽수	0.68	1.51	0.36	0.5	0.6982
	13	기타 침엽수	0.46	1.43	0.27	0.5	0.4177
	14	해 송	0.48	1.52	0.29	0.5	0.4706
	15	삼 나 무	0.35	1.31	0.23	0.5	0.2820
	16	졸 참 나 무	0.66	1.55	0.43	0.5	0.7314
	17	아까시나무	0.64	1.47	0.48	0.5	0.6962
	18	현사시나무	0.36	1.17	0.16	0.5	0.2443
	19	붉가시나무	0.83	1.70	0.19	0.5	0.8395

* 출처 : 온실가스종합정보센터-정책자료-온실가스통계-국가통계

- 미래의 예측 재적량은 산림조사를 통해 얻어진 임황자료를 기초로 산출한 재적값을 기준으로 국가에서 제시하고 있는 '임목재적 · 바이오매스 및 임분수확표'(국립산림과학원)상의 해당수종 및 지위지수의 정기평균생장률과 동일한 생장을 보일 것으로 가정하고 미래의 재적량을 산출함

③ 베이스라인 흡수량

- 관행기반 베이스라인 시나리오에 따라 사업대상지 산림은 기준벌기령에 도달하면 모두베기가 이루어지고 벌채 다음 년도에 사업대상지의 적정조림수종인 편백나무를 식재하는 것으로 설정하고, 식재된 해당 수종의 지위지수의 생장량에 따라 수목이 생육할 것으로 가정함
  - 적정조림수종은 임업통계연보 경상남도 최근 조림실적과, 임업정보 다드림 조림권장수종이 동일하여, 편백나무로 선정함
- 베이스라인 흡수량 산정에 필요한 재적생장량 예측방법은 국립산림과학원에서 출간한 임목재적 · 바이오매스 및 임분수확표상의 해당 수종 임령의 정기평균생장률 값을 적용하여 산출했고 온실가스 배출계수는 국가 온실가스 배출 · 흡수계수를 토대로 적용하여 산출함
- 사업 활동을 통한 재적생장량 변동에 대해서는 산림조사를 통해 확인된 현재 재적값을 기본값으로 적용하고, 향후 사업기간 동안의 재적변화 예측값에 대해서는 과대치가 계상되지 않도록 베이스라인과 동일하게 임분수확표상의 해당 수종 임령의 정기평균생장률 값을 적용함
- 벌채 시나리오는, 「산림자원의 조성 및 관리에 관한 법률」 시행규칙의 법정벌기령을 기준으로 2023년 1구획 해송 5영급 1.60ha, 2031년 1구획 기타활엽수 5영급 0.80ha 각각 벌채되는 것으로 설정함
  - 각 수종별 벌채 이후 사업대상지의 적정조림수종인 편백나무가 식재하는 것으로 시나리오를 설정함
- 「산림자원의 조성 및 관리에 관한 법률」 시행규칙은 벌채면적을 최대 50ha 이내로 제한하고 있으며, '친환경 벌채기준'은 벌채면적이 5ha 이상인 모두베기의 경우에는 평균 경급 이상인 입목을 ha당 50본 이상 군상 또는 단목으로 존치하도록 규정함
  - 사업대상지는 이에 해당하지 않아 별도의 잔존율을 산정하지 않음

- 사업대상지의 베이스라인 시나리오에 따른 연차별 탄소저장량의 변동현황은 다음 그림과 같음

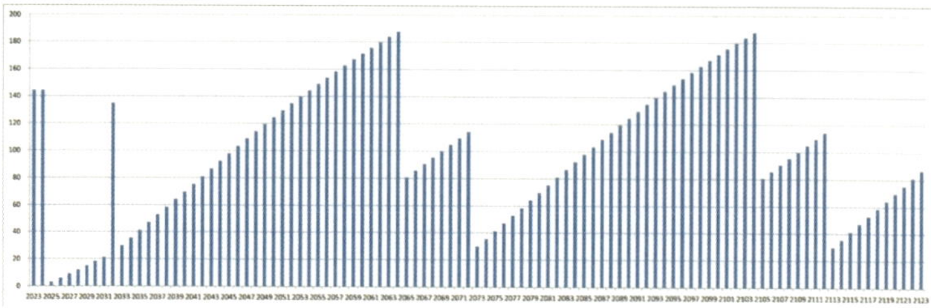

[베이스라인 시나리오에 따른 탄소 저장량]

④ 프로젝트 흡수량

- 본 사업은 벌기령 연장을 통한 산림경영을 추진하는 사업으로, 수확벌채를 실시하지 않고 현재의 임상을 유지하면서 천연림보육, 덩굴류제거, 불량임목제거 등 숲가꾸기 시업을 통해 이산화탄소 흡수량을 증진시키고자 함
- 사업기간(30년) 동안 덩굴류제거 및 천연림보육 등 숲가꾸기 시업을 통해 이산화탄소 흡수량을 증진시키고자 함
- 사업개시 전 사업대상지의 ha당 평균 재적량은 173.50㎥으로 본 사업에서 계획한 벌기령 연장을 통해 241.94㎥/ha로 생장할 것으로 예상됨

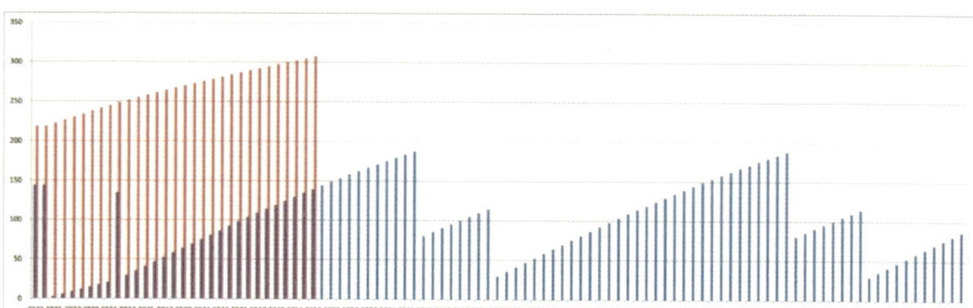

[프로젝트 시나리오에 따른 탄소 저장량]

사업 기간	연도	베이스라인 탄소저장량	베이스라인 평균 탄소저장량	베이스라인 탄소흡수량	프로젝트 탄소저장량	프로젝트 탄소흡수량	이산화탄소 흡수량
		tc	tc	tc	tc	tc	tCO_2
	2023	144			219		
1	2024	144	0	(1)	219	0	2
2	2025	3	(141)	(1)	222	4	17
3	2026	6	3	(1)	226	4	17
4	2027	9	3	(1)	230	4	17
5	2028	12	3	(1)	234	4	16
6	2029	15	3	(1)	238	4	16
7	2030	18	3	(1)	241	3	15
8	2031	21	3	(1)	245	3	15
9	2032	135	113	(1)	248	3	15
10	2033	30	(105)	(1)	252	3	14
11	2034	36	6	(1)	255	3	14
12	2035	41	6	(1)	258	3	13
13	2036	47	6	(1)	261	3	13
14	2037	53	6	(1)	264	3	13
15	2038	59	6	(1)	267	3	13
16	2039	64	6	(1)	270	3	13
17	2040	70	6	(1)	273	3	12
18	2041	75	6	(1)	276	3	12
19	2042	81	6	(1)	279	3	12
20	2043	87	6	(1)	282	3	12
21	2044	93	6	(1)	284	3	12
22	2045	98	5	(1)	287	3	12
23	2046	104	5	(1)	289	3	12
24	2047	109	5	(1)	292	3	12
25	2048	114	5	(1)	295	3	11
26	2049	120	5	(1)	297	3	11
27	2050	125	5	(1)	300	3	11
28	2051	130	5	(1)	302	3	11
29	2052	135	5	(1)	305	3	11
30	2053	140	5	(1)	307	2	11

사업 기간	연도	베이스라인 탄소저장량	베이스라인 평균 탄소저장량	베이스라인 탄소흡수량	프로젝트 탄소저장량	프로젝트 탄소흡수량	이산화탄소 흡수량
		tc	tc	tc	tc	tc	tCO_2
31	2054	145	5	(1)			
32	2055	149	5	(1)			
33	2056	154	5	(1)			
34	2057	158	5	(1)			
35	2058	163	4	(1)			
36	2059	167	4	(1)			
37	2060	171	4	(1)			
38	2061	176	4	(1)			
39	2062	180	4	(1)			
40	2063	184	4	(1)			
41	2064	188	4	(1)			
42	2065	81	(107)	(1)			
43	2066	86	5	(1)			
44	2067	91	5	(1)			
45	2068	95	5	(1)			
46	2069	100	5	(1)			
47	2070	105	5	(1)			
48	2071	110	5	(1)			
49	2072	114	5	(1)			
50	2073	30	(84)	(1)			
51	2074	36	6	(1)			
52	2075	41	6	(1)			
53	2076	47	6	(1)			
54	2077	53	6	(1)			
55	2078	59	6	(1)			
56	2079	64	6	(1)			
57	2080	70	6	(1)			
58	2081	75	6	(1)			
59	2082	81	6	(1)			
60	2083	87	6	(1)			

사업 기간	연도	베이스라인 탄소저장량	베이스라인 평균 탄소저장량	베이스라인 탄소흡수량	프로젝트 탄소저장량	프로젝트 탄소흡수량	이산화탄소 흡수량
		tc	tc	tc	tc	tc	tCO_2
61	2084	93	6	(1)			
62	2085	98	5	(1)			
63	2086	104	5	(1)			
64	2087	109	5	(1)			
65	2088	114	5	(1)			
66	2089	120	5	(1)			
67	2090	125	5	(1)			
68	2091	130	5	(1)			
69	2092	135	5	(1)			
70	2093	140	5	(1)			
71	2094	145	5	(1)			
72	2095	149	5	(1)			
73	2096	154	5	(1)			
74	2097	158	5	(1)			
75	2098	163	4	(1)			
76	2099	167	4	(1)			
77	2100	171	4	(1)			
78	2101	176	4	(1)			
79	2102	180	4	(1)			
80	2103	184	4	(1)			
81	2104	188	4	(1)			
82	2105	81	(107)	(1)			
83	2106	86	5	(1)			
84	2107	91	5	(1)			
85	2108	95	5	(1)			
86	2109	100	5	(1)			
87	2110	105	5	(1)			
88	2111	110	5	(1)			
89	2112	114	5	(1)			
90	2113	30	(84)	(1)			

사업 기간	연도	베이스라인 탄소저장량	베이스라인 평균 탄소저장량	베이스라인 탄소흡수량	프로젝트 탄소저장량	프로젝트 탄소흡수량	이산화탄소 흡수량
		tc	tc	tc	tc	tc	tCO_2
91	2114	36	6	(1)			
92	2115	41	6	(1)			
93	2116	47	6	(1)			
94	2117	53	6	(1)			
95	2118	59	6	(1)			
96	2119	64	6	(1)			
97	2120	70	6	(1)			
98	2121	75	6	(1)			
99	2122	81	6	(1)			
100	2123	87	6	(1)			
산정		베이스 tc 변화량의합	(58)	프로젝트 tc 변화량의합	89	324	
tCO_2		Rt	(63)		Bt	324	

⑤ 이산화탄소 순흡수량

- 이산화탄소 순흡수량은 아래의 수식을 활용하여 산정함. 사업기간(30년) 동안 벌기령 연장을 통해 지속적인 산림경영을 수행함으로써 추가적으로 흡수되는 이산화탄소 순흡수량은 365tCO_2/30yr임
  - 연간 이산화탄소 순흡수량은 12tCO_2이며, ha당 5.07tCO_2으로 산정됨

$$BS_t = B_t - R_t - PE_t - LE_t$$

기호	정의	단위
BSt	t기간의 이산화탄수 순흡수량	tCO_2-eq/t기간
Bt	t기간의 이산화탄수 흡수량	tCO_2-eq/t기간
Rt	t기간의 베이스라인 흡수량	tCO_2-eq/t기간
PEt	t기간의 사업 배출량	tCO_2-eq/t기간
LEt	t기간의 누출량	tCO_2-eq/t기간

※ 상쇄사업 규모에 따라 적정 계량 단위 및 단위 환산계수를 적용하되, 최종 배출량은 이산화탄소 상당량톤(tCO_2-eq)으로 산정

- 이산화탄소 순흡수량 산정결과는 다음과 같음

사업에 따른 이산화탄소흡수량(tC)	베이스라인 탄소흡수량(tC)	이차적 배출 · 누출량 (tCO_2)	이산화탄소 순흡수량(tCO_2)
324	(63)	22.71	365

3.4 이차적 배출

3.4.1 사업활동에 따른 배출

- 사업배출량은 사업 시행 과정에서 장비 등의 사용으로 발생하는 이산화탄소 배출량으로, 사업에 따른 연간 이산화탄소 흡수량이 3,000tCO_2-eq 미만인 경우에는 이산화탄소 흡수량의 5%를 사업 배출량으로 산정하며, 3,000tCO_2-eq 이상일 경우에는 실제 사업 배출량을 조사하여 산정토록 운영표준에서 규정함
- 사업대상지의 이차적 배출량은 운영표준의 기본값 5% 이하로 산정되었으며, 보수적 산정을 위해 운영표준의 기본값 5%를 적용함

$$PE_t = B_t \times 5\% \ (B_y \leq 3{,}000tCO_2 - ep)$$

기호	정의	단위
PE_t	t기간의 사업 배출량	tCO_2-eq/t기간
B_t	t기간의 이산화탄수 흡수량	tCO_2-eq/t기간
B_y	t기간의 베이스라인 흡수량	tCO_2-eq

- 본 사업에 따른 배출량 산정 결과는 다음과 같음

이산화탄소 흡수량(tCO_2)	사업활동에 따른 배출계수(%)	배출량(tCO_2)
324	5	16.22

3.4.2 누출

- 누출은 사업추진으로 인해 사업경계 외부에서 온실가스 배출량의 증가가 일어나는 것으로, 사업에 따른 연간 이산화탄소 흡수량이 3,000tCO_2-eq 미만인 경우에는 이산화탄소 흡수량의 2%를 누출량으로 산정하며, 3,000tCO_2-eq 이상일 경우에는 실제 누출량을 조사하여 산정토록 규정함
- 사업대상지는 벌기령 연장사업으로 임목수확을 위한 벌채가 이루어지지 않으며, 솎아베기 시업을 통해 일시적 재적량이 감소한다 하더라도 지속적인 산림경영으로 사업기간 동안 재적량이 증가할 것이므로 운영표준의 기본값 2%를 적용함

$$LE_t = B_t \times 2\% \ (B_y \leq 3{,}000tCO_2 - ep)$$

기호	정의	단위
PE_t	t기간의 사업 배출량	tCO_2-eq/t기간
B_t	t기간의 이산화탄수 흡수량	tCO_2-eq/t기간
B_y	t기간의 베이스라인 흡수량	tCO_2-eq/년

- 본 사업에 따른 누출량 산정 결과는 다음과 같음

이산화탄소 흡수량(tCO_2)	사업활동에 따른 배출계수(%)	배출량(tCO_2)
324	2	6.49

4. 사업추진 계획

4.1 산림갱신

- 사업 대상지는 벌기령 연장 활동을 통해 탄소흡수원 유지 및 증진을 목표로 하고 있으며, 사업대상지 전체 면적을 대상으로 하는 산림갱신 계획은 없음

연도	구획	면적(ha)	수종	본수(본)	기타
해당사항 없음					

4.2 숲가꾸기

- '지속가능한 산림자원관리 매뉴얼' 및 사업대상지 현황을 고려하여 산림경영계획을 설정
- 산림휴양기능, 생활환경보전, 수원함양기능 등 산림의 공익적 기능이 증진될 것으로 사료되며, 산림탄소흡수원 증진과 생태계 보호 등을 위해서 지속적인 관리 필요 숲가꾸기 시업기준에 따라 덩굴류제거 및 천연림보육 등을 지속 실시
- 정상적인 생육공간 확보, 재적생장 촉진, 수관울폐도 50~80%로 유지

연도	구획	면적(ha)	작업종	작업내용
2023년	1, 2	2.4ha	숲가꾸기	덩굴제거 및 솎아베기 등

4.3 임목생산

- 사업대상지는 탄소흡수원 유지 및 증진을 위해 '산림자원의 조성 및 관리에 관한 법률' 시행규칙에서 정하고 있는 법정 벌기령을 연장하는 산림경영 사업이므로, 사업기간 동안 임목생산을 목적으로 하는 수확벌채는 실시되지 않으며, 숲가꾸기 사업에서 덩굴류제거 및 천연림보육 등을 실시하여 생태적 안정을 도모하고 자연고사에 의한 산림쇠퇴를 예방코자함

연도	구획	면적(ha)	수종	벌채방법	벌채재적 (㎥)	벌채율 (%)	수확량 (㎥)
해당사항 없음							

5. 비영속성 관리

5.1 비영속성 관리 개념

5.1.1 사업이행 위험도 분석 개요

- 본 방법론은 산림부분 비영속성 관리를 위하여 사업이행 위험도 분석을 실시하고 산림예치율을 산정하여 흡수량 손실을 대비하고, 사업이행위험도 분석 및 산림예치율 산정은 사업방법로의 [첨부 1] '사업이행 위험도 분석 및 산림예치율 산정 방식'을 적용하도록 하고 있음
- 이는 적절한 조치를 취했음에도 불가피하게 산림탄소흡수량 손실이 발생했을 경우를 대비하여 사업이행 위험도를 재정적 위험도, 관리적 위험도, 사회적 위험도, 산림재해 발생가능성 등으로 구분하여 산정토록 하고, 이산화탄소 순흡수량의 일부를 버퍼흡수량(최대 30%~최저 5% 범위 내에서)으로 예치하여 산림탄소손실량에 대체할 수 있는 방안을 포함하도록 규정하고 있음

5.1.2 사업이행 위험도 분석 및 산림예치율 산정방식

- 사업이행 위험도 분석은 재정적 위험도, 관리적 위험도, 사회적 위험도, 산림재해 발생 가능성을 각각 분석함
- 재정적 위험도
  - 재정적 위험도는 사업자가 최소 1년 이상 사업이행을 위해 충분한 예산이 확보된 경우와 그렇지 않은 경우로 구분하여 다음 표의 기본값을 적용함

구분	예산이 확보되지 않은 경우	예산이 확보된 경우
기본값	5%	1%

- 본 사업은 토지소유자인 산주가 자발적으로 참여한 산림경영 사업으로서 벌기령 연장을 통해 탄소흡수원 유지 및 증진을 목적으로 하며, 2023년 덩굴류제거 및 천연림보육 등 정부보조금으로 추진되는 숲가꾸기 사업의 실행이 확정되어 있으므로 예산이 확보된 경우인 기본값 1%를 적용함

- 관리적 위험도
  - 관리적 위험도는 불법벌채, 과다벌채, 산지전용으로 구분하여 분석함
  - 우리나라는 벌채 시 사전허가를 받는 등 체계적인 관리가 이루어지고 있으므로 불법벌채 및 과다벌채의 발생 가능성이 적으므로 다음 기본값을 적용함

구분	불법벌채 발생가능성	과다벌채 발생가능성
기본값	1%	1%

  - 산지전용은 산림이용 구분에 따라 준보전산지와 보전산지로 구분하여 다음 표의 기본값을 적용함

구분	준보전산지	보전 산지
기본값	5%	1%

  - 산지전용 발생가능성에 대한 방법론의 기본값은 준보전산지의 경우 5%, 보전산지의 경우 1%를 적용토록 규정함. 사업대상지는 산지관리법에 의한 보전산지 구성 비율이 39%(전체 24,041㎡ 중 보전산지 면적은 9,457㎡)이므로 3.44%를 적용

- 사회적 위험도
  - 사회적 위험도는 산림탄소상쇄사업 운영상 변경 가능성을 평가하여 위험도를 분석하며, 산림탄소상쇄사업은 「탄소흡수원 유지 및 증진에 관한 법률」에 따라 운영되어 변경가능성이 적으므로 기본값을 1%로 적용함
  - 산림재해 발생가능성은 산림재해는 산불, 산사태, 병충해로 세분하여 발생가능성을 평가함

- 산림재해 발생가능성은 사업대상지의 산림관리 이력을 토대로 최근 10년간 피해면적 비율을 산정하여 적용하며, 산림이 새롭게 조성되었거나 산림관리 이력이 존재하지 않는 경우, 해당 지자체 통계를 근거로 전체 산림면적 대비 피해면적 비율을 산정하여 적용할 수 있음
- 병충해 피해 가능성은 발생면적에서 방제면적을 제외한 면적을 피해면적으로 가정함
- 산불 발생가능성에 대해서는 산림청 임업통계연보의 경상남도 통계자료를 적용하였으며, 전체 산림면적 대비 산불에 의한 산림피해면적에 대한 비율을 산정함
  - 》 2015년 이전 통계자료는 산림의 면적을 경남권으로 구분하고 있으며, 2013년 이전 임업통계연보는 산불현황에 대한 지역별 집계를 수록하지 않아, 경남통계, 산림청 산림기본통계의 자료를 참고하여 과거 산불피해 이력을 산정하였음
  - 》 산불발생 비율은 다음 표와 같음

연도	산림면적(ha)	건수(건)	피해면적(ha)	피해율(%)	비고
2012	703,600	25	8.28	0.0012%	
2013	703,035	35	26.29	0.0037%	경남통계, 산림기본 통계
2014	702,362	31	6	0.0009%	
2015	701,567	22	9	0.0013%	
2016	701,304	10	2	0.0003%	
2017	700,684	59	10	0.0014%	
2018	699,224	66	8	0.0011%	임업통계 연보
2019	698,637	65	7	0.0010%	
2020	698,810	41	25.69	0.0037%	
2021	698,636	36	56.09	0.0080%	
10년 발생비율		390	158.35	0.0023%	

- 산사태 발생가능성은 산림청 산사태정보시스템 자료를 활용하여 산정함

연도	산림면적(ha)	피해면적(ha)	피해율(%)	비고
2012	703,600	295.36	0.0420%	
2013	703,035	0	0.0000%	
2014	702,362	54.3	0.0077%	
2015	701,567	0	0.0000%	
2016	701,304	28.13	0.0040%	
2017	700,684	0	0.0000%	
2018	699,224	13.96	0.0020%	
2019	698,637	11.44	0.0016%	
2020	698,810	102.15	0.0146%	
2021	698,636	5	0.0007%	
10년 발생비율		510.34	0.0073%	

- 병충해 피해가능성은 운영표준에 의거하여 피해면적을 발생면적에서 방제면적을 차감하여 산정함

연도	산림면적(ha)	발생면적(ha)	방제면적(ha)	피해면적(ha)	피해율(%)
2012	703,600	13,916	37,215	0	0
2013	703,035	10,639	42,151	0	0
2014	702,362	10,712	24,972	0	0
2015	701,567	9,124	25,123	0	0
2016	701,304	5,888	15,650	0	0
2017	700,684	5,533	17,846	0	0
2018	699,224	5,551	15,941	0	0
2019	698,637	7,897	14,138	0	0
2020	698,810	6,780	12,621	0	0
2021	698,636	6,666	11,337	0	0
10년 발생비율		82,706	216,994	0	0

5.2 산림 예치율 산정

- 사업 이행 위험도 분석이 완료되면 다음 식을 이용하여 산림예치율을 산정하며 위험도는 퍼센트 단위로 산정하고 소수점 이하는 절사함. 단, 산림예치율은 최대 30%를 넘지 않도록 함
  - 사업 대상지의 산림예치율은 사업이행 위험도 분석결과 7%로 산정함

사업이행 위험도 분석		
재정적 위험도	재정지원 중단 가능성(a)	1%
관리적 위험도	불법 벌채 발생가능성(b)	1%
	산림전용 발생가능성(c)	1%
	과다 벌채 발생 가능성(d)	3.44%
사회적 위험도	관련 법률 및 제도의 변경 가능성(e)	1%
산림재해 발생	산불 발생 가능성(f)	0.0023%
	산사태 발생 가능성(g)	0.0073%
	병충해 피해 가능성(h)	0%
버퍼 예치율(%) : 7.254		
I = (1 − (1−a/100) × (1−b/100) × (1−c/100) × (1−d/100) × (1−e/100) × (1−f/100) × (1−g/100) × (1−h/100)) × 100		

5.3 산림재해 발생가능성에 대한 위험요소 경감대책

- 산불발생가능성에 대한 우리나라의 최근 10년간 산불발생 원인을 살펴보면 입산자 실화, 논 · 밭두렁 및 쓰레기 소각, 담뱃불 및 성묘객 실화, 어린이 불장난 등 인위적 과실에 의한 산불발생이 약 98%를 차지하고 있음
  - 사업대상지는 산불발생시 조기발견이 가능하며 해당 지자체의 산불방지 대책본부 등을 통한 순찰활동 및 상시 감시체계와 산불 예방을 위한 인근 주민과 비상연락망이 구축됨
- 산사태발생가능성에 대한 경상남도의 최근 10년간 산사태 피해율은 0.0073%로 상당히 낮으며, 사업대상지는 수관울폐도 51% 이상에 해당되는 성림지로 산사

태의 발생 가능성은 낮은 것으로 판단됨

- 해당 지자체재해방지 및 조기 감시활동과 생활권 인접지역에 위치한 조건으로 지역주민과 탐방객에 의한 조기발견과 신속 대응조치가 가능함
- 필요시, 산사태 취약지구 신청 등 적극적인 보호활동을 추진코자함

• 병해충피해가능성은 지구온난화 및 기후변화 등으로 새로운 산림병해충의 유입과 돌발성 병해충의 확산으로 산림건강성이 위협받고 있으며, 아열대성 돌발병해충인 푸사리움가지마름병, 꽃매미, 대벌레 등의 발생으로 인한 피해가 점차 증가하는 경향을 보이고 있음
  - 경상남도 지역은 최근 10년간 발생병해충 전 면적을 1회 이상 방제하고 있는 실정이나, 소나무재선충병이 급속도로 확산되고 있는 위험성이 있음
    》 관할 지자체인 통영시가 다양한 방제작업을 실시하여 확산을 방지하고 지역주민과의 협조체계로 산림병충해의 조기 발견을 위한 정기적인 예찰 및 조사활동을 실시하고 있으며 특히 소나무재선충, 솔잎혹파리에 대한 예찰활동이 강화되고 있음
    》 병충해로 인해 피해지가 발생할 경우, 우선적으로 피해목 제거를 위한 강도간벌 등 방제작업을 우선적으로 실시할 계획이며, 탄소축적량이 손실되는 경우에는 국립산림과학원 · 국립산림품종관리센터 등에서 추진중에 있는 솔껍질깍지벌레, 소나무재선충, 솔잎혹파리에 상대적으로 강한 수종으로 식재하는 방법을 강구할 것임
    》 또한 사업대상지 산림조사 결과 중층 및 하층에서 남해안 도서지역 특성에 부합하는 다양한 활엽수들이 발생하고 있어, 적절한 숲가꾸기가 이루어질 경우 생태적으로 건전한 침활혼효림으로 유도될 것으로 판단되는바, 이는 병해충피해에 대한 잠재적 대응 건전성 증가로 귀결될 것으로 사료됨

6. 모니터링 계획

6.1 모니터링 범위 및 항목

6.1.1 모니터링 개요

- 산림경영사업의 모니터링 계획은 아래 표와 같이 이산화탄소 순흡수량 산정 관련 항목, 사업활동에 따른 누출관련 항목, 비영속성 관련 항목이 포함됨

구분	항목	비고
1	t기간 동안 구획별 재적생장량	
2	t기간 동안 구획별 이차적 배출량	
3	바이오매스 확장계수	계수
4	뿌리함량비	계수
5	목재기본밀도	계수
6	탄소함량비	계수

- 일반적인 산림탄소상쇄사업의 모니터링 범위는 다음과 같음
  ① 산림바이오매스 생장에 의한 탄소흡수량
  ② 산림바이오매스 손실에 의한 탄소배출량
  ③ 사업활동 및 누출에 따른 배출량
  ④ 산림전용 및 훼손 여부
  ⑤ 환경 · 사회 · 경제적 영향
  ⑥ 기타

6.1.3 베이스라인 고정 데이터 및 인자

- 본 방법론은 산림에서 기준 벌기령 도래 시 수목을 벌채하지 않고 벌기령을 연장하여 산림 탄소흡수량을 증진시키는 산림경영 사업이다. 베이스라인 재적 생장 예측 시 임분수확표를 활용하여 산정하며 매회 모니터링마다 사업 등록 시 산정한 베이스라인 이산화탄소 흡수량을 매 모니터링기간만큼 균등 분배하여야함
- 본 방법론은 벌기령 연장을 통한 산림경영 활동의 이산화탄소 흡수량(저장량)을

산정하는 방법론으로서 베이스라인 고정 데이터 및 인자는 사업 시작 시 최초 1회 모니터링 하며 각각은 다음과 같음

- 표준지, 각 구획별면적, 모니터링 표본점의 위치, 구획 수간재적, 수목 흉고직경, 수목의 수고를 측정
- 바이오매스 확장계수, 뿌리함량비, 목재기본밀도, 탄소함량비는 공인된 계수를 활용

6.1.4 모니터링 데이터 및 인자

- 모니터링의 일부로 수집된 모든 자료는 전자정보 형태로 저장되어야 하며 사업 종료이후 최소한 5년 동안 보관되어야 함
  - 모니터링 주기는 최소 5년마다 실행되고 그 결과가 보고되어야 함
- 사업대상지의 지리적 위치는 기록되어야 하며 이러한 정보는 현장조사(GPS이용)이나, 지리공간데이터(지도, GIS데이터, 사진 또는 지리원격감지영상)를 이용하여 기록 관리되어야 함
- 일반적으로 산림 인벤토리와 산림경영의 원칙은 사업참여자의 품질관리/품질보증 (QA/QC)문서, 현장 데이터 수집 및 데이터 관리 등 산림조사에 대한 절차 등에 기록되어야 하며 사업설계단계에서 이러한 원칙들을 표명해야하며, 모니터링 데이터 및 매개변수는 다음과 같음

데이터/인자	A_{po}
데이터 단위	㎡
설명	표준지
데이터 출처	샘플플롯 크기의 기록과 파일 보관
측정 방법/절차	전수조사 또는 표본조사
모니터링 주기	1회 이상 / 5년
QA/QC 절차	-
데이터 목적	이산화탄소 흡수량 산정(단위 면적 당 줄기재적 등) 및 산림탄소흡수량 산정
기타 의견	-

데이터/인자	A_i
데이터 단위	ha
설명	구획 i의 구역 면적
데이터 출처	샘플플롯의 현장 측정
측정 방법/절차	GPS와 Remote Sensing 자료, 지적자료 활용
모니터링 주기	1회 이상 / 5년
QA/QC 절차	–
데이터 목적	이산화탄소 흡수량 산정(구획별 줄기재적 등) 및 산림탄소흡수량 산정
기타 의견	–

데이터/인자	A_{lo}
데이터 단위	위도, 경도
설명	사업대상지 내 모니터링을 위한 표본점 위치
데이터 출처	–
측정 방법/절차	표본조사
모니터링 주기	1회 이상 / 5년
QA/QC 절차	–
데이터 목적	모니터링 시 고정 표준지 활용 등
기타 의견	–

데이터/인자	DBH
데이터 단위	㎝
설명	표준지 내 수목의 흉고직경
데이터 출처	샘플 플롯의 현장 측정
측정 방법/절차	흉고직경 6cm 이상 수목의 지상 1.2m에서 측정
모니터링 주기	1회 이상 / 5년
QA/QC 절차	표본점 조사야장, 표준지 흉고직경 조사야장 이력 관리
데이터 목적	이산화탄소 흡수량 산정(단위 면적 당 줄기재적 등) 및 산림탄소흡수량 산정
기타 의견	「산림탄소상쇄사업 산림조사 가이드라인」 '직경의 측정' 등

데이터/인자	H
데이터 단위	m
설명	표준지 내 수목의 수고
데이터 출처	샘플플롯의 현장 측정
측정 방법/절차	수고측정기에 의한 샘플 플롯의 수목 측정
모니터링 주기	1회 이상 / 5년
QA/QC 절차	표본점 조사야장, 표준지 수종별 재적조서 이력 관리
데이터 목적	이산화탄소 흡수량 산정 (단위 면적 당 줄기재적 등)
기타 의견	「산림탄소상쇄사업 산림조사 가이드라인」 '수고 측정' 등

데이터/인자	$V_{i,y}$
데이터 단위	㎥
설명	y년도 i구획 임분의 줄기재적
데이터 출처	샘플플롯의 현장 측정
측정 방법/절차	단위 면적 당 줄기재적과 면적을 활용한 구획별 줄기재적 산정
모니터링 주기	1회 이상 / 5년
QA/QC 절차	-
데이터 목적	이산화탄소 흡수량 산정 및 산림탄소흡수량 산정
기타 의견	$V_{i,y} = V_{i,y} / ha \times A_i$

데이터/인자	BEF
데이터 단위	-
설명	바이오매스 확장 계수
데이터 출처	국가공인기관
측정 방법/절차	계수값
모니터링 주기	-
QA/QC 절차	-
데이터 목적	이산화탄소 흡수량 산정 및 산림탄소흡수량 산정
기타 의견	LULUCF 분야 국가 온실가스 배출 · 흡수계수(온실가스종합정보센터) 등

데이터/인자	*RR*
데이터 단위	–
설명	뿌리 함량비
데이터 출처	국가공인기관
측정 방법/절차	계수값
모니터링 주기	–
QA/QC 절차	–
데이터 목적	이산화탄소 흡수량 산정 및 산림탄소흡수량 산정
기타 의견	LULUCF 분야 국가 온실가스 배출 · 흡수계수(온실가스종합정보센터) 등

데이터/인자	*WD*
데이터 단위	–
설명	목재기본밀도
데이터 출처	국가공인기관
측정 방법/절차	계수값
모니터링 주기	–
QA/QC 절차	–
데이터 목적	이산화탄소 흡수량 산정 및 산림탄소흡수량 산정
기타 의견	LULUCF 분야 국가 온실가스 배출 · 흡수계수(온실가스종합정보센터) 등

데이터/인자	*CF*
데이터 단위	tC/tdm
설명	탄소함량비
데이터 출처	국가공인기관
측정 방법/절차	계수값
모니터링 주기	–
QA/QC 절차	–
데이터 목적	이산화탄소 흡수량 산정 및 산림탄소흡수량 산정
기타 의견	LULUCF 분야 국가 온실가스 배출 · 흡수계수(온실가스종합정보센터) 등

6.2 모니터링 계획

6.2.1 모니터링 추진 원칙

- 본 사업대상지의 모니터링 수행주체는 사업자(산림 소유주)이며, 의뢰 기관은 ㈜숲산사로 예정하고 있으며, 운영표준에서 규정하고 있는 모니터링 원칙을 준수하고, 이산화탄소 순흡수량이 객관적으로 증명될 수 있도록 사업기간 동안 데이터 등의 증빙서류보관 등의 QA(품질보증)/QC(품질관리) 활동 수행예정에 있음
- 모니터링은 품질관리(QC) 활동을 통해 흡수량 산정결과의 품질을 평가 및 유지하며, 자료의 무결성, 정확성 및 완전성을 보장하게 됨
  - 품질관리활동은 사업주체에 의해 수행될 것이며, 외부 전문가의 컨설팅 등 자문역할을 통해 품질을 확보하게 될 것임
- QA(품질보증)은 QC(품질관리) 활동으로 완성된 흡수량 산정결과에 대한 검토를 수행하는 과정으로 사업 참여자인 사업주체가 수행하며, 전문성 확보를 위해 외부 전문기관 등에 의해 기술 전문가의 역할을 수행할 수 있음
  - 이러한 품질관리활동의 독립성및 산정값의 신뢰성 확보를 위해 품질관리(QC)활동에 참여하지 않은 담당자에 의해수행되어야 하며 외부 전문가에 대해서도 동일 기준을 적용함
- QA(품질보증), QC(품질관리)관리는 모든 자료의 모니터링 · 검증을 위해 전자자료로 보관

6.2.2 모니터링 시기

- 운영표준에서는 산림경영 사업의 경우 매 5년마다 모니터링을 실시하도록 규정하고 있으며, 첫 번째 모니터링 시기는 사업자가 사업 여건에 맞게 설정할 수 있음
  - 본 사업대상지의 경우 다음 표와 같이 사업기간 30년 동안 총 6회에 걸쳐 모니터링을 실시할 계획임

회차	1회차	2회차	3회차	4회차	5회차	6회차
연도	2028년	2033년	2037년	2042년	2047년	2052년

-

- 본 사업계획서에서 정의하고 있는 모니터링 주기는 운영표준의 개정 및 사업참여자의 여건에 따라 모니터링 단계에서 변경이 이루어질 수 있음

6.3 모니터링 방법

6.3.1 산림바이오매스 모니터링 방법 개요

- 모니터링 방법은 사업대상지에 배치한 고정표본점(반지름 11.3m, 0.04ha)을 기준으로 직접조사를 실시함
- 산림바이오매스 생장에 의한 탄소흡수량 산정은 재적량, 온실가스 배출 · 흡수계수, 이차적 배출량으로 구분될 수 있음
  - 재적량은 산림조사 자료를 활용하고, 국가에서 고시한 수종별 온실가스 배출 · 흡수계수를 사용하되 모니터링 단계에서 최신자료를 활용
- 이차적 배출량은 운영표준에서 규정하고 있는 기본값을 적용하되, 모니터링 단계에서 최신자료를 확인하여 갱신
- 모니터링 위치는 대상지 본 사업계획서에서 제시한 산업대상지 구획화 결과를 참조할 계획이며, 고정표본점의 위치는 구획화 및 표준지 좌표값을 참고

모니터링 범위	항목	시기	모니터링 방법 및 장비
산림바이오매스 생장에 의한 탄소흡수량	재적 생장량 (수종별 본수, 흉고직경, 수고)	매5년	실측조사 (표본조사) - 야장, 직경테이프(또는 윤척), 수고측정기, 거리측정기, 임업용페인트 등
	탄소흡수계수	매5년	국가발표자료 적용, 자료조사
산림바이오매스 손실에 의한 탄소배출량	간벌 면적	매5년	사업 준공 서류
	자연재해 발생면적 및 손실량	매5년	실측조사 (전수조사)
사업활동 및 누출에 따른 배출량	누출량, 배출량	-	운영표준의 기본값 및 실측값
산림전용 및 훼손 여부	산림전용 면적 및 손실량	매5년	실측조사 (전수조사)
	산림훼손 면적 및 손실량	매5년	실측조사 (전수조사)
환경 · 사회 · 경제적 영향	생태계 현황, 지역사회 편익, 경제적 수익창출	매5년	실측(표본조사), 자료조사

6.3.2 산림바이오매스 생장량 모니터링

- 사업대상지의 산림바이오매스 생장량은 설치된 고정표본점의 수종별 흉고직경, 수고를 전수 조사하여 획득한 자료를 임목재적 · 바이오매스 및 임분수확표(2021, 산림청)의 수 종별 수간재적표를 활용하여 개체목 생장량을 산정하며, 모니터링 시점 최신자료를 활용
  - 수종별 수간재적표가 개발되지 않은 수종은 운영표준에 따른 재적표 없는 수종의 현 재적표 적용기준을 준용

6.3.3 산림바이오매스 손실에 의한 탄소배출량

- 전수조사를 통해 고사목 등 손실량을 조사하여 사업대상지의 손실량을 산정하고 표준지 조사 시 환경 · 사회 · 경제적 영향 항목 중 수목의 건강도와 활력도는 국가산림자원조사 및 산림의 건강 · 활력도 조사 지침서에 따라 조사하여 평가
- 누출량은 운영표준 준용하며, 계수값의 변동여부를 모니터링

6.3.4 산림전용 및 훼손여부

- 사업대상지의 전용 및 훼손 관계를 매 5년 단위로 조사하여 시계열적으로 사업대상지 보존 여부를 모니터링

6.3.5 환경 · 사회 · 경제적 영향

- 환경적 측면에서 생태계 및 산림의 건강 · 활력도를 조사하여 건강한 산림이 유지될 수있는 방안수립의 기초자료 활용
- 사업추진에 따른 공익적 가치평가를 통한 사회 · 경제적 평가

7. 환경 · 사회 · 경제적 영향 평가

7.1 사업추진으로 인한 환경적 영향

사업에 따른 긍정적 측면의 환경적 영향
• 본 사업대상지는 임도 및 농경지가 연접해 있어, 덩굴식물에 의한 수관상층부 피압과 대나무류에 의한 천연하종갱신 지연이 유발될 우려가 있으나, 덩굴제거 및 숲가꾸기 등의 적절한 임업적 관리를 통해 수목들의 쇠퇴를 억제하고자 함
긍정적 영향의 확대를 위한 조치계획
• 본 사업대상지에 대하여 향후에도 동일한 산림경영방침을 유지할 예정임
사업에 따른 부정적 측면의 환경적 영향
• 본 사업대상지에 적용되는 방법론은 산림경영의 벌기령 연장으로, 산림의 생육 건전성을 제고하는 숲가꾸기 외 환경에 부정적 영향을 미치는 사업을 계획하고 있지 않아, 환경에 부정적 측면을 띄지 않는 것으로 사료됨 • 또한 한국보호지역 통합DB 관리시스템을 통해 조회한 결과 산림 및 생태계와 관련하여 별도의 보호구역으로 지정된 이력이 없음을 확인함
부정적 영향의 제거를 위한 조치계획
• 본 사업대상지에 대하여 향후에도 동일한 산림경영방침을 유지할 예정이며, 산림훼손을 억제하여 종다양성을 유지하는 한편, 과도한 농약류 사용을 지양하는 산림경영을 추진할 예정에 있음

7.2 사업추진으로 인한 사회적 영향

사업에 따른 긍정적 측면의 사회적 영향
• 지속적인 산림경영으로 지역 산림쇠퇴를 억제하고, 지역 내 기능인력의 육성과 경관유지에 기여 가능할 것으로 사료됨
긍정적 영향의 확대를 위한 조치계획
• 사업구역통과 임도 및 두미도 둘레길에 사업에 내용 및 산림경영에 대한 안내판을 설치하여 방문객 및 지역주민 등에게 사업에 내용을 홍보하고 점진적 확대의 기반을 조성코자 함
사업에 따른 부정적 측면의 사회적 영향
• 사업대상지는 사업자 자체소유의 산림이며, 도달임도가 기 구축되어 있는 등 제반 여건이 양호하여 별도의 지역사회 갈등 유발 또는 사업추진의 장해가 발생하지 않을 것으로 사료됨
부정적 영향의 제거를 위한 조치계획
• 지역사회에서의 작업인력 고용 및 상호 협력관계 유지를 통해 장해요인의 예방과 원만한 협력관계 유지예정임

7.3 사업추진으로 인한 경제적 영향

사업에 따른 긍정적 측면의 경제적 영향
• 사업자는 남해안 도서지역의 산림쇠퇴를 억제하고 지속적인 산림경영을 추진 중에 있으므로, 산림탄소상쇄사업을 통해 투자비용 일부를 보전하고 이를 기반으로 지속적인 임업경영에 참여 할수 있을 것으로 예상됨
긍정적 영향의 확대를 위한 조치계획
• 지역사회에서의 작업인력 고용 및 안전한 작업환경 제공 등을 통해 지역내 협력관계를 구축하여, 사업자의 산림경영모델이 지역 내에서 확대될 수 있는 계기를 마련코자함
사업에 따른 부정적 측면의 경제적 영향
• 벌기령 연장에 따른 지속적인 사업자의 산림관리비용 지출이 발생할 여지가 있으며, 접근성이 낮은 도서지역의 특수성과 인력품귀에 따른 높은 노임단가 등의 부정적 영향이 사업자의 경제적 투자 위축을 유발할 여지가 있음
부정적 영향의 제거를 위한 조치계획
• 사업자는 사업대상지에 인접한 농경지 등에 단기소득임산물 및 종묘생산을 수행하여 산림의 유지관리 비용을 효율적으로 집행하고, 지역주민들의 연속 사업참여 유도를 통해 향후 발생 우려되는 경비의 절감을 도모하고자 노력하고 있음

7.4 이해관계자 의견 (해당되는 경우 작성)

이해관계자 의견 수렴 방법
• 해당 없음
이해관계자 의견 수렴 내용
• 해당 없음
이해관계자 의견 처리 결과
• 해당 없음

붙임자료

구분	자 료 명	내 용	비 고
1	사업대상지 토지 · 임야대장	공부면적, 소유구분	
2	산림경영계획 인가서	경영계획인가 증비	
3	숲가꾸기 동의 요청	사업시행 위험도 근거	
4	컨설팅용역계약서	사업시작일 증빙	
5	표본점 조사야장	현장조사결과	
6	입목축적 조사서	이산화탄소흡수량 산정	
7	이산화탄소 순흡수량 산정표	산정결과 증빙	

저자소개

정 규 원 (鄭圭元)

1965년 경남 합천에서 태어났다. 경북대 임학과 졸업, 석사, 박사를 마치고 산림기술사가 되었다. 산림기술사협회에서 산림기술연구소를 만들어 초대 연구소장을 맡아 산림사업의 품셈과 교본을 정비했다. 그 후 산림기술법을 만들고 알리는 일에 전념하였고, 한국산림기술인회 회장과 연구원 원장을 맡아 산림기술이 산림경영의 기반 산업으로 발전하도록 노력했다. 산림분야의 협력과 위상 제고를 위하여 각 분야의 단체를 모아 농어업정책포럼을 만들어 산림분과위원장을 역임했다.

저자는 기후위기 대응을 위한 산림분야의 전문가로서 국가기후환경회의 위원, 탄소중립산림분야 협의회 위원 등에서 활동하며 탄소흡수원과 산림경영의 연결고리를 찾기 위해 지금도 노력하고 있다. 기후위기에 대응하기위한 활동으로 산림청의 산림생태복원정책자문단 단장과 가리왕산 복원협의회 위원, 소나무재선충병방제 자문위원으로서도 역할을 하였다. '21년에는 「산림기술과 산업」이라는 책을 집필하여 기술산업의 도입과 발전방안을 제시하였다. 현재는 숲과 산을 사랑하는 '숲산사'라는 임업기술전문 회사를 경영하고 있으며 한국기술인회 명예회장으로 산림기술과 산업발전을 위해 지속적으로 역할을 수행 중이다.

기후위기시대 산림관리

1판 1쇄 인쇄 2023년 9월 25일

지은이 정 규 원
발행처 넥서스환경디자인연구원(주)
출판신고 2007년 2월 21일 (신고번호 제22-3086호)
주소 경기도 의왕시 이미로 40 인덕원 IT밸리 B903 (우)16006
전화 031-424-2930 | 팩스 031-421-2931
홈페이지 www.nexusdesign.co.kr | 이메일 nexus@nexusdesign.co.kr
편집디자인 김 보 라

값 25,000원
ISBN 979-11-87571-21-6